H-I-S-T-O-R-Y

# 历史岂有底稿III

侯兴国 ——————————— 著

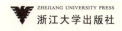
ZHEJIANG UNIVERSITY PRESS
浙江大学出版社

# 历史是什么？

历史是什么？是史诗巨篇？是柴米油盐？是黄钟大吕？是葱姜蒜韭？

历史是一块酵母，可以变酸，也可以变甜。

历史是你的父亲，你的母亲，你的爷爷，你的奶奶，你的太爷爷，你的太奶奶，是你之所以为你的基因。

历史是功名利禄，是喜怒哀乐，是七情六欲，是悲欢离合，是没完没了的穿越剧。

历史是李白的一壶酒，是杜甫的一掬泪，是苏轼的月下吟，是柳永的青楼歌。

历史是范仲淹的塞下曲，是辛弃疾的离人泪，是岳武穆的满江红，是李清照的如梦令。

历史是大雪覆压弓刀的单于入关。

历史是一步一回头的昭君出塞。

历史是金戈铁马的气吞万里。

历史是大江东去的一去不返。

……

骂一个历史人物很容易，古往今来，何曾出现过完人？即使骂错了，他们也不会从地底下站出来为自己辩护。

夸一个历史人物很难,原因依旧如此简单——古往今来,你见过无懈可击的完人吗?

我们只能确定的是,很多时候,骂他人的时候其实也是在骂我们自己,肯定别人的时候却并不一定是在肯定自己。

……

历史复杂吗?不复杂,只需要一个小小的U盘就可以装下。

历史又不简单,有那么多犹抱琵琶半遮面,有那么多帘幕重重无穷数,有那么多泥牛入海,有那么多往事如烟。

历史是一个深宅大院,我们都是偶尔透过门缝看了那么一点点。

……

该遗忘什么?该记忆什么?人们都喜欢追问历史。

"七八个星天外,两三点雨山前。旧时茅店社林边,路转溪头忽见。"

不用追问,她就在你身边。

# 目录
*Contents*

## 三十功名

## 旧时王谢

三

十

功

名

# 功过是非秦始皇

公元前 221 年是公认的中国历史的一个里程碑,关于这一年,《史记》记载如下:

> (秦始皇)二十六年,齐王建与其相后胜发兵守其西界,不通秦。秦使将军王贲从燕南攻齐,得齐王建。[1]

这一年,嬴政派大将王贲由燕国向南灭了齐国,俘虏齐王建,至此,战国的六雄都被秦国收入囊中。

咸阳宫中,志得意满的嬴政与诸位大臣商议建国方略。

> "寡人以眇眇之身,兴兵诛暴乱,赖宗庙之灵,六王咸伏其辜,天下大定。今名号不更,无以称成功,传后世。其议帝号。"丞相绾、御史大夫劫、廷尉斯等皆曰:"昔者五帝地方千里,其外侯服夷服,诸侯或朝或否,天子不能制。今陛下兴义兵,诛残贼,平定天下,海内为郡县,法令由一统,自上古以来未尝有,五帝所不及。臣等谨与博士议曰:'古有天皇,有地皇,有泰皇,泰皇最贵。'臣等昧死上尊号,王为'泰皇'。命为'制',令为'诏',天子自称曰'朕'。"王曰:"去'泰',着'皇',采上古'帝'位号,号曰'皇帝'。他如议。"制曰:"可。"……"朕为始皇帝。后世以计数,二世三世至于万世,传之无穷。"[2]

看到这样的对话,猴王宛若穿越回到两千多年前:假如我也干了这样一件大事,会不会比赢政还要骄傲呢?从秦孝公开始,秦国历经六代接力棒,终于灭了山东六国,统一了天下,叫个"始皇帝"不为过吧?

## 万世基业,二世而亡

若以赢氏家族论,秦帝国刚刚开篇,却在二世戛然而终。严格说是在三世子婴手上而亡,虽然子婴当政只有几个月。回望大秦帝国的创业史,不免让人唏嘘感叹,一百多年来赢氏诸王的付出难道就这样付之东流了?

贾谊在《过秦论》里说:"仁义不施,攻守之势异也。"原因真是这么简单吗?

> 沛公至高阳传舍,使人召郦生。郦生至,入谒,沛公方倨床使两女子洗足,而见郦生。郦生入,则长揖不拜,曰:"足下欲助秦攻诸侯乎?且欲率诸侯破秦也?"沛公骂曰:"竖儒!夫天下同苦秦久矣,故诸侯相率而攻秦,何谓助秦攻诸侯乎?"[3]

刘邦与郦食其的这番对话一语道破天机。刘邦当时正在床边使唤两女子给他洗脚,郦食其进来,只作揖而不跪拜,径直问他:你是想要帮着秦攻诸侯呢?还是要帮助诸侯攻秦呢?刘邦大怒:废话,你难道是傻瓜啊!天下人都被秦国害惨了,当然是帮着诸侯攻打秦国了。

你看,与其说是秦帝国统一了六国,开创了中华帝国新篇章,不如说是统一六国的大业尚未完成,六国上下还不服气啊!复辟和反复辟的较量依旧在路上。

## 秦是如何苦天下的?

人们常说"凭君莫话封侯事,一将功成万骨枯",秦统一六国的过程当然不是请客吃饭,而注定是血与火的战争一场接着一场。我们来看看秦国的几位名将的赫赫战功。

## 白起

其明年(秦昭襄王十四年),白起为左更,攻韩、魏于伊阙,斩首二十四万,又虏其将公孙喜,拔五城。

明年,白起为大良造。攻魏,拔之,取城小大六十一。

明年,起与客卿错攻垣城,拔之。

后五年,白起攻赵,拔光狼城。

后七年,白起攻楚,拔鄢、邓五城。

其明年,攻楚,拔郢,烧夷陵,遂东至竟陵。

昭王三十四年,白起攻魏,拔华阳,走芒卯,而虏三晋将,斩首十三万。与赵将贾偃战,沉其卒二万人于河中。

昭王四十三年,白起攻韩陉城,拔五城,斩首五万。

四十四年,白起攻南阳太行道,绝之。

四十五年,伐韩之野王。野王降秦,上党道绝。

四十七年,至九月,秦军射杀赵括。括军败,卒四十万人降武安君。武安君计曰:"前秦已拔上党,上党民不乐为秦而归赵。赵卒反覆,非尽杀之,恐为乱。"乃挟诈而尽坑杀之,遗其小者二百四十人归赵。前后斩首虏四十五万人。赵人大震。[4]

## 王翦王贲父子

始皇十一年,翦将攻赵阏与,破之,拔九城。

十八年,翦将攻赵。岁余,遂拔赵,赵王降,尽定赵地为郡。

明年,燕使荆轲为贼于秦,秦王使王翦攻燕。燕王喜走辽东,翦遂定燕蓟而还。

秦使翦子王贲击荆,荆兵败。还击魏,魏王降,遂定魏地。

翦大破荆军。至蕲南,杀其将军项燕,荆兵遂败走。秦因乘胜略定荆地城邑。岁余,虏荆王负刍,竟平荆地为郡县。因南征百越之君。而王翦子王贲,与李信破定燕、齐地。[5]

## 蒙骜祖孙三代

秦庄襄王元年,蒙骜为秦将,伐韩,取成皋、荥阳,作置三川郡。

二年,蒙骜攻赵,取三十七城。

始皇三年,蒙骜攻韩,取十三城。

五年,蒙骜攻魏,取二十城,作置东郡。

始皇二十三年,蒙武(蒙骜之子)为秦裨将军,与王翦攻楚,大破之,杀项燕。

二十四年,蒙武攻楚,虏楚王。

始皇二十六年,蒙恬因家世得为秦将,攻齐,大破之,拜为内史。[6]

秦国用武力统一了六国,六国上下就这么认怂了?显然不会,只是慑于秦帝国的强大军力,隐忍不发而已。大家都在等待反攻倒算的时机,等待一位"带头大哥"登高一呼。这位"带头大哥"会是谁呢?

## 郡县制

丞相绾等言:"诸侯初破,燕、齐、荆地远,不为置王,毋以填之。请立诸子,唯上幸许。"始皇下其议于群臣,群臣皆以为便。廷尉李斯议曰:"周文武所封子弟同姓甚众,然后属疏远,相攻击如仇雠,诸侯更相诛伐,周天子弗能禁止。今海内赖陛下神灵一统,皆为郡县,诸子功臣以公赋税重赏赐之,甚足易制。天下无异意,则安宁之术也。置诸侯不便。"始皇曰:"天下共苦战斗不休,以有侯王。赖宗庙,天下初定,又复立国,是树兵也,而求其宁息,岂不难哉!

廷尉议是。"[7]

秦始皇建立了大秦帝国,考虑到周室衰微、诸侯称霸的前车之鉴,在李斯的建议下没有分封同姓王,而是实行一种全新的制度——郡县制。车同轨,书同文,统一度量衡。这无疑是一个早熟的制度,在两千多年前的农耕文明社会里建立类似现代的行政管理体制无疑是一个大胆的实践。

对于一个庞大的农业帝国而言,这种垂直管理的文官制度将面临很多挑战。首先这对帝王的个人能力要求很高,事无巨细,咸决断于皇帝。秦始皇无疑是一位勤政且能干的皇帝,但是后继者呢?如何保证他们都能像秦始皇那样驾驭一个如此庞大的官僚体系?

同时,这种制度对于旧制度的维护者——六国贵族们而言,绝对是一种近乎釜底抽薪的打击。这不仅仅是剥夺了人家的领土,还剥夺了人家东山再起的资本。

秦始皇看到了分封制的弊端,周天子名存实亡,诸侯才是主角,他既然要统一六国,何必又分封出新的六国?所以,他要建立一种崭新的制度,保证皇权不受到任何挑战,能行之万世。

后世的文人都在嘲笑他:你看看,还行之万世呢,二世而亡了吧!但是,回过头来看,这两千多年的中国历史,城头变幻大王旗,百代皆行秦政治,两千年来的"玩法"无出郡县制左右。那些想玩封土建国的朝代都不怎么太平。明朝的时候,朱元璋将郡县制和分封制糅合在一起,分封的同姓王封土不临民,不问地方事,还要受到地方官的监视,显然这也是借鉴了秦始皇的经验。你看秦始皇了不起吧!

# 焚书

对于秦始皇的这项改革,有赞成的,当然也会有反对的,一点也不奇怪。

始皇置酒咸阳宫,博士七十人前为寿。仆射周青臣进颂曰:"他时秦地不过千里,赖陛下神灵明圣,平定海内,放逐蛮夷,日月所照,莫不宾服。以诸侯为郡县,人人自安乐,无战争之患,传之万世。自上古不及陛下威德。"始皇悦。博士齐人淳于越进曰:"臣闻殷周之王千余岁,封子弟功臣,自为枝辅。今陛下有海内,而子弟为匹夫,卒有田常、六卿之臣,无辅拂,何以相救哉?事不师古而能长久者,非所闻也。今青臣又面谀以重陛下之过,非忠臣。"始皇下其议。丞相李斯曰:"五帝不相复,三代不相袭,各以治,非其相反,时变异也。今陛下创大业,建万世之功,固非愚儒所知。且越言乃三代之事,何足法也?异时诸侯并争,厚招游学。今天下已定,法令出一,百姓当家则力农工,士则学习法令辟禁。今诸生不师今而学古,以非当世,惑乱黔首。丞相臣斯昧死言:古者天下散乱,莫之能一,是以诸侯并作,语皆道古以害今,饰虚言以乱实,人善其所私学,以非上之所建立。今皇帝并有天下,别黑白而定一尊。私学而相与非法教,人闻令下,则各以其学议之,入则心非,出则巷议,夸主以为名,异取以为高,率群下以造谤。如此弗禁,则主势降乎上,党与成乎下。禁之便。臣请史官非秦记皆烧之。非博士官所职,天下敢有藏《诗》、《书》、百家语者,悉诣守、尉杂烧之。有敢偶语《诗》《书》者弃市。以古非今者族。吏见知不举者与同罪。令下三十日不烧,黥为城旦。所不去者,医药卜筮种树之书。若欲有学法令,以吏为师。"制曰:"可。"[8]

大臣周青臣赞颂秦始皇开风气之先,以郡县制代替诸侯制,高,实在是高!但博士淳于越却不无担心地说:殷周延续了千余岁,是因为分封子弟功臣,才得以延续这么久;陛下如果不分封子弟,形成互为支持之势,将来遇到乱臣贼子,天下大乱,怎么能保住江山呢?周青臣他阿谀奉承,不是忠臣啊!秦始皇倒是很虚心,知道这个问题没那么简单,就让大家讨论讨论。大臣李斯有不同意见,认为秦帝国找到了终极解决方案,以前天下大乱就是因为有诸侯国存在,意见不一,莫衷一是,"今天下已定,法令出一,百姓当家则力农工,士则学习法令辟禁",不需要再讨论这些问题了,并且建议对厚古薄今者进行惩罚,对"妄议朝廷"的书进行焚毁,"臣请史官非秦记皆烧之。非博士官所职,天下敢有藏《诗》《书》、百家语者,悉诣守、尉杂烧之。有敢偶语《诗》《书》者弃市……所不去者,医药卜筮种树之书"。

这就是传说中的焚书事。李斯要求焚毁的是非议秦国的书籍,还有那些非博士官职的人所藏有的书籍,但医药、占卜和种树的书除外。

当时的书籍载体都是竹简和帛,谁能拥有竹简和帛呢?非六国贵族莫属,老百姓家里当然没有了。掌握舆论是每个政权的必修课,在这个世界上,你还找不到一个政权将舆论大权拱手让人的,占据意识形态的制高点是所有强势政权的显著特征之一,只不过有的做得比较委婉和隐性罢了。

这件事总归是秦始皇的一个"污点",唐朝的章碣就表示很冤,他写了一首诗讽刺秦始皇。你看看,焚书有什么用?造反的刘邦和项羽都不是读书人啊!

## 焚书坑

竹帛烟销帝业虚,关河空锁祖龙居。

坑灰未烬山东乱,刘项原来不读书。

# 坑儒

侯生、卢生相与谋曰:"始皇为人,天性刚戾自用,起诸侯,并天下,意得欲从,以为自古莫及己。专任狱吏,狱吏得亲幸。博士虽七十人,特备员弗用。丞相诸大臣皆受成事,倚辨于上。上乐以刑杀为威,天下畏罪持禄,莫敢尽忠。上不闻过而日骄,下慑伏谩欺以取容。秦法，不得兼方，不验，辄死。然候星气者至三百人，皆良士，畏忌讳谀，不敢端言其过。天下之事无小大皆决于上，上至以衡石量书，日夜有呈，不中呈，不得休息。贪于权势至如此，未可为求仙药。"于是乃亡去。始皇闻亡，乃大怒曰："吾前收天下书不中用者尽去之。悉召文学方术士甚众，欲以兴太平，方士欲练以求奇药。今闻韩众去不报，徐市等费以巨万计，终不得药，徒奸利相告日闻。卢生等吾尊赐之甚厚，今乃诽谤我，以重吾不德也。诸生在咸阳者，吾使人廉问，或为訞言以乱黔首。"于是使御史悉案问诸生，诸生传相告引，乃自除犯禁者四百六十余人，皆坑之咸阳，使天下知之，以惩后。益发谪徙边。始皇长子扶苏谏曰："天下初定，远方黔首未集，诸生皆诵法孔子，今上皆重法绳之，臣恐天下不安。唯上察之。"始皇怒，使扶苏北监蒙恬于上郡。[9]

侯生和卢生答应去给秦始皇找长生不老药，拿了秦始皇很多银子，不干活，却在背地里说他的坏话，说他刚愎自用，天下之事，无论大小，都由他来决定，每天看的竹简都是"以衡石量书"（一石相当于一百二十斤），日夜不断地呈上，从不休息，权力欲太大了，这样的人要长生不老，太恐怖了，咱们不能给他找长生不老药，咱们开溜吧！于是二人不辞而别。这真有点懒汉怼劳模的意思。

秦始皇听说了这二位的话，勃然大怒：花了我这么多银子不为我办事，还背地里损我，想干什么？责令御史严办，结果一审问，牵连者四百六十余人，皆被坑杀在咸阳，以儆效尤。

秦始皇长子扶苏比较理性，劝他爹：天下现在刚刚太平，远方的老百姓还有未归顺的，这些人都读孔子的书，您现在将他们都绳之以法，我担心天下会觉得不安，希望父亲您明察。秦始皇大怒，将扶苏发配到北方边界陪着蒙恬戍边去了。

坑儒这件事看来也不是想象的那样简单，虽然刑罚过于严酷，但这些术士也未必全是良民，倒是扶苏因此事被罚戍边彻底改变了秦朝的历史。要是扶苏能一直待在咸阳，跟随在秦始皇的左右，那么继承王位的恐怕就轮不到胡亥了，秦朝二世而亡也许就是一个小概率事件了。

不论是焚书还是坑儒，看似是独立的事件，其实反映了秦帝国立国根基尚浅的现实。新的制度初创，还需要一定的时间去磨合，去优化，才知道能不能行之后世。且不说六国贵族和老百姓依旧怀念着故国疆土，即使秦帝国内部，也存在着很多不稳定因素。秦其实尚未真正统一六国，所谓的统一，只是形式上的统一而已。

## 古人也有不同看法

宋元时期的马端临对"焚书废儒"一事有自己的独到见解，他在《文献通考》一书中做了以下陈述：

> 秦始皇三十四年，丞相李斯上书曰："异时诸侯并争，厚招游学。今天下已定，法令出一，百姓当家，则力农工，士则学习法令。今诸生不师今而学古，以非当世，惑乱黔首，相与非法教，人闻令下，则各以其学议之，入则心非，出则巷议，夸主以为名，异趣以为高，率群臣以造谤。如此弗禁，则主势降乎上，党与成乎下。禁之便。臣请史官非秦记皆烧之。非博士官所职，天下有藏《诗》、《书》、百家语者，皆诣守尉杂烧之。有敢偶语《诗》、《书》者弃市。以古非今者族。吏见知而不举，与同罪。令下三十日不烧，黥为城旦。所不去者，医药、卜筮、种树之书。若欲学法令，则以吏为师。"制曰："可。"
>
> 魏人陈余谓孔鲋曰："秦将灭先王之籍，而子为书籍之主，其危哉！"子鱼曰："吾为无用之学，知吾者惟友。秦非吾友，吾何危哉？吾将藏之以待其求，求至，无患矣。"
>
> 夹漈郑氏曰：陆贾，秦之巨儒也。郦食其，秦之儒生也。叔孙通，秦时以文学召待诏博士。数岁，陈胜起，二世召博士、诸儒生三

十余人而问其故,皆引《春秋》之义以对。是则秦时未尝不用儒生与经学也。况叔孙通降汉时,自有弟子百余人,齐、鲁之风亦未尝替。故项羽既亡之后,而鲁为守节礼义之国。则知秦时未尝废儒,而始皇所坑者,盖一时议论不合者耳。

又曰:萧何入咸阳,收秦律令图书,则秦亦未尝无书籍也。其所焚者,一时间事耳!后世不明经者,皆归之秦火,使学者不睹全书,未免乎疑以传疑。然则《易》固为全书矣,何尝见后世有明《易》之人哉!臣向谓"秦人焚书而书存,诸儒穷经而经绝",盖为此发也。《诗》有六亡篇,乃"六笙",《诗》本无辞,《书》有逸篇,仲尼之时已无矣,皆不因秦火。自汉以来书籍,至于今日,百不存一二,非秦人亡之也,学者自亡之耳。[10]

马端临的这一段话信息量很大,第一段大约与《史记》记载相同,"焚书"之议始作俑者乃丞相李斯。第二段是讲孔子的八世孙孔鲋"藏书鲁壁"的故事,他将《论语》《尚书》《礼记》《春秋》《孝经》等儒家典籍藏于孔子故宅墙壁中;汉景帝时,这些典籍重现天日。第三段指出当时的秦国高官陆贾、郦食其、叔孙通等都是大儒;陈胜起兵时,秦二世召博士、诸儒生三十余人问计,大家都以孔子所著的《春秋》来回答,这证明,秦朝还是用儒生和经学的;叔孙通后来投降汉朝时,手下弟子百余人,叔孙通又是孔门弟子,看来儒学并没有被废黜,项羽战败后,鲁国仍然是一个守节礼义之国;由此可知,秦朝时并没有废儒,只是坑杀了一些术士而已。最后一段,马端临说,当年萧何入了咸阳,收律令图书,那么这些图书是从哪里来的?后世不明白的人总是一概而论。《周易》的确是全书,但后世有几人能读懂《周易》呢?《诗经》散失了六篇,就是所谓的"六笙",其实本来就无一字;《尚书》有未收录的篇章,但在孔子时就已经散佚了。这些都不是因为秦朝的一把火啊!自汉代以来,一百本书能存留下来的不过一二,这难道也要怪秦朝?要怪就怪学者自己,没有把它们传承下来。

# 善待功臣

飞鸟尽，良弓藏，兔死狗烹，不管谁是谁非，表面来看，历朝历代都不免如此，但秦始皇是个例外。

与"焚书坑儒"不同，秦始皇对待功臣却是恩遇有加，王翦和王贲父子、章邯、蒙武和蒙恬父子及李斯等都在他的任内安然无恙。吕不韦虽祸国乱政，秦始皇也没杀他，而是让他迁居蜀地，只是吕不韦自知罪孽深重，饮毒酒自毙。相比之下，秦昭襄王时，秦国战神白起被赐死，赵国的战神李牧被冤杀；汉朝初期，刘邦诛杀韩信、彭越、英布等功臣；明太祖朱元璋也干掉了当初一起打天下的李善长、胡惟庸、蓝玉等功臣，野史上还说他给病重的徐达赐蒸鹅，可谓寡恩；即使对士大夫比较优待的宋朝也有诛杀岳飞的败笔，只有赵匡胤的"杯酒释兵权"似可与秦始皇媲美。从这点而言，顶着"暴君"称号的秦始皇有点"名不副实"。

秦始皇为什么能善待功臣？我想这大概与秦国施行依法治国的国策有关。从商鞅开始，一系列的改革，最后都落脚到严格的法律制度上，每一个执政者上来都能恪守这些制度而不懈怠，因此，即使没有齐国靠海的盐铁之利，也没有像楚国那样占据江南半壁，秦国还是能以偏居西北的小国姿态从诸侯国里脱颖而出。

另外，我想还有一个重要的原因，就是秦始皇本人很自信，他自信有足够的能力来驾驭这些骄兵悍将。事实上，这些骄兵悍将也都恪守本分，即使秦末大乱，也没有拥兵自立。

# 万里长城和秦直道

始皇二十六年，蒙恬因家世得为秦将，攻齐，大破之，拜为内史。秦已并天下，乃使蒙恬将三十万众北逐戎狄，收河南。筑长城，因地形，用制险塞，起临洮，至辽东，延袤万余里。

始皇欲游天下，道九原，直抵甘泉，乃使蒙恬通道，自九原抵甘泉，堑山堙谷，千八百里。道未就。

太史公曰：吾适北边，自直道归，行观蒙恬所为秦筑长城亭障，堑山堙谷，通直道，固轻百姓力矣。夫秦之初灭诸侯，天下之心未定，痍伤者未瘳，而恬为名将，不以此时强谏，振百姓之急，养老存孤，务修众庶之和，而阿意兴功，此其兄弟遇诛，不亦宜乎！何乃罪地脉哉？[11]

秦始皇任内建设了两大标志性的地上工程，一为"地球人都知道"的万里长城，一为知者不多的秦直道。至于那座阿房宫，被证明是子虚乌有，杜牧也没有亲见过，只是道听途说而已。

所谓的秦直道，起自现在的咸阳，终至内蒙古的包头，可谓世界上第一条"高速公路"。司马迁写这段时还特意去现场勘察了一番，颇为感慨。以当时的人力物力，能办这样大的土方工程，的确匪夷所思。司马迁埋怨蒙恬助纣为虐，帮着秦始皇完成这两项劳民伤财的工程，但他说说容易，这两项工程并非供秦始皇享乐的楼堂馆所，实为国防工程，不修可以吗？此事可以讨论和斟酌，但不可乱下断语。

除了万里长城和秦直道，秦始皇还建了另一项宏大工程，不过是地下的，目前还没有人亲眼见证过，那就是传说中他的骊山陵墓。《史记》记载如下：

始皇初即位，穿治郦山，及并天下，天下徒送诣七十余万人，穿三泉，下铜而致椁，宫观百官奇器珍怪徙臧满之。令匠作机弩矢，有所穿近者辄射之。以水银为百川江河大海，机相灌输，上具天文，下具地理。以人鱼膏为烛，度不灭者久之。二世曰："先帝后宫非有子者，出焉不宜。"皆令从死，死者甚众。葬既已下，或言工匠为机，臧皆知之，臧重即泄。大事毕，已臧，闭中羡，下外羡门，尽闭工匠臧者，无复出者。树草木以象山。[12]

动用了七十万人来修陵墓，陪葬了奇珍异宝不说，还陪葬了如此多无辜生命，如果司马迁的记载属实的话（还有待考古挖掘来进一步印证），秦始皇的确是开了一个很坏的先例，要严厉批评一下。

都说中国人目前的工程能力是世界第一，人们戏言"论基建能力，我只服中国"，我看这能力多多少少都有秦始皇的遗传吧！

## "带头大哥"

秦始皇统一天下之后，一直都在各地巡游，曾巡游了五次之多。那时还没有飞机，没有高铁，没有空调，真是不辞劳苦，算是很敬业的皇帝。最后一次巡游，他累死在河北的沙丘平台，而在此之前，发起"胡服骑射"的赵武灵王也是困死于此地。两位战国的强人在地下相会，会聊些什么呢？

二十七年，始皇巡陇西、北地。

二十八年，始皇东行郡县，上邹峄山。立石，与鲁诸儒生议，刻石颂秦德，议封禅望祭山川之事……南登琅邪……作琅邪台，立石刻，颂秦德，明得意……始皇还，过彭城，斋戒祷祠，欲出周鼎泗水。使千人没水求之，弗得。乃西南渡淮水，之衡山、南郡。浮江，至湘山祠。

二十九年，始皇东游。至阳武博狼沙中……登之罘，刻石。

三十一年十二月……始皇为微行咸阳。

三十二年，始皇之碣石，使燕人卢生求羡门、高誓。刻碣石门，坏城郭，决通堤防……因使韩终、侯公、石生求仙人不死之药。始皇巡北边，从上郡入。燕人卢生使入海还，以鬼神事，因奏录图书，曰"亡秦者胡也"。始皇乃使将军蒙恬发兵三十万人北击胡，略取河南地。

三十五年,除道,道九原,抵云阳,堑山堙谷,直通之。

三十七年十月癸丑,始皇出游。左丞相斯从,右丞相去疾守。少子胡亥爱慕请从,上许之。十一月,行至云梦,望祀虞舜于九疑山。浮江下,观籍柯,渡海渚,过丹阳,至钱唐。临浙江,水波恶,乃西百二十里从狭中渡。上会稽,祭大禹,望于南海,而立石刻,颂秦德。[13]

有人说,秦始皇是到处游玩,其实不尽然,他是不放心天下啊!六国虽灭,人心难服。这种担心不是多余的。你看,就有人看他不顺眼了,其中,有两位"带头大哥",一位叫项羽,另一位叫刘邦。

秦始皇帝游会稽,渡浙江,梁与籍俱观。籍曰:"彼可取而代也。"梁掩其口,曰:"毋妄言,族矣!"[14]

高祖常繇咸阳,纵观,观秦皇帝,喟然太息曰:"嗟乎,大丈夫当如此也!"[15]

当世的人咒骂秦始皇,可以理解,毕竟他动了很多人的奶酪,至于两千年后的我们,则没必要跟着瞎起哄,是他第一次把统一大国的烙印盖在了我们每一个人的身上,是他修建的万里长城抵御了异族入侵,让中原的农耕文明得以幸存。

**注释:**

[1][2]西汉·司马迁《史记》,卷六,秦始皇本纪第六。

[3]西汉·司马迁《史记》,卷九十七,郦生陆贾列传第三十七。

[4][5]西汉·司马迁《史记》,卷七十三,白起王翦列传第十三。

[6]西汉·司马迁《史记》,卷八十八,蒙恬列传第二十八。

[7]—[9]西汉·司马迁《史记》,卷六,秦始皇本纪第六。

[10]宋元·马端临《文献通考》,卷一百七十四,经籍考一。

[11]西汉·司马迁《史记》,卷八十八,蒙恬列传第二十八。

[12][13]西汉·司马迁《史记》,卷六,秦始皇本纪第六。

[14]西汉·司马迁《史记》,卷七,项羽本纪第七。

[15]西汉·司马迁《史记》,卷八,高祖本纪第八。

# 管仲，贸易战的祖师爷

杜甫在《忆昔二首》诗中这样写道："忆昔开元全盛日，小邑犹藏万家室。稻米流脂粟米白，公私仓廪俱丰实。九州道路无豺虎，远行不劳吉日出。齐纨鲁缟车班班，男耕女桑不相失。"

看得出这是一派开元盛世的光景：人丁兴旺，一个小城市都有万户人家；粮食丰收，富得流油；国家和私人储备充足，家有余粮，心里不慌；法治社会，盗贼无藏，人们爱什么时候出门就什么时候出门，不必非选什么黄道吉日；贸易发达，满载齐纨鲁缟的车辆一辆接着一辆，男耕女织，井然有序。

诗中的"齐纨鲁缟"是何物呢？就是齐国和鲁国盛产的两种布匹，算是当时最好的服装面料了，齐国人自然喜欢穿齐纨，鲁国人自然喜欢穿鲁缟。汉代班婕妤曾有诗曰："新裂齐纨素，鲜洁如霜雪。裁为合欢扇，团团似明月。"[1]元曲《一枝花·赠美人号展香绵杨铁笛为著此号》更是夸这两种面料："价重如齐纨鲁缟，名高似蜀锦吴绫。"《三国演义》里也有一段描写："曹操之众，远来疲惫；近追豫州，轻骑一日夜行三百里，此所谓强弩之末，势不能穿鲁缟者也。"[2]衣食住行，衣字当首，的确不可小觑，但我们为什么要谈这些服装面料呢？它们与贸易战有什么关系？殊不知，有史以来第一场大规模的贸易战，这两位就是主角。那么谁是编导，谁是制片人呢？编导是管仲，制片人是齐桓公。

# 齐桓公是怎么上台的？

《史记》里有如下记载：

> 桓公元年春，齐君无知游于雍林。雍林人尝有怨无知，及其往游，雍林人袭杀无知，告齐大夫曰："无知弑襄公自立，臣谨行诛。唯大夫更立公子之当立者，唯命是听。"[3]

桓公元年是公元前 685 年，这年春天，齐国的国君无知到雍林游玩（"无知"这名字起得可真有水平，太谦虚了吧）。雍林有人与他有仇，趁机杀死了他。司马迁可能有所疏漏，此处雍林其实是个人名，任职渠丘大夫，渠丘在今山东安丘市境内。《左传·庄公九年》载："初，公孙无知虐于雍廪。"所以，应该是无知到渠丘游玩，被渠丘大夫雍廪干掉了。

这位"无知"国君可真对得起他这个名字，竟然忘记了自己当年曾结仇的往事。哪儿不能游玩呢？偏偏要去仇人的地界晃悠。真是无知到家了。

杀死无知后，雍林向齐国大夫宣告说："无知当年杀死襄公自立为君，我已替天行道。请你们再选一位接班人，选谁都行，我们没啥意见。"

> 初，襄公之醉杀鲁桓公，通其夫人，杀诛数不当，淫于妇人，数欺大臣，群弟恐祸及，故次弟纠奔鲁。其母鲁女也。管仲、召忽傅之。次弟小白奔莒，鲍叔傅之。小白母，卫女也，有宠于釐公。小白自少好善大夫高傒。及雍林人杀无知，议立君，高、国先阴召小白于莒。鲁闻无知死，亦发兵送公子纠，而使管仲别将兵遮莒道，射中小白带钩。小白详死，管仲使人驰报鲁。鲁送纠者行益迟，六日至齐，则小白已入，高傒立之，是为桓公。[4]

在无知之前是齐襄公当政，但齐襄公无道，一次酒醉后不仅将鲁桓公杀死,还与其夫人通奸,杀伐随意,虐待大臣。他的兄弟们害怕引火烧身,纷纷出逃。其中一个弟弟纠跑到了鲁国,因为他母亲是鲁国之女,管仲和召忽两人辅佐他;另一个弟弟小白则逃亡到莒国,因为他母亲是莒国之女,鲍叔牙辅佐他。国君无知被杀后,他们成了仅存的齐王人选。

小白在齐国有个内应名叫高傒,他抢先通知小白速回。鲁国也不闲着,一方面派兵护送公子纠返齐,另一方面派管仲阻击小白。管仲一箭射中了小白的衣带钩,小白假装死了,栽下马来,管仲便派人飞报鲁国,鲁国护送公子纠的队伍速度就放慢了,六天后才至齐国。而小白已先入为主,是为齐桓公。

## 管仲是如何逆袭的?

桓公之中钩,详死以误管仲,已而载温车中驰行,亦有高、国内应,故得先入立,发兵距鲁。秋,与鲁战于乾时,鲁兵败走,齐兵掩绝鲁归道。齐遗鲁书曰:"子纠兄弟,弗忍诛,请鲁自杀之。召忽、管仲雠也,请得而甘心醢之。不然,将围鲁。"鲁人患之,遂杀子纠于笙渎。召忽自杀,管仲请囚。桓公之立,发兵攻鲁,心欲杀管仲。鲍叔牙曰:"臣幸得从君,君竟以立。君之尊,臣无以增君。君将治齐,即高傒与叔牙足也。君且欲霸王,非管夷吾不可。夷吾所居国国重,不可失也。"于是桓公从之。乃详为召管仲欲甘心,实欲用之。管仲知之,故请往。鲍叔牙迎受管仲,及堂阜而脱桎梏,斋祓而见桓公。桓公厚礼以为大夫,任政。[5]

齐桓公上台后开始"秋后算账",攻打鲁国,逼着鲁国杀掉了公子纠。靠山一倒,管仲也就失业了。失业倒不算什么,要知道他与齐桓公还有一箭之仇,人家岂能放过他?

俗话说跟人要跟对。管仲跟错了人,点背;而他的好朋友鲍叔牙则比他幸运得多。鲍叔牙辅佐的公子小白捷足先登，顺风顺水。人常说，多一个朋友多一条路，鲍叔牙在齐桓公面前不仅不挤兑管仲，还力荐他，说大王你要治国安邦，用我和高傒两个就足够了，但要想称霸天下，必须用管仲。鲍叔牙不是吹牛，正是在管仲的辅佐下，齐桓公才成就了"春秋五霸"之首的霸业。

> 管仲曰："吾始困时，尝与鲍叔贾，分财利多自与，鲍叔不以我为贪，知我贫也。吾尝为鲍叔谋事而更穷困，鲍叔不以我为愚，知时有利不利也。吾尝三仕三见逐于君，鲍叔不以我为不肖，知我不遭时也。吾尝三战三走，鲍叔不以我为怯，知我有老母也。公子纠败，召忽死之，吾幽囚受辱，鲍叔不以我为无耻，知我不羞小节而耻功名不显于天下也。生我者父母，知我者鲍子也。"[6]

这是管仲的一大段内心独白，"生我者父母，知我者鲍子也"，对鲍叔牙可谓感恩戴德。也难怪，以今天的眼光来看管仲这个人，真是志大才疏，百无一用啊！他曾与鲍叔牙合伙做生意，想着给自己多分点，鲍叔牙却认为他不是贪，而是因为贫；管仲曾为鲍叔牙做事却一无所成，鲍叔牙认为他不是笨，而是运气不好；管仲曾三次辅佐君主又三次叛走，鲍叔牙认为他不是不忠，而是因为生不逢时；管仲曾三战三逃，鲍叔牙认为他不是胆怯，而是因为家有老母。猴王到现在都很纳闷，鲍叔牙是怎么看出来管仲是个人才的呢？管仲究竟牛在哪里？

# 不战而屈人之国

齐桓公虽然当了齐国的王，却与鲁国结了梁子，齐鲁两国就开始在齐鲁大地上互相挤对，谁看谁都不顺眼。

管仲曾经在鲁国待过。俗话说：知彼知己，百战不殆。他给齐桓公出了一个摆平鲁国的主意：大王且放心，只要你换一身衣服就可以把鲁国搞定。齐桓公半信半疑,难道就这么容易?听过治大国如烹小鲜,没听过治大国如换一身衣服的。

> 桓公曰:"鲁梁之于齐也,千谷也,蜂螫也,齿之有唇也。今吾欲下鲁梁,何行而可?"管子对曰:"鲁梁之民俗为绨。公服绨,令左右服之,民从而服之。公因令齐勿敢为,必仰于鲁梁,则是鲁梁释其农事而作绨矣。"桓公曰:"诺。"即为服于泰山之阳,十日而服之。管子告鲁梁之贾人曰:"子为我致绨千匹,赐子金三百斤。什至而金三千斤。"则是鲁梁不赋于人,财用足也。鲁梁之君闻之,则教其人为绨。十三月,而管子令人之鲁梁。鲁梁郭中之民,道路扬尘,十步不相见,绁繘而踵相随,车毂齺,骑连伍而行。管子曰:"鲁梁可下矣。"公曰:"奈何?"管子对曰:"公宜服帛,率民去绨,闭关,毋与鲁梁通使。"公曰:"诺。"后十月,管子令人之鲁梁,鲁梁之民饿馁相及,应声之正无以给上。鲁梁之君即令其民去绨修农。谷不可以三月而得,鲁梁之人籴十百,齐粜十钱。二十四月,鲁梁之民归齐者十分之六。[7]

管仲要求齐桓公把衣服由齐纨换成鲁缟,这还不算,还要下令全国官员服饰都由齐纨改为鲁缟。《韩子》曰:齐桓公好服紫,一国尽服紫,五素不得一紫。公患之,管仲曰:"君勿衣紫也。谓左右曰:'吾恶紫臭!'"公曰:"诺。"三日,境内莫有衣紫。[8]所谓上行下效,管仲既然能左右齐桓公穿不穿紫衣服,那么齐国人穿不穿齐纨,他当然能搞定。

此政一出,齐国对鲁缟的需求大涨,鲁缟的价格一路走高,管仲又下令齐国不能织鲁缟,只能从鲁国进口,鲁国人民就像打了鸡血一样,纷纷投向制缟业。自此,田园荒芜,老百姓都不安心种庄稼了。待到鲁国存粮消耗殆尽,青黄不接之时,管仲却下令停止进口鲁缟,重启齐国的齐纨产业。这下鲁国抓瞎了,鲁缟堆积如山却卖不出去,库里又没有了存粮,怎么办?只能向齐国求援,管仲趁机将粮价调得很高,鲁国不仅把在鲁缟上从齐国赚得的钱吐了出来,还把家底输了个精光。就这样,管仲略施小计就让鲁国低下了高傲的头颅。

管仲有句名言:"仓廪实而知礼节,衣食足而知荣辱。"那么仓廪不实呢? 衣食不足呢? 鲁国人管不了那么多了,向齐国俯首称臣吧!

齐国称臣了,那么楚国呢?

> 桓公问于管子曰:"楚者,山东之强国也,其人民习战斗之道。举兵伐之,恐力不能过。兵弊于楚,功不成于周,为之奈何?"管子对曰:"即以战斗之道与之矣。"公曰:"何谓也?"管子对曰:"公贵买其鹿。"桓公即为百里之城,使人之楚买生鹿。楚生鹿当一而八万。管子即令桓公与民通轻重,藏谷什之六。令左司马伯公将白徒而铸钱于庄山。令中大夫王邑载钱二千万,求生鹿于楚。楚王闻之,告其相曰:"彼金钱,人之所重也,国之所以存,明王之所以赏有功。禽兽者,群害也,明王之所弃逐也。今齐以其重宝贵买吾群害,则是楚之福也。天且以齐私楚也。子告吾民,急求生鹿,以尽齐之宝。"楚民即释其耕农而田鹿。管子告楚之贾人曰:"子为我致生鹿二十,赐子金百斤。什至而金千斤也。"则是楚不赋于民而财用足也。楚之男子居外,女子居涂。照朋教民藏粟五倍,楚以生鹿藏钱五倍。管子曰:"楚可下矣。"公曰:"奈何?"管子对曰:"楚钱五倍,其君且自得而修谷。钱五倍,是楚强也。"桓公曰:"诺。"因令人闭关,不与楚通使。楚王果自得而修谷。谷不可三月而得也,楚籴四百。齐因令人载粟处芊之南,楚人降齐者十分之四。三年而楚服。[9]

管仲又用买鹿的策略帮齐桓公搞定了楚国,不战而屈人之兵,高,实在是高!

接着"倒霉"的是衡山国。

> 桓公问于管子曰:"吾欲制衡山之术,为之奈何?"管子对曰:

"公其令人贵买衡山之械器而卖之。燕、代必从公而买之,秦、赵闻之,必与公争之。衡山之械器必倍其贾。天下争之,衡山械器必什倍以上。"公曰:"诺。"因令人之衡山求买械器,不敢辩其贵贾。齐修械器于衡山十月,燕、代闻之,果令人之衡山求买械器,燕、代修三月,秦国闻之,果令人之衡山求买械器。衡山之君告其相曰:"天下争吾械器,令其贾再什以上。"衡山之民释其本,修械器之巧。齐即令隰朋漕粟千赵。赵粜十五,隰朋取之石五十。天下闻之,载粟而之齐。齐修械器十七月,修粜五月,即闭关不与衡山通使。燕、代、秦、赵即引其使而归。衡山械器尽,鲁削衡山之南,齐削衡山之北。内自量无械器以应二敌,即奉国而归齐矣。[10]

管仲如法炮制,又高价收购衡山国的兵器,衡山国也上当了,不久就归顺齐国了。管仲三战三捷,还不费一兵一卒,真是牛人一个啊!

试想在管仲实行这些政策时,难道就没有反对意见吗?难道就不怕人泄密吗?难道就没有人怀疑或指责他是"外国奸细"吗?我想肯定有,只是历史记载不了那么详细,反正是管仲提出了这般天才的政策,又把它贯彻得如此彻底,并且达到了预期的效果。试想北宋的王安石也想得挺周全,但变法一波三折,甚至南辕北辙。有好的想法不易,能把好的想法贯彻到底更不易。

数来数去,这应该算是有史以来中国乃至世界关于贸易战的最早案例吧!管仲早在两千多年前就干了今天美联储和华尔街干的事情,不服不行啊!

而管仲的厉害还不仅于此。有的人是会干不会说,有的人是会说不会干,管仲是既会干也会说。关于治国理政,他有一套系统性的思想,这些思想基本都收录于《管子》一书中,今日读来,也多可借鉴之处。

# 洞悉人性

夫凡人之情，见利莫能勿就，见害莫能勿避。其商人通贾，倍道兼行，夜以续日，千里而不远者，利在前也。渔人之入海，海深万仞，就彼逆流，乘危百里，宿夜不出者，利在水也。故利之所在，虽千仞之山无所不上，深源之下无所不入焉。故善者势利之在，而民自美安，不推而往，不引而来，不烦不扰，而民自富。如鸟之覆卵，无形无声，而唯见其成。[11]

趋利避害乃人之本性，两千多年前的管仲就将人性总结得如此到位，佩服！佩服！两千年后的经济学家，不论亚当·斯密还是马克思，也多有相似之语。

# 市场经济

市者，货之准也。是故百货贱则百利不得，百利不得则百事治，百事治则百用节矣。是故事者生于虑，成于务，失于傲。不虑则不生，不务则不成，不傲则不失。故曰：市者可以知治乱，可以知多寡，而不能为多寡，为之有道。[12]

市场是商品定价的基准，市场可以知治乱，知多寡。管仲真乃"市场经济"的鼻祖啊！

# 税收政策

桓公践位十九年，弛关市之征，五十而取一；赋禄以粟，案田而税。二岁而税一，上年什取三，中年什取二，下年什取一；岁饥不税，岁饥弛而税。[13]

齐桓公在位十九年，工商税率很低，只有 2%；农业税以粟米计算，两年征收一次，上等丰年征收三成，一般收成的年份征收两成，收成不好的年份征收一成，荒年则不征税，待灾荒过后再行收税。管仲一直倡导"薄征敛，轻征赋，弛刑罚"[14]，秉持的是一个低税负和宽刑罚的基本国策。

## 货币政策

> 国策出于谷轨，国之策货，币乘马者也。今刀布藏于官府，巧币、万物轻重皆在贾人。彼币重而万物轻，币轻而万物重，彼谷重而万物轻，谷轻而万物重。人君操谷、币、金衡，而天下可定也。此守天下之数也。[15]

管仲指出：国家大政方针，首要在于粮食；要管理粮食，首要在于货币政策；货币虽然贮藏于官府，但使用货币和操纵物价的则是商人。市场上凡货币升值则物价落，货币贬值则物价升，粮价上升则金价下降。人君如果能掌握好粮食、货币和黄金的平衡关系，天下就可以安定了。这也是治理天下的一种办法。

> 黄金者，用之量也。辨于黄金之理，则知侈俭，知侈俭则百用节矣。故俭则伤事，侈则伤货。俭则金贱，金贱则事不成，故伤事。侈则金贵，金贵则货贱，故伤货。货尽而后知不足，是不知量也。事已而后知货之有余，是不知节也。不知量，不知节，不可谓之有道。[16]

管仲很重视黄金的作用，他说：黄金是国家用来计量财富的工具，可以用它来调节国家各项开支度。如果国家开支度过于俭省，黄金的价格就会走低，各项事业反而不好办，对事业发展是不利的；如果国家开支用度过于奢侈,黄金价格就会走高,金价走高则商品价格下降,对商品是不利的。所以要掌握好它的规律。

> 彼诸侯之谷十,使吾国谷二十,则诸侯谷归于吾国矣。诸侯谷二十,吾国谷十,则吾国谷归于诸侯矣。故善为天下者,谨守重流,而天下不吾泄矣。彼重之相归,如水之就下。吾国岁非凶也,以币藏之,故国谷倍重,故诸侯之谷至也。是藏一分以致诸侯之一分。利不夺于天下,大夫不得以富侈。以重藏轻,国常有十国之策也。故诸侯服而无正,臣櫨从而以忠,此以轻重御天下之道也,谓之数应。[17]

如果各诸侯国的粮价是十,我们是二十,那么各诸侯国的粮食就流归我国了。如果他们是二十,我们是十,我们的粮食就流归各诸侯国了。所以,善治天下者,必须严守高价流通政策,各诸侯国就无法泄散我国的粮食。粮食流向高价的地方,就像水往低处流一样。我们国家并不是发生灾荒,而是投放货币加以囤积,使粮价加倍提高,所以各诸侯国的粮食就来了。这样我们藏一分就可以吸取各诸侯国的一分。财利不致被外国所夺,大夫也不能占有过多粮食。这种"以重藏轻"的政策,使国家可以常保十个财政年度的收入。所以诸侯臣服而不会发生征战,本国臣子也臣服而尽其忠心。这就是以轻重之术驾御天下的办法,谓之为理财方法的实效。

管仲不只是说说而已,而是知行合一。你看他用货币与商品的关系摆平了楚国、鲁国等,可谓货币政策活学活用的典范。

# 藏富于民

管子对曰:"王者藏于民,霸者藏于大夫,残国亡家藏于箧。"桓公曰:"何谓藏于民?"管子曰:"请散栈台之钱,散诸城阳;鹿台之

布,散诸济阴。君下令于百姓曰:'民富君无与贫,民贫君无
与富。'"[18]

管仲对齐桓公说:成王业的藏富于民,成霸业的藏富于大夫,败国
亡家的则是把财富收藏在箱子里。桓公说:何谓藏富于民? 管仲说:请
拿出栈台所存的钱币,贷放在城阳一带;拿出鹿台的钱币,贷放在济阴
一带;再请向百姓下令说:"百姓富则君主不会穷,百姓穷则君主不
会富。"

# 重视工商业

为兵之数,存乎聚财,而财无敌;存乎论工,而工无敌;存乎制
器,而器无敌;存乎选士,而士无敌:存乎政教,而政教无敌;存乎服
习,而服习无敌;存乎遍知天下,而遍知天下无敌;存乎明于机数,
而明于机数无敌。故兵未出境,而无故者八。是以欲正天下,财不
盖天下,不能正天下;财盖天下,而工不盖天下,不能正天下;工盖
天下,而器不盖天下,不能正天下;器盖天下,而士不盖天下,不能
正天下;士盖天下,而教不盖天下,不能正天下;教盖天下,而习不
盖天下,不能正天下;习盖天下,而不遍知天下,不能正天下;遍知
天下,而不明于机数,不能正天下。故明于机数者,用兵之势也。
大者时也,小者计也。[19]

古往今来,民以食为天。农业固然重要,但是如果没有发达的工商
业,怎能开疆拓土,成就伟业? 充其量只是小国寡民而已。管仲在两千
多年前就洞悉了此番道理。齐国靠海,土地肥沃,有盐铁之饶,发展工
商业可谓有得天独厚的条件。再加上有齐桓公这样知人善任、励精图
治的君主,管仲天才的"理财"能力得到了最大程度的施展,不费一兵一
卒就成就了齐桓公"春秋五霸"之首的霸业。这真是一个"和平崛起"的

绝佳案例啊！难怪连孔子他老人家都很推崇管仲,对他评价很高。

> 子曰:"管仲相桓公,霸诸侯,一匡天下,民到于今受其赐。微管仲,吾其被发左衽矣!"[20]

孔子说:自从管仲担任了齐桓公的宰相,助其称霸诸侯,匡扶天下,人民到现在还享受着他的恩惠;如果没有管仲,今日之域中不知将为何家之天下,估计早就被北方的夷狄占领了,你我可都是披头散发的亡国奴了。

**注释:**

[1]宋·李昉《太平御览》,卷八百一十四,布帛部一。

[2]元明·罗贯中《三国演义》,第四十三回,诸葛亮舌战群儒,鲁子敬力排众议。

[3]—[5]西汉·司马迁《史记》,卷三十二,齐太公世家第二。

[6]西汉·司马迁《史记》,卷六十二,管晏列传第二。

[7]春秋·管仲《管子》,轻重戊第八十四。

[8]宋·李昉《太平御览》,卷八百一十四,布帛部一。

[9][10]春秋·管仲《管子》,轻重戊第八十四。

[11]春秋·管仲《管子》,禁藏第五十三。

[12]春秋·管仲《管子》,乘马第五。

[13]春秋·管仲《管子》,大匡第十八。

[14]春秋·管仲《管子》,五辅第十。

[15]春秋·管仲《管子》,山至数第七十六。

[16]春秋·管仲《管子》,乘马第五。

[17][18]春秋·管仲《管子》,山至数第七十六。

[19]春秋·管仲《管子》,七法第六。

[20]《论语》,宪问第十四。

# 千古两棋局，长平与阏与

## 解棋

宋·艾性夫

两雄相持机不发，一着输先智相轧。

退守皆虞虎穴空，通和不肯鸿沟割。

危杆已属堕甑里，巧势争看强弩末。

疲思嘿嘿鬼神寂，密运茫茫天地阔。

悍鸡趁斗不眼眛，骏马争驰各忘秣。

矰禽睥睨欲高举，罝兔迷离思远脱。

死中求生背水阵，灰冷复焚余烛跋。

白登倏报沛公走，阏与俄闻赵师活。

傍观骇服算入妙，对局虚骄气方夺。

人生胜负何可期？生达难欺死诸葛。

推杆一笑拍阑干，满袖松风凉泼泼。

千古战局如棋局。围棋发源于中国是再自然不过的事了。

话说公元前 262 年，发生了一件改变中国历史格局的大事——长平之战。战国七雄并立的局面至此被打破，秦国崛起已势不可当。赵武灵王"胡服骑射"的部队都抵挡不了秦王的铁甲骑兵，其他诸侯国也必须掂量掂量了:是负隅顽抗,还是俯首称臣? 这的确是一个问题。如果秦国的后任者不犯战略上的错误的话,统一六国也就只是时间上的问题了。

而在长平之战之前十年,形势却没有这么明朗。彼时秦赵之间也有一次对决,即阏与[1]之战。在那次对决中,却是赵国大败秦国。

打仗如下棋,战局如棋局。旁观者清,当局者迷。我们今天回过头来梳理这两次战役,也试着解解这两局棋。

《资治通鉴》基本沿用了司马迁《史记》所述,分别记载两次战争如下:

## 阏与之战

（四十五年辛卯,公元前 270 年）

秦伐赵,围阏与。

赵王召廉颇、乐乘而问之曰:"可救否?"皆曰:"道远险狭,难救。"问赵奢,赵奢对曰:"道远险狭,譬犹两鼠斗于穴中,将勇者胜。"王乃令赵奢将兵救之。去邯郸三十里而止,令军中曰:"有以军事谏者死!"秦师军武安西,鼓噪勒兵,武安屋瓦尽振。赵军中候有一人言急救武安,赵奢立斩之。坚壁留二十八日不行,复益增垒。秦间入赵军,赵奢善食而遣之。间以报秦将,秦将大喜曰:"夫去国三十里而军不行,乃增垒,阏与非赵地也!"赵奢既已遣间,卷甲而趋,二日一夜而至,去阏与五十里而军,军垒成。秦师闻之,悉甲而往。赵军士许历请以军事谏,赵奢进之。许历曰:"秦人不意赵至此,其来气盛,将军必厚集其陈以待之;不然,必败。"赵奢曰:"请受教!"许历请刑,赵奢曰:"胥,后令邯郸。"许历复请谏曰:"先据北山上者胜,后至者败。"赵奢许诺,即发万人趋之。秦师后至,争山不得上;赵奢纵兵击秦师,秦师大败,解阏与而还。赵王封奢为马服君,与廉、蔺同位;以许历为国尉。[2]

# 长平之战

（五十五年辛丑，公元前 260 年）

秦左庶长王龁攻上党，拔之。上党民走赵。赵廉颇军于长平，以按据上党民。王龁因伐赵。赵军战数不胜，亡一裨将、四尉。赵王与楼昌、虞卿谋，楼昌请发重使为媾。虞卿曰："今制媾者在秦，秦必欲破王之军矣，虽往请媾，秦将不听。不如发使以重宝附楚、魏，楚、魏受之，则秦疑天下之合从，媾乃可成也。"王不听，使郑朱媾于秦，秦受之。王谓虞卿曰："秦内郑朱矣。"对曰："王必不得媾而军破矣。何则？天下之贺战胜者皆在秦矣。夫郑朱，贵人也，秦王、应侯必显重之以示天下。天下见王之媾于秦，必不救王。秦知天下之不救王，则媾不可得成矣。"既而秦果显郑朱而不与赵媾。

秦数败赵兵，廉颇坚壁不出。赵王以颇失亡多而更怯不战，怒，数让之。应侯又使人行千金于赵为反间，曰："秦之所畏，独畏马服君之子赵括为将耳！廉颇易与，且降矣！"赵王遂以赵括代颇将。蔺相如曰："王以名使括，若胶柱鼓瑟耳。括徒能读其父书传，不知合变也。"王不听。初，赵括自少时学兵法，以天下莫能当；尝与其父奢言兵事，奢不能难，然不谓善。括母问其故，奢曰："兵，死地也，而括易言之。使赵不将括则已；若必将之，破赵军者必括也。"及括将行，其母上书，言括不可使。王曰："何以？"对曰："始妾事其父，时为将，身所奉饭而进食者以十数，所友者以百数，王及宗室所赏赐者，尽以与军吏士大夫；受命之日，不问家事。今括一旦为将，东乡而朝，军吏无敢仰视之者；王所赐金帛，归藏于家，而日视便利田宅可买者买之。王以为如其父，父子异心，愿王勿遣！"王曰："母置之，吾已决矣！"母因曰："即如有不称，妾请无随坐。"赵王许之。

秦王闻括已为赵将，乃阴使武安君为上将军，而王龁为裨将，令军中："有敢泄武安君将者斩！"赵括至军，悉更约束，易置军吏，出兵击秦师。武安君佯败而走，张二奇兵以劫之。赵括乘胜追造秦壁，壁坚拒不得入；奇兵二万五千人绝赵军之后，又五千骑绝赵壁间。赵军分而为二，粮道绝。武安君出轻兵击之，赵战不利，因筑壁坚守以待救至。秦王闻赵食道绝，自如河内发民年十五以上悉诣长平，遮绝赵救兵及粮食。齐人、楚人救赵。赵人乏食，请粟于齐，齐王弗许。周子曰："夫赵之于齐、楚，扞蔽也，犹齿之有唇也，唇亡则齿寒；今日亡赵，明日患及齐、楚矣。救赵之务，宜若奉漏瓮沃焦釜然。且救赵，高义也；却秦师，显名也；义救亡国，威却强秦。不务为此而爱粟，为国计者过矣！"齐王弗听。九月，赵军食绝四十六日，皆内阴相杀食。急来攻秦垒，欲出为四队，四、五复之，不能出。赵括自出锐卒搏战，秦人射杀之。赵师大败，卒四十万人皆降。武安君曰："秦已拔上党，上党民不乐为秦而归赵。赵卒反覆，非尽杀之，恐为乱。"乃挟诈而尽坑杀之，遗其小者二百四十人归赵。前后斩首虏四十五万人，赵人大震。[3]

检讨两次战役之得失，发现何其相似乃尔。

其一，都是山地战。两次战役都发生在太行山。太行山南北走向。一次发生在太行山的北面，阏与位于今山西省晋中市和顺县境内。一次发生在太行山南面，长平位于今山西省晋城市的高平市境内。如果拿下阏与或长平，面对的就是一马平川的燕赵大地，赵国都城邯郸门户大开。

其二，都是外交战。双方都在拉拢其他诸侯，赵国希望其他诸侯能合纵抗秦，晓之以"唇亡齿寒"的道理；秦国则力阻诸侯参与，声言这是我们秦赵两家的事，大家都不要掺和，掺和者必遭报复。

其三，都是情报战。知彼知己，百战不殆。双方都派间谍刺探敌情以利于排兵布阵。

另外，虽两战的主帅不同，但赵国两战的统帅是父子关系。阏与之战赵国领军大将乃赵奢，长平之战赵国领军大将则为赵奢的儿子赵括。

阏与大战,赵国之所以能赢,就在于赵奢战法得当。当秦国大军围阏与时,赵王问廉颇和乐乘能否出兵解阏与之围,廉颇和乐乘都说"道远险狭,难救"。难道二位将军畏战?非也。敌处于山上,俯视冀中平原,易守难攻;秦军以逸待劳,赵军劳师远征,必败无疑。但为什么赵奢敢于请命出征呢?因为他善于随机应变。

我们先看一看《史记》里关于赵奢的一段记述:

> 赵奢者,赵之田部吏也。收租税而平原君家不肯出租,奢以法治之,杀平原君用事者九人。平原君怒,将杀奢。奢因说曰:"君于赵为贵公子,今纵君家而不奉公则法削,法削则国弱,国弱则诸侯加兵,诸侯加兵是无赵也,君安得有此富乎?以君之贵,奉公如法则上下平,上下平则国强,国强则赵固,而君为贵戚,岂轻于天下邪?"平原君以为贤,言之于王。王用之治国赋,国赋大平,民富而府库实。[4]

赵奢并不像廉颇那样本来就是大将军,而是一位负责收税的税务官。有一次赵奢收税收到平原君府上,平原君不愿纳税,赵奢连杀平原君手下九人。平原君当然不高兴了,要杀赵奢,赵奢一席"依法治国"的言论让平原君心服口服,不但不杀他,还向赵王举荐了他。赵奢后来当了赵国的"财政部部长",把赵国治理得"民富而府库实"。不过,大家难免会怀疑,财政部部长理财有一套,打仗能行吗?不得不说,战国真是一个不拘一格用人才的时代,不管你是啥学历背景,是骡子是马,拉出来遛遛。赵奢知道,再多的解释都是苍白无力的,结果最有说服力。

赵奢先是率大军出邯郸,但是在离邯郸三十里的地方就驻扎下来。赵奢知道肯定会有人说三道四:你不是请命出征吗?怎么一出来就不走了?所以,他下令"有以军事谏者死!"谁再瞎咧咧,俺就不客气了。

秦军以为赵军胆怯,就继续进军至武安,拉出一副决战武安的架势,声震屋瓦,气焰嚣张。这时有人劝说赵奢赶快救武安,赵奢斩之,下令继续修筑工事，又按兵不动二十八天，并不着急应战。再看看长平之战，廉颇将军与秦军交战之后发现不能轻易取胜，也是采取"坚壁不出"之策，任凭秦军在帐外叫骂，就是闭门不出。他深知，当无把握破敌时，不如不战。

赵奢出征前对赵王说"将勇者胜"。这其实是句废话，做做样子给赵王看的，总不能说丧气话吧。要是那样，轮得上他挂帅吗？他很清楚，当两军实力相当时，有耐心者胜。

赵奢很会造舆论，利用情报战来迷惑敌人。他故意善待秦军间谍，做出一副畏惧不前的架势，秦军果然中计，以为赵奢不会救阏与了。这一点，在长平之战中，秦国宰相范雎也如法炮制。他先是用重金收买赵国高官，散播舆论："秦之所畏，独畏马服君之子赵括为将耳！廉颇易与，且降矣！"诱使赵王临阵换将，将经验丰富的廉颇将军换下，换上了"纸上谈兵"的赵括，而秦国这边却悄悄将秦军主帅换成了常胜将军白起，并下令"有敢泄武安君将者斩！"回过头来看，赵奢的情报战是成功的，范雎的情报战也是成功的。

赵奢的战略意图很明显，秦军只要据守阏与，赵军就奈何不了秦军半点。只要骗秦军下山，那么赵军的机会就来了。秦军果然中计，兵锋直指武安。攻下武安，下一个目标就是赵国的都城邯郸了，秦军上下自然都兴奋得不得了。

赵奢并没有闲着，前脚送走了秦军的间谍，后脚马上命令大军紧急开拔，急行军二日一夜，绕到了秦军的后面，在距离阏与五十里地处安营扎寨。这时候赵奢开始听别人的意见了。军士许历建议他，派一万精兵占据制高点北山，他果断采纳。至此，攻守之势易也。秦军回过神后，掉头来救阏与，结果赵军以逸待劳，居高临下，大败秦军。

有人会说：赵奢率领赵军绕到了秦军的后面，邯郸岂不是门户洞开？秦军为什么不一鼓作气直捣武安和邯郸呢？赵奢岂不是在冒险？

其实，此时廉颇将军尚在，赵国实力尚存，秦军不会贸然前进的。

如果邯郸久攻不下，秦军势必陷入受赵军两面夹击的险境。试想长平之战之后，在赵军主力尽失的情况下，秦军攻打邯郸竟历数载而不胜，此时就更没有胜算了。

长平之战中，本来廉颇将军的战法是得当的。秦军虽多有小胜，但终究不能越过长平，两军对峙下去，秦军远离故土，赵军有战略支撑，不是没有机会，双方比拼的是谁更有耐心。可惜，这次赵国首先失去了耐心，撤换掉老将廉颇，换上了不知天高地厚的毛头小子赵括，以为十年前马服君能威震敌胆，十年后他儿子也一样。可惜虎父也会有犬子啊！

赵括一接任就指手画脚，改变了廉颇将军的战略部署，纵兵越过丹水，主动出击秦军。这正中秦将白起的下怀，四十五万大军白白被送入了白起早就准备好的口袋阵，成了瓮中之鳖。

但是，秦军要想一口吞掉与自己实力相当的赵军也不是那么容易的。赵军即使陷入危境，但毕竟是"胡服骑射"的骁勇之师。赵括"因筑壁坚守以待救至"，开始与秦军胶着以等待援兵。此时，谁有粮草，谁有后援，谁就将获胜。

"秦王闻赵食道绝，自如河内发民年十五以上悉诣长平，遮绝赵救兵及粮食"，秦王将国中十五岁以上的男子全部派上战场，目的只有一个，切断赵国的救兵及粮食。而赵国呢？"赵人乏食，请粟于齐，齐王弗许。周子曰：'夫赵之于齐、楚，扞蔽也，犹齿之有唇也，唇亡则齿寒；今日亡赵，明日患及齐、楚矣。救赵之务，宜若奉漏瓮沃焦釜然。且救赵，高义也；却秦师，显名也；义救亡国，威却强秦。不务为此而爱粟，为国计者过矣！'齐王弗听。"齐国和楚国都不救赵国，赵国外交失利。没有了救命稻草，赵军只能陷入绝境。

赵军被围困四十六日，弹尽粮绝。赵括虽身先士卒，率精兵突围，终被射杀，余众只能投降。如果把这么多降卒放回赵国，必将后患无穷；如果将他们整编，那当然好了，但是这几乎不可能，骄傲的赵国将士岂会向秦国俯首帖耳？白起遂坑杀降卒，只遣送了年幼的两百四十名兵士归赵。赵国经此一役,元气大伤。

阏与之战后,赵奢声名鹊起,被封为马服君。但他的儿子赵括却没有他这样的好运气,顶着"马服子"的光环,却葬送了赵国的四十五万大军,成了"纸上谈兵"的千古笑谈。

与其说赵括纸上谈兵,不如说他本就没有多少牌可打。作为主帅,他也算尽力,赵王换他上阵就是因为不满廉颇将军的"怯战",所以,他必须要拿出"勇猛"的劲头来报效君王的知遇之恩,但是他不明白"将在外,君命有所不受",熟读兵书又如何?战场上瞬息万变,岂是兵书所能穷尽?现在来看,初生牛犊不畏虎,但姜还是老的辣啊!不服不行。假如赵国还是能以老将军廉颇坐镇,起用赵括打前锋以刺探秦军虚实,然后再随机应变,未必不是一条好计策,可惜赵王昏了头,即使在赵括母亲的苦苦劝说之下,依然一意孤行,也算咎由自取。

俗话说"纸上得来终觉浅,绝知此事要躬行"。为了考察此二役,猴王还特意与朋友前往实地察看了一番。

长平之战的遗址在今山西省高平市城北十公里处的长平村,当年的战役就在东西梁山之间丹河附近的河谷地带展开。关于这场"歼灭战",已有考古发现的尸坑佐证。高平有很多地名,如箭头村、参军村、围城村、康营村、谷口村、企甲院、三甲、赵庄、徘徊村等,据说都与此次战争有关;白起台、骷髅山、将军岭、廉颇屯等遗迹尚存。谷口村,相传就是白起坑杀赵军的地方。当地人还传说,赵括就死于高平市釜山乡的老背坡村。1951年,此地发现了一具男性尸骸,胸部有两处箭伤,腰系一把战国时期的随身佩剑,人们怀疑这正是中箭身亡的赵国大将赵括。

而阏与之战的古战场在哪里?我们没有什么发现。阏与大致在今山西省晋中市和顺县境内[5]。和顺古称梁榆(梁余),号称梁余故郡、石勒故都。《读史方舆纪要》里有这么一段话:

> 和顺故城在县治东北,或云石勒时所置,后魏废。隋因以名
> 县。又义兴废县,在县西。唐武德三年置,六年废。梁榆城,在县

西。《水经注》[6]：榆水出梁榆城西，卢谌《征艰赋》"访梁榆之虚郭，乃阏与之旧都"是也。北齐因置梁榆县。[7]

《史记》里说的战略制高点"北山"在哪里？莫不是位于和顺县横岭镇的八赋岭？八赋岭位于太谷、榆社、和顺三县交界处，海拔在一千九百米左右，是当地的最高峰，也算是战略制高点。但此地人迹罕至，据说还有金钱豹出没，没有考古发掘印证，只能是瞎猜而已。

岁月的尘土早已经湮灭了烽火狼烟，站在古战场上，我不由得想起了两句唐诗："可怜无定河边骨，犹是春闺梦里人。"检讨战争得失，千条万条，最后只会归结为一条：最好不要有战争。

### 注释：

[1]《三家注史记》(唐)张守节正义解：阏音同预。

[2][3]北宋·司马光《资治通鉴》，卷五，周纪五，赧王下。

[4]西汉·司马迁《史记》，卷八十一，廉颇蔺相如列传第二十一。

[5]唐·杜佑《通典》，卷一百七十九，州郡九：和顺（汉沾县地，即韩之阏与邑。）

[6]北魏·郦道元，《水经注》，卷十。

清漳水出上党沾县西北少山大要谷，南过县西，又从县南屈。《淮南子》曰：清漳出谒戾山。高诱云：山在沾县。今清漳出沾县故城东北，俗谓之沾山。后汉分沾县为乐平郡，治沾县。水出乐平郡沾县界。故《晋太康地记》曰：乐平县，旧名沾县，汉之故县矣。其山亦曰鹿谷山。水出大要谷，南流迳沾县故城东，不历其西也。又南迳昔阳城。《左传·昭公十二年》，晋荀吴伪会齐师者，假道于鲜虞，遂入昔阳。杜预曰：乐平沾县东有昔阳城者是也。其水又南，得梁榆水口。水出梁榆城西大嶂山。水有二源。北水东南流，迳其城东南，注于南水。南水亦出西山，东迳文当城北，又东北迳梁榆城南，即阏与故城也。秦伐赵阏与，惠文王使赵奢救之。奢纳许历之说，破秦于阏与。谓此也。司马彪、袁山松《郡国志》并言沾县有阏与聚。卢谌《征艰赋》曰：访梁榆之虚郭，吊阏与之旧都。阚骃亦云：阏与，今梁榆城是也。

[7]清·顾祖禹《读史方舆纪要》，卷四十三，山西五。

# 帝王之务和宰相之责

(汉)孝文皇帝既益明习国家事,朝而问右丞相勃曰:"天下一岁决狱几何?"勃谢曰:"不知。"问:"天下一岁钱谷出入几何?"勃又谢不知,汗出沾背,愧不能对。[1]

汉文帝问右丞相周勃:我朝一年判决了多少案件?周勃答道:不晓得。汉文帝又问:每年财政收入多少?周勃还是回答不上来,紧张得汗流浃背。

于是上亦问左丞相平。平曰:"有主者。"上曰:"主者谓谁?"平曰:"陛下即问决狱,责廷尉;问钱谷,责治粟内史。"上曰:"苟各有主者,而君所主者何事也?"平谢曰:"主臣!陛下不知其驽下,使待罪宰相。宰相者,上佐天子理阴阳,顺四时,下育万物之宜,外镇抚四夷诸侯,内亲附百姓,使卿大夫各得任其职焉。"孝文帝乃称善。[2]

汉文帝又问左丞相陈平。陈平答:问判决案件的多少请找廷尉,问财政收入的多少请找治粟内史。汉文帝说:如果这些事各有其主,那么要你干什么呢?陈平答:管理众臣!陛下不了解我能力低下,让我做这个待罪宰相。宰相的作用,对上辅佐天子调理阴阳,顺应四时;对下关注万物生长;对外镇抚四夷诸侯;对内亲和百姓;使得大臣们各尽其责啊。孝文帝表示赞同。

右丞相大惭，出而让陈平曰："君独不素教我对！"陈平笑曰："君居其位，不知其任邪？且陛下即问长安中盗贼数，君欲强对邪？"于是绛侯自知其能不如平远矣。居顷之，绛侯谢病请免相，陈平专为一丞相。[3]

周勃听了非常惭愧，出宫后责怪陈平："你怎么平时没有告诉我这样应对呀！"陈平笑着说："你处在相位上，还不知道宰相的职责吗？况且，如果陛下问你长安城中有多少盗贼，你能回答得上来吗？"周勃这下明白了，自己的才能远不如陈平。过了没多久，周勃称病请求免去相位，陈平左右丞相一肩挑。真是独步古今啊。

我们都知道兔死狗烹、鸟尽弓藏的典故，刘邦建立大汉之后，先后诛杀了韩信、英布等功臣，还疏远了开国宰相萧何。吕后当政后，又诛杀了很多刘姓分封王，起用了很多吕姓王。在刘邦的旧臣里，独陈平历任数朝，最后得以善终，能在乱世中当一个太平宰相，非一般智商和情商可为也。

陈平的智商和情商如何？用事实来说话。

孝文帝立，以为太尉勃亲以兵诛吕氏功多；陈平欲让勃尊位，乃谢病。孝文帝初立，怪平病，问之。平曰："高祖时，勃功不如臣平。及诛诸吕，臣功亦不如勃。愿以右丞相让勃。"于是孝文帝乃以绛侯勃为右丞相，位次第一；平徙为左丞相，位次第二。[4]

汉文帝刚上台时，首要之事是选择左右丞相。陈平是先朝元老，周勃又是新贵，怎么安排更妥当呢？陈平很聪明，知道皇帝很为难，装病不朝。汉文帝很奇怪，问他为什么。陈平说：在高祖当政时期，我的功劳比周勃大，但是，现在周勃诛杀诸吕有大功，我不如他；我愿意将右丞相之位让给他，自己甘居左丞相。

帝王设立左右丞相这一制度不是心血来潮，这样可以有效避免一个人独断专权。皇帝和两个丞相在最高权力层面形成了一个比较稳固的三角结构。历来左右丞相和谐共处的不多,相互倾轧的倒不少;帝王当然希望他们俩掐了,这样他这个裁判的地位才稳固。

不过,陈平是有大智慧的,他深知宰相的职责,知道进退之道。诚如老子所言:"夫唯不争,故天下莫能与之争。"而周勃呢?显然气量不够,背地里没少诋毁陈平。当初陈平投奔刘邦时,他就没添好话。

> 绛侯、灌婴等咸谗陈平曰:"平虽美丈夫,如冠玉耳,其中未必有也。臣闻平居家时,盗其嫂;事魏不容,亡归楚;归楚不中,又亡归汉。今日大王尊官之,令护军。臣闻平受诸将金,金多者得善处,金少者得恶处。平,反覆乱臣也,愿王察之。"[5]

周勃说了这么多,反正就是一句话:陈平这人不咋地。如果陈平也是一个睚眦必报的人,肯定会与周勃掐,那么他还能当太平宰相吗?估计早步韩信后尘了。

> (贞观四年)秋七月甲子朔,日有蚀之。上谓房玄龄、萧瑀曰:"隋文何等主?"对曰:"克己复礼,勤劳思政,每一坐朝,或至日昃。五品已上,引之论事。宿卫之人,传餐而食。虽非性体仁明,亦励精之主也。"上曰:"公得其一,未知其二。此人性至察而心不明。夫心暗则照有不通,至察则多疑于物。自以欺孤寡得之,谓群下不可信任,事皆自决,虽劳神苦形,未能尽合于理。朝臣既知上意,亦复不敢直言,宰相已下,承受而已。朕意不然。以天下之广,岂可独断一人之虑?朕方选天下之才,为天下之务,委任责成,各尽其用,庶几于理也。"因令有司:"诏敕不便于时,即宜执奏,不得顺旨施行。"[6]

贞观四年秋,唐太宗与房玄龄、萧瑀聊天。他问这两位亲信大臣:你们觉得隋文帝杨坚这个人怎么样?二位答道:隋文帝这个人非常勤政,通宵达旦,日夜操劳,吃的都是盒饭;人虽非仁明,却是励精之主。唐太宗说:你们只知其一,不知其二啊!隋文帝从孤儿寡母手上篡得了政权(代北周而立大隋),自然不敢相信臣下,大事小事都要自己亲自过问,虽然累得要死,但效果可想而知;大臣们知道皇帝不信任自己,也就不敢直言,宰相与百官都不过遵照执行而已,"以天下之广,岂可独断一人之虑?"我就不同了,选贤任能,各司其职,各尽所能,这不挺好吗?唐太宗还告诉臣下,如果诏书不合理,可以不遵照执行。

"贞观之治"怎么来的?就是这么来的。皇帝和宰相各司其职,配合得不错。

> (元和十三年)戊戌,谓宰臣曰:"前代帝王,或怠于听政,或躬决繁务,其道如何?"[7]

唐宪宗是唐朝中期一位有作为的皇帝,在他的任内,唐朝平息了藩镇之乱,暂时一统,史称"元和中兴"。作为一位有作为的帝王,他自然很关心历史的经验和教训。在元和十三年的一天,他问大臣们:前朝的帝王要么不理朝政,要么事必躬亲,你们怎么看?

> 杜黄裳对曰:"帝王之务,在于修己简易,择贤委任,宵旰以求民瘼,舍己从人以厚下,固不宜怠肆安逸。然事有纲领小大,当务知其远者大者;至如簿书讼狱,百吏能否,本非人主所自任也。昔秦始皇自程决事,见嗤前代;诸葛亮王霸之佐,二十罚以上皆自省之,亦为敌国所诮,知不久堪;魏明帝欲省尚书拟事,陈矫言其不可;隋文帝日旰听政,令卫士传餐,文皇帝亦笑其烦察。为人主之体固不可代下司职,但择人委任,责其成效,赏罚必信,谁不尽心。"[8]

杜黄裳答道,国君首要之务在于修身养性,选贤任能,体察民情,舍私利,服民心,当然不能懈怠。但是事情有轻重和缓急之分,国君应该全力处理好关系国计民生的大事,至于红头文件、诉讼案件、官吏们的绩效考核,本不是国君亲自处理的事情。以前,秦始皇规定自己每天要审阅一百二十斤重的竹简奏章,遭到前代人的讥笑;诸葛亮是辅佐帝王成就王霸之业的人才,凡是要判二十年徒刑以上的案子,他都要亲自审理,也受到敌国的讥笑,知道他无法长期坚持下去;魏明帝(曹叡)想察看尚书们所处理的公务,陈矫说这是不对的;隋文帝杨坚每天通宵达旦地处理政务,吃的是卫士传送的盒饭,连文皇帝也笑话他过于烦琐。做国君的不需要事必躬亲,只要选贤任能、交代任务、督促完成、奖罚分明、恪守规矩即可,臣下自然无不尽心尽力。

"传称帝舜之德曰:'夫何为哉? 恭己南面而已!'诚以能举十六相,去四凶也。岂与劳神疲体自任耳目之主同年而语哉! 但人主常势,患在不能推诚,人臣之弊,患在不能自竭。由是上疑下诈,礼貌或亏,欲求致理,自然难致。苟无此弊,何患不至于理。"上称善久之。[9]

杜黄裳继续说:舜帝当年就说,我没啥能耐,只不过做了两件事而已,任命了十六位辅佐大臣,流放了四凶(混沌、穷奇、梼杌和饕餮),天下大治。国君的毛病大多在于不能真诚待人,臣子的普遍弱点在于不能竭尽忠心,上下猜疑,岂能天下大治?

唐宪宗听了频频点头,"称善久之"。"元和中兴"自然不是凭空而来,正因为唐宪宗抓大放小,起用能干的宰相杜黄裳和裴度,才在青史留下了浓墨重彩的一笔。

司马光在《资治通鉴》卷一一开始就开宗明义:帝王的职责在哪里?

臣光曰:臣闻天子之职莫大于礼,礼莫大于分,分莫大于名。何谓礼? 纪纲是也;何谓分? 君臣是也;何谓名? 公、侯、卿、大夫是也。夫以四海之广,兆民之众,受制于一人,虽有绝伦之力,高世之智,莫敢不奔走而服役者,岂非以礼为之纲纪哉! 是故天子统三公,三公率诸侯,诸侯制卿大夫,卿大夫治士庶人。贵以临贱,贱以承贵。上之使下,犹心腹之运手足,根本之制支叶;下之事上,犹手足之卫心腹,支叶之庇本根。然后能上下相保而国家治安。故曰:

天子之职莫大于礼也。[10]

元朝仁宗时代有一位名臣，叫程钜夫。当时左丞相桑哥专政，法令苛急，四方骚动，程钜夫上奏元仁宗曰："臣闻天子之职，莫大于择相，宰相之职，莫大于进贤。苟不以进贤为急，而惟以殖货为心，非为上为德、为下为民之意也。昔文帝以决狱及钱谷问丞相周勃，勃不能对，陈平进曰：'陛下问决狱，责廷尉；问钱谷，责治粟内史。宰相上理阴阳，下遂万物之宜，外镇抚四夷，内亲附百姓。'观其所言，可以知宰相之职矣。今权奸用事，立尚书钩考钱谷，以剥割生民为务，所委任者，率皆贪饕邀利之人，江南盗贼窃发，良以此也。臣窃以为宜清尚书之政，损行省之权，罢言利之官，行恤民之事，于国为便。"[11]

谁说元朝落后啊！你看程钜夫这段话不仅承继汉唐遗风，显然还与时俱进，当官的如果都和商人一样言利怎么能行？程钜夫的话很有现实指导意义。

俗话说：无能的统帅累死三军。如果一位领导事无巨细，亲力亲为，越俎代庖，随意指挥，那么属下则战战兢兢，不敢作为，最后只能是上下扯皮，互相推诿，一事无成。如果官员都和商人一样，动辄言利，以GDP马首是瞻，拆房子卖地，与开发商勾结，则民风自然彪悍，"钉子户"丛生。以史为鉴，不可不察。

**注释：**

[1]－[5]西汉·司马迁《史记》，卷五十六，陈丞相世家第二十六。

[6]后晋·刘昫《旧唐书》，卷三，本纪第三，太宗下。

[7]－[9]后晋·刘昫《旧唐书》，卷十四，本纪第十四，顺宗、宪宗上。

[10]北宋·司马光《资治通鉴》，卷一，周纪一，威烈王。

[11]明·宋濂《元史》，卷一百七十二，列传第五十九。

# 男儿膝下有黄金

关于用人之道，古往今来，所论者多矣。若说真知灼见，司马光在《资治通鉴》里的这一大段话可谓经典。

> 臣光曰：智伯之亡也，才胜德也。夫才与德异，而世俗莫之能辨，通谓之贤，此其所以失人也。夫聪察强毅之谓才，正直中和之谓德。才者，德之资也；德者，才之帅也。云梦之竹，天下之劲也，然而不矫揉，不羽括，则不能以入坚；棠溪之金，天下之利也，然而不熔范，不砥砺，则不能以击强。是故才德全尽谓之圣人，才德兼亡谓之愚人，德胜才谓之君子，才胜德谓之小人。凡取人之术，苟不得圣人、君子而与之，与其得小人，不若得愚人。何则？君子挟才以为善，小人挟才以为恶。挟才以为善者，善无不至矣；挟才以为恶者，恶亦无不至矣。愚者虽欲为不善，智不能周，力不能胜，譬之乳狗搏人，人得而制之。小人智足以遂其奸，勇足以决其暴，是虎而翼者也，其为害岂不多哉！夫德者人之所严，而才者人之所爱。爱者易亲，严者易疏，是以察者多蔽于才而遗于德。自古昔以来，国之乱臣，家之败子，才有余而德不足，以至于颠覆者多矣，岂特智伯哉！故为国为家者，苟能审于才德之分而知所先后，又何失人之足患哉！[1]

所谓的圣人、君子、小人和愚人，这四分法固然明晰，可惜现实世界里,人性时时刻刻处于变化中。今天为君子,可能明天就是小人,在某些事上是圣人所为,在某些事上则可能为愚人之见。如果真那么好分辨,历史也就不会如此复杂了。

一度热播的电视剧《人民的名义》落幕,尘埃落定,但伴随着它的话题就如石头砸进水面,荡起一层又一层的涟漪。其中一位人物获得了格外的关注,那就是官至省公安厅厅长的祁同伟。很奇怪,很多人并不反感他,反而很同情他,为什么?因为感同身受。因为出身不好没能怎样,因为没有文凭没能怎样,因为没有户口没能怎样,因为没有特殊的关系没能怎样,因为没有……没能怎样。很多人已经在精神上下跪很多次了,向谁呢?向搞不懂的游戏规则。所以,当祁同伟在操场上向梁璐下跪那一刻,许多人已经原谅他了;与其说是原谅他,不如说是原谅自己。

为什么喜欢侯亮平的人不多呢?因为在精神上和躯体上没有下跪过的人,实在不多啊!

要说最有名的下跪者,古往今来,首推韩信。他不仅下跪了,还从胯下钻过。

> 淮阴侯韩信者,淮阴人也。始为布衣时,贫无行,不得推择为吏,又不能治生商贾,常从人寄食饮,人多厌之者,常数从其下乡南昌亭长寄食,数月,亭长妻患之,乃晨炊蓐食。食时信往,不为具食。信亦知其意,怒,竟绝去。

> 信钓于城下,诸母漂,有一母见信饥,饭信,竟漂数十日。信喜,谓漂母曰:"吾必有以重报母。"母怒曰:"大丈夫不能自食,吾哀王孙而进食,岂望报乎!"

> 淮阴屠中少年有侮信者,曰:"若虽长大,好带刀剑,中情怯耳。"众辱之曰:"信能死,刺我;不能死,出我袴下。"于是信孰视之,俛出袴下,蒲伏。一市人皆笑信,以为怯。[2]

韩信年轻时虽志存高远,自命不凡,但奈何受苦受穷,寄人篱下。先是投奔在下乡南昌亭长家里混吃混喝,结果人家亭长老婆不待见他,常常背着他做好饭,等他吃饭时人家已经吃过了。韩信受不了,走了。

一天韩信在湖边钓鱼,一位洗衣服的老妇人看他饿得可怜,给了他一碗饭。韩信也不客气,一吃就是几十天,直到老妇人把衣服洗完。话说这老妇人家的衣服也够多的,看来是一大户人家无疑。韩信不忘发几句誓言:他日如富贵一定如何如何报答云云。老妇人有点生气:大丈夫不能安身立命,羞也;我帮你是看你可怜,不需要你报答。多好的老妇人,做好事不留名。

韩信最屈辱的一件事不在这些"混吃混喝"的小事上,地球人都知道,在于"胯下之辱"。

淮阴有一位屠夫欺负韩信说:别看你长得人高马大,天天拿一把宝剑装模作样,其实是厌包一个;你有种就把我刺死,没种就从我胯下钻过去。韩信二话没说,"扑通"一声就跪下了,从人家胯下钻了过去。

都说"包羞忍耻是男儿",如何揣测韩信当时的心境呢?是真害怕?要是真害怕,他日后能率领千军万马,而且还自夸"多多益善"?要不是害怕,难道是人常说的"小不忍则乱大谋"?他后来连项羽和刘邦都不忍,区区屠夫又有何忍的?

话说这屠夫如果面对的是鲁提辖鲁智深,那可就悲摧了,鲁提辖还不在他的脸上开个颜料铺啊!当然以鲁智深的脾气,是当不了大将军的,八十万禁军教头也当不了。因为他不像林冲是"忍者神龟",更不会像韩信这样能忍胯下之辱,但鲁智深一生也活得够潇洒。

> 信至国,召所从食漂母,赐千金。及下乡南昌亭长,赐百钱,曰:"公,小人也,为德不卒。"召辱己之少年令出胯下者以为楚中尉。告诸将相曰:"此壮士也。方辱我时,我宁不能杀之邪?杀之无名,故忍而就于此。"[3]

三十功名

47

　　韩信功成名就后衣锦还乡,不忘感谢那位漂洗衣服的老妇人,赐给她一千两银子,算是兑现了当年的承诺。把下乡南昌亭长唤来,只赐给他百钱,且斥责道:做好事有头无尾,不如人家老妇人。对那位曾当面羞辱自己的屠夫,却封其为中尉,说他是壮士,还说当年不是不能杀他,只是觉得杀之无名。韩信这演技,古今中外,也是没谁了。

　　随随便便下跪的人基本天下无敌,最大的敌人其实只有他自己。祁同伟说这个世界上没有谁能审判他,饮弹自尽。也是,他已经被梁璐审判了。韩信也一样,已经被屠夫审判了。

　　韩信壮年时封侯拜相,正如萧何说的"国士无双",后来如何? 成也萧何,败也萧何。韩信开始琢磨着比封侯拜相更大的事情。秦末看似是楚汉相争,其实到后来是楚汉齐三足鼎立,正如韩信的谋士蒯通所言:"当今两主之命县于足下。足下为汉则汉胜,与楚则楚胜。"[4]韩信拿下齐国后,天下已现三足鼎立之势,他要是支持刘邦,则刘邦得天下,他要是倒戈项羽,则项羽得天下。韩信要是痛快点也就罢了,要么死心塌地在刘邦手下当职业经理人,要么就自立门户,自己做老板。可惜他想两头兼顾。这天下甘蔗哪有两头都甜的呢?

　　刘邦当时已经派了郦食其说服了齐王,齐国已经在准备投降事宜。韩信在谋士蒯通的建议下,害怕郦食其立头功,遂发大兵灭了齐国。齐王田广以为郦食其出尔反尔,烹杀之。郦食其死得实在是冤枉啊! 我想刘邦不会不知道,他的这位老伙计死得窝囊。这笔账当然应该记在韩信头上。

　　韩信如果灭了齐国,表现好一点,刘邦或许很快就会忘了这一档不愉快的事,但是韩信的小算盘打得实在是太精了。

> 汉四年,遂皆降平齐。使人言汉王曰:"齐伪诈多变,反覆之国也,南边楚,不为假王以镇之,其势不定。原为假王便。"当是时,楚方急围汉王于荥阳,韩信使者至,发书,汉王大怒,骂曰:"吾困于此,旦暮望若来佐我,乃欲自立为王!"张良、陈平蹑汉王足,因附耳

语曰:"汉方不利,宁能禁信之王乎?不如因而立,善遇之,使自为守。不然,变生。"汉王亦悟,因复骂曰:"大丈夫定诸侯,即为真王耳,何以假为!"乃遣张良往立信为齐王。[5]

韩信灭了齐国,飞书请刘邦假装封他为齐王,说这样会安定齐国人心,楚国就不会贸然来袭。当时刘邦正倒霉呢,被项羽大军围在荥阳,闻韩信来信之意,当然勃然大怒。韩信啊韩信,你小子打啥主意啊!我都这样了,你不来救我就算了,还要我封你为王,你小子太不仗义了吧!这时候张良和陈平赶快耳语刘邦:小不忍则乱大谋,韩信现在拥兵自重,不能把他往项羽怀里推啊!刘邦冰雪聪明,马上改口说:何必封假王呢?要封就封真王嘛!要您是刘邦,敢用韩信这样的人吗?韩信最后被刘邦夺了兵权,继而被吕后诛杀时,张良、陈平和萧何都没替他说话;不仅不替他说话,陈平和萧何还为此出谋划策。司马迁不禁感叹:

太史公曰:吾如淮阴,淮阴人为余言,韩信虽为布衣时,其志与众异。其母死,贫无以葬,然乃行营高敞地,令其旁可置万家。余视其母冢,良然。假令韩信学道谦让,不伐己功,不矜其能,则庶几哉,于汉家勋可以比周、召、太公之徒,后世血食矣。不务出此,而天下已集,乃谋畔逆,夷灭宗族,不亦宜乎![6]

男儿膝下有黄金,别随随便便下跪,一旦跪下了就很难再站起来了。

**注释:**

[1]北宋·司马光《资治通鉴》,卷一,周纪一,威烈王。

[2]－[6]西汉·司马迁《史记》,卷九十二,淮阴侯列传第三十二。

# 汗血宝马和天然气

## 传说中的汗血宝马

> 大宛国有高山,其上有马,不可得,因取五色母马置其下,与交生驹,皆汗血,因号天马,一日可致千里。帝伐大宛得之,作歌曰:"天马徕兮从西极,经万里兮归有德。承灵威兮降外国,涉流沙兮四夷服。"[1]

明朝文人蒋一葵在其著作《尧山堂外纪》里对传说中的汗血宝马作如是描述。由此看来,汗血宝马是混血马,乃山上野马与五色马杂交而得,看来也算"转基因产品"喽!

《文献通考》里也有记载:"大宛旧有天马种,蹋石汗血。汗从前肩髆出,如血。号一日千里。"[2]

此马跑起来,百米速度可达 6.5 秒以内,胁如插翅,健步如飞,出汗如血。此种画面,想起来都让人惊叹不已。飞人博尔特百米纪录是多少?9.58 秒,慢多了。

速度是一方面,还要看耐力。一般的马,每天跑两百公里就算是极限了。日行千里,五百公里,按每天跑八九个小时计算,每小时速度可达五六十公里,快赶上汽车的速度了。这在冷兵器时代,若装备到部队里,敌方只能是望尘莫及、望马兴叹了。

汉高祖刘邦当年就吃过没有良马的亏。汉高祖七年(公元前200年)冬天十月,匈奴寻衅边关,刘邦亲自率领三十二万大军迎击匈奴。初战告捷后,他轻敌冒进,结果中了埋伏,被围困于平城白登山(今山西省大同市马铺山)达七天七夜,要不是谋士陈平向冒顿单于的阏氏(冒顿的王后)行贿,刘邦差点就丢了小命。史上称此战为"白登之围"。《汉书》里记载如下:

> 秋九月,匈奴围韩王信于马邑,信降匈奴。七年冬十月,上自将击韩王信于铜鞮,斩其将。信亡走匈奴,其将曼丘臣、王黄共立故赵后赵利为王,收信散兵,与匈奴共距汉。上从晋阳连战,乘胜逐北,至楼烦,会大寒,士卒堕指者什二三。遂至平城,为匈奴所围,七日,用陈平秘计得出。[3]

马邑是今天的山西省朔州市,晋阳是今太原市,平城是今大同市。白登之战,匈奴人的坐骑正是汗血宝马,长途奔袭,来去自如,中原的战马当然跑不过人家,被分割包围是难免的事。自此以后,大汉王朝对汗血宝马梦寐以求。

# 一马难求

> (武帝)元鼎四年秋,马生渥洼水中(李斐曰:"南阳新野有暴利长,当武帝时遭刑,屯田敦煌界,数于此水旁见群野马中有奇者,与凡马异,来饮此水。利长先作土人,持勒靽于水旁。后马玩习,久之,代土人持勒靽收得其马,献之。故神异此马,云从水中出也。")作《天马之歌》。[4]

汉武帝元鼎四年是公元前113年。这年秋天,有个名叫"暴利长"的敦煌囚徒,在水边看到有疑似汗血宝马饮水,他先是弄了一个假人持缰绳放置在那里，久而久之，马就习惯了。有一天，他也扮成假人模样持缰绳立于水边，宝马毫不防备，他遂捕得一匹汗血宝马献给了汉武帝。汉武帝当然高兴得不得了，诗兴大发，作了一首《天马之歌》：

> 太一贡兮天马下，沾赤汗兮沫流赭。骋容与兮跇万里，今安匹兮龙为友。

从汉高祖刘邦目睹匈奴的汗血宝马算起，到汉武帝刘彻获得第一匹汗血宝马，竟然跨越了近百年。话说这盛产汗血宝马的大宛国究竟在哪里呢？

> 大宛国，王治贵山城，去长安万二千五百五十里。户六万，口三十万，胜兵六万人。副王、辅国王各一人。东至都护治所四千三十一里，北至康居卑阗城千五百一十里，西南至大月氏六百九十里。北与康居、南与大月氏接，土地风气物类民俗与大月氏、安息同。大宛左右以蒲陶为酒，富人藏酒至万余石，久者至数十岁不败。俗嗜酒，马嗜目宿。宛别邑七十余城，多善马。马汗血，言其先天马子也。[5]

说了这么多，究竟在哪里呢？就在今中亚乌兹别克斯坦、塔吉克斯坦和吉尔吉斯斯坦三国交界地区的费尔干纳盆地，其首府贰师城就是今土库曼斯坦的阿斯哈巴特城。在张骞尚未出使西域时，整个长安城对西域诸国处于懵懂无知的状态，别说要得到汗血宝马，连它在哪里都一无所知。直到张骞在西域游历十几年后回到长安，汉武帝才知道了汗血宝马产自有万里之遥的大宛国。

## 只得到一匹汗血宝马怎么能过瘾呢？

只得到一匹汗血宝马怎么能过瘾呢？汉武帝要的是能装备好几个骑兵团的汗血宝马。怎么办？买呗！谁来办此事呢？他咨询张骞。众所周知,张骞出使西域多年,是汉朝首屈一指的"西域通"。

> 张骞始为武帝言之,上遣使者持千金及金马,以请宛善马。宛王以汉绝远,大兵不能至,爱其宝马不肯与。汉使妄言,宛遂攻杀汉使,取其财物。于是天子遣贰师将军李广利将兵前后十余万人伐宛,连四年。宛人斩其王毋寡首,献马三千匹,汉军乃还,语在《张骞传》。贰师既斩宛王,更立贵人素遇汉善者名昧蔡为宛王。后岁余,宛贵人以为"昧蔡谄,使我国遇屠",相与共杀昧蔡,立毋寡弟蝉封为王,遣子入侍,质于汉,汉因使使赂赐镇抚之。又发使十余辈,抵宛西诸国求奇物,因风谕以伐宛之威。宛王蝉封与汉约,岁献天马二匹。汉使采蒲陶、目宿种归。天子以天马多,又外国使来众,益种蒲陶、目宿离宫馆旁,极望焉。[6]

为了得到汗血宝马,汉武帝也是下了血本,派使者带着千金及一尊金马去大宛国买宝马。这份大礼不可谓不厚,金马换汗血宝马,看起来很公平。大宛国却不这样认为,觉得大汉距其万里之遥,没有什么威胁,故而很轻视。不但不愿意卖宝马,还派人杀了汉使,打劫了金马。汉武帝闻之勃然大怒。敬酒不吃吃罚酒!太初元年(公元前104年),汉武帝派贰师将军李广利发大军攻打大宛国,征战凡四年。在强大的军事压力下,大宛国发生了内乱,推翻了旧主,另立了亲汉的新主,并献出宝马三千匹。这下汉武帝满意了,足够武装一个骑兵团了。这还不算,大宛王还约定,每年再献给大汉汗血宝马两匹。

别说汉朝,就说今天,动不动就发兵讨伐万里之外的国家,且能完胜而归,几个国家能做到呢?"明犯强汉者,虽远必诛",这句话出现在汉朝就一点也不奇怪了。很多影视作品里把这句话安到汉武帝的头上,其实这句话是汉武帝的曾曾孙子汉元帝时期的一位将领陈汤说的。汉元帝本人并不霸气,还有点柔弱,但老祖宗的霸气犹存,有他们的余威罩着,有汉一代,就是这么牛。

除了汗血宝马,汉使还从大宛国带回来一些葡萄种子和苜蓿种子,种植在接待西域使者的旅馆旁,营造出一种宾至如归的氛围。

> 葡萄美酒夜光杯,欲饮琵琶马上催。
>
> 醉卧沙场君莫笑,古来征战几人回。

看来这首唐诗里的葡萄酒就是大宛国传来的吧。当然,不只是葡萄和苜蓿,还有胡麻、胡椒、胡桃、胡萝卜、胡荽、胡豆、大蒜、大葱、芝麻、石榴、番茄、黄瓜等。你看它们很多都带一个"胡"字,没错,这些都是从西域传到中原的。其中的胡荽就是我们今天用于调味的香菜。

当然,来而不往非礼也。中国的造纸术、印刷术、火药等也通过西域传到了中亚、西亚和欧洲。

# 封狼居胥

> (元狩四年)大将军卫青将四将军出定襄,将军去病出代,各将五万骑。步兵踵军后数十万人。青至幕北围单于,斩首万九千级,至阗颜山乃还。去病与左贤王战,斩获首虏七万余级,封狼居胥山乃还。[7]

元狩四年是公元前 119 年,汉武帝派卫青和霍去病各领五万骑兵,分东西两路向漠北进军,后面还跟着几十万步兵,备齐了辎重。汉武帝这是把压箱底的家伙全拿出来了。

卫青从定襄出塞,北进一千多里,与单于相遇激战,大败匈奴,斩获一万九千多人,一直追击到阗颜山赵信城(今蒙古国杭爱山南麓)才胜利班师。

霍去病长途奔袭两千多里,在今蒙古国克鲁伦河与匈奴左贤王部相遇,大败左贤王,歼敌七万余名。在狼居胥山(今蒙古国肯特山)祭天,在姑衍山祭地,并登临瀚海(今俄罗斯境内的贝加尔湖)刻石记功,然后班师还朝。自此,"封狼居胥"就成了立下赫赫战功的代名词。

没有宝马良驹,就没有卫青和霍去病的"闪电战"。工欲善其事,必先利其器。有了汗血宝马,汉朝对匈奴作战的情势发生了根本性的逆转。自此,有汉一代,中原一直对匈奴保持着军事优势。

卫青和霍去病,大名鼎鼎,妇孺皆知,但知道贰师将军李广利的人却不多,这可能与其征伐的对象有关吧!匈奴毕竟比大宛国重要多了。但李广利有一位很牛的弟弟和一位很牛的妹妹,知道的人应该不少,他们分别是大汉首席音乐家李延年和有倾国倾城之貌的李夫人。

> 李延年,中山故倡也。坐法腐刑,给事狗监中,善歌,为新变声,帝甚爱之,尝侍上,起舞歌曰:"北方有佳人,绝世而独立。一顾倾人城,再顾倾人国。宁不知倾城与倾国,佳人难再得!"上叹息曰:"世岂有此人乎?"平阳公主因言延年有女弟,上召见之,实妙丽善舞,由是得幸,是为李夫人。时人语曰:"一雌复一雄,双飞入紫宫。"[8]

李夫人以美貌倾人城倾人国,李延年以音乐倾人城倾人国,李广利以武力倾人城倾人国,这一家子真了不得。

斗转星移,时光飞逝了两千年,从汉朝到清末,冷兵器换成了热兵器,汗血宝马跑得再快也跑不过子弹,连接中国和中亚各国的纽带也不再是汗血宝马了,而是有了新的替代。会是什么呢?


# 天然气很抢手!


如果普京先生哪天早上起来觉得不爽,要临时检修一下输往欧洲的天然气管道的话,那么,欧洲的很多国家整个冬天就要挨冻。

当然我们也一样,当"煤改气"搞得如火如荼时被告知天然气不够了,南气北调,到处"串气",LNG①价格被炒得翻了好几番。都说"雪中送炭",现在得改了,应该叫"雪中送气"才对。

天然气是奢侈品,至少对中国而言如此。就像汗血宝马之于汉朝,需要花大价钱满世界去买。目前世界上有 19 个 LNG 出口国,我们与 18 个都有买卖关系,但是还不够,还有缺口。

我们和俄罗斯谈远东天然气管道谈了二十多年,多少黑发人都谈成白发人了。我们曾与美国签署天价的页岩气与 LNG 的开发和购买协议,眼看着贸易战打响,也八成要泡汤。就像当年汉武帝拿着金马去买汗血宝马,路上一走很多年,却空手而归。

但是功夫不负有心人,一条连接中国和中亚的天然气管道横空出世了。

这条管道起于阿姆河右岸的土库曼斯坦和乌兹别克斯坦边境,经乌兹别克斯坦中部和哈萨克斯坦南部,从新疆的霍尔果斯口岸进入中国,连接到"西气东输二线"。管道全长近 1 万公里,其中土库曼斯坦境内长 188 公里,乌兹别克斯坦境内长 530 公里,哈萨克斯坦境内长 1300 公里,其余约 8000 公里都位于中国境内。这是目前世界上最长的天然气管道,其所经路线正是大宛国至大汉王朝的路线。巧合吗?凡是过往,皆为序章。

目前,A、B、C 三条线均已投产,D 线以土库曼斯坦复兴气田为气源,途经乌兹别克斯坦、塔吉克斯坦、吉尔吉斯斯坦进入中国,止于新疆乌恰,预计 2020 年完工。这四条线年输气能力将达到 850 亿立方米,成为我国进口天然气的最稳固来源。与轻柔的丝绸和奔放的汗血宝马相比,钢铁管道把中亚五国与中国连接得更为紧密。

就像两千年前我们需要汗血宝马以对抗匈奴一样,我们现在也需要中亚的天然气以战胜雾霾。

---

① 液化天然气,LNG 是 liquefied natural gas 的缩写。

# 走马川行奉送出师西征

岑 参

君不见走马川，雪海边，平沙莽莽黄入天。

轮台九月风夜吼，一川碎石大如斗，随风满地石乱走。

匈奴草黄马正肥，金山西见烟尘飞，汉家大将西出师。

将军金甲夜不脱，半夜军行戈相拨，风头如刀面如割。

马毛带雪汗气蒸，五花连钱旋作冰，幕中草檄砚水凝。

虏骑闻之应胆慑，料知短兵不敢接，车师西门伫献捷。

我们当然希望这是一条互惠互利、共同发展进步的和平之线，但历史的经验告诉我们，不能一厢情愿。虽然过了两千年，西域还是那个波诡云谲的西域。万里商路，万里黄沙，不多派点保镖怎么能成？

**注释：**

[1]明·蒋一葵《尧山堂外纪》，卷四·汉。

[2]宋元·马端临《文献通考》，卷三百十一，物异考十七，马异。

[3]东汉·班固《汉书》，卷一下，高帝纪第一下。

[4]宋元·马端临《文献通考》，卷三百十一，物异考十七，马异。

[5][6]东汉·班固《汉书》，卷九十六上，西域传第六十六上。

[7]东汉·班固《汉书》，卷六，武帝纪第六。

[8]明·蒋一葵《尧山堂外纪》，卷四·汉。

# 拯救大兵耿恭

八个人换一个人,到底值不值?

这是好莱坞大片《拯救大兵瑞恩》(*Saving Private Ryan*)里的一句台词,这部拍于 1998 年反映第二次世界大战时诺曼底登陆的大片获得了很大成功,斯皮尔伯格还因此获得了奥斯卡最佳导演奖。

影片讲述了这样一个故事:当得悉 101 空降师的二等兵詹姆斯·瑞恩的三个哥哥都战死沙场(事实上,其中一位并没死,而是被日寇俘虏了),为了保住瑞恩家的这支独苗,陆军参谋长马歇尔上将命令组织一支八人的特战队,把已经投放到敌后的瑞恩找回来。这支小分队历经千辛万苦,付出惨重的代价,终于把瑞恩平安带了回来。这是一部带着浓厚人情味的战争大片,引发了很多讨论。

2018 年大年初一,一部国产战争大片火爆银幕——《红海行动》。这部不输好莱坞制作的大片以也门撤侨的真实故事为原型,八位中国海军蛟龙特战队队员奉命深入战乱地区,成功营救出被恐怖分子劫持的我方人员,并粉碎了恐怖分子的惊天大阴谋。该片好评如潮,并且热议还在继续。

时光倒流到近两千年前。东汉初年,在大漠孤烟的西域,也上演了一场真实感人的拯救行动。这场拯救行动的对象是耿恭。为了拯救他,东汉军队跋涉几千公里,喋血漫漫黄沙,才把他从孤城中救了回来,这样的题材不拍部大片实在可惜。

# 神秘的车师古国

东汉永平十八年(公元 75 年)三月,大漠深处,尘土飞扬,匈奴大军两万余骑向西域的车师国扑来,杀气腾腾。汉朝大将耿恭派三百人紧急支援车师,在路上遭遇匈奴骑兵,寡不敌众,全军覆没。匈奴攻破后车师王庭,杀了后王安得,兵临耿恭守卫的金蒲城。《后汉书》记载如下:

> 明年三月,北单于遣左鹿蠡王二万骑击车师。恭遣司马将兵三百人救之,道逢匈奴骑多,皆为所殁。匈奴遂破杀后王安得,而攻金蒲城。[1]

车师国在哪里?金蒲城又在哪里?

车师乃汉时西域三十六国之一。《汉书》记载如下:

> 车师前国,王治交河城。河水分流绕城下,故号交河。去长安八千一百五十里。……西南至都护治所千八百七里,至焉耆八百三十五里。

> 车师后国,王治务涂谷,去长安八千九百五十里。……西南至都护治所千二百三十七里。[2]

车师国分前后两个王庭,前王国都城在今吐鲁番交河故城,后王国都城在今昌吉州吉木萨尔县南泉子街一带。在冬季时,车师王居住在气候温和的吐鲁番,到了夏季便移驾牙帐,住在凉爽的北疆吉木萨尔。这样想来,此地和清朝时承德避暑山庄的作用异曲同工。但金蒲城到底在今吉木萨尔县什么方位,还有很多争论。《西域传》里还出现了一个金满城,不知道是不是笔误。毕竟年代久远,战乱频仍,再加上自然风化,一个汉朝时的故垒怎能完好保存到今天呢?

车师国东南临敦煌,向南则通楼兰、鄯善,向西通往焉者,西北则通往乌孙国,东北就是匈奴。毫无疑问,它是丝绸之路上的重要节点,是匈奴与汉朝势力重叠和交汇之处,自然为汉匈必争之地。

东汉汉明帝统治时期,四海升平,国力渐强。汉明帝放弃了韬光养晦的策略,开始对匈奴持强硬态度。《后汉书》记载如下:

> 永平十七年冬,骑都尉刘张出击车师,请恭为司马,与奉车都尉窦固及从弟驸马都尉秉破降之。始置西域都护、戊己校尉,乃以恭为戊己校尉,屯后王部金蒲城,谒者关宠为戊己校尉,屯前王柳中城,屯各置数百人。[3]

公元 74 年,汉朝派遣骑都尉刘张出击车师,随行的还有担任司马的耿恭、奉车都尉窦固、耿恭的堂弟驸马都尉耿秉。汉军重新夺回了这个西域枢纽之地,然后置西域都护和戊己校尉,陈睦担任西域都护。据最新考古确认,西域都护府就在今新疆轮台县的奎玉克协海尔。而耿恭和关宠担任戊己校尉,各带几百人驻扎在前后车师的王庭所在地——金蒲城和柳中城。从地图上来看,这三地组成了一个三角形,互为犄角和支撑。在此之前,被派往西域的还有一位著名人物——班超。西汉有张骞,东汉有班超,标志性的历史时刻总是有标志性的人物出现。

汉朝的势力重新进入西域,当然不是匈奴所期望的,汉匈大战,一触即发。

# 一片孤城万仞山

> 恭乘城搏战,以毒药傅矢。传语匈奴曰:"汉家箭神,其中疮者必有异。"因发强弩射之。虏中矢者,视创皆沸,遂大惊。会天暴风雨,随雨击之,杀伤甚众。匈奴震怖,相谓曰:"汉兵神,真可畏也!"

遂解去。恭以疏勒城傍有涧水可固，五月，乃引兵据之。[4]

别小看耿恭这几百号人，因为有"神器"弩机相助。弩机射程远，杀伤力大，再在箭头浸上毒药，对敌方的威慑力极大，"中矢者，视创皆沸"。所以，区区几百号人犹如特战大队，不仅击退了两万匈奴人，还在金蒲城坚持了两个月，不能不说是一个奇迹。要说这个奇迹，首先归功于汉代时中原地区的冶炼水平。工欲善其事，必先利其器。战争归根结底比的是生产力水平，热兵器时代如此，冷兵器时代也是如此。

耿恭考虑到固守待援，必须要占据水源地，他果断将军队移驻到疏勒城，离关宠驻守的柳中城更近一点，这样可以互为犄角和策应。疏勒城在哪里？据人考证就在今昌吉州奇台县半截沟镇麻沟梁村的石城子。

七月，匈奴复来攻恭，恭募先登数千人直驰之，胡骑散走，匈奴遂于城下拥绝涧水。恭于城中穿井十五丈不得水，吏士渴乏，笮马粪汁而饮之。恭仰叹曰："闻昔贰师将军拔佩刀刺山，飞泉涌出；今汉德神明，岂有穷哉！"乃整衣服向井再拜，为吏士祷。有顷，水泉奔出，众皆称万岁。乃令吏士扬水以示虏。虏出不意，以为神明，遂引去。[5]

过了两个月，匈奴又开始攻打疏勒。这次匈奴使出了阴招，将水源截断，逼耿恭投降。耿恭不得不在疏勒城中挖井，试图找到水源，但是挖了十五丈深也没挖到水，众将士不得不喝马尿。耿恭遥想当年贰师将军李广利征伐大宛国时拔剑刺山求得泉水，便也整整衣冠，向枯井叩拜。没想到，井中竟涌出泉水，大家齐呼"万岁"。匈奴见他们得了水，只得退去。史书多爱渲染一些神秘之事，以示天命，其实，猴王猜测在耿恭叩拜枯井时，众将士肯定也没闲着，继续挖着井。水往低处流，简单的物理原理帮助了耿恭。

时焉耆、龟兹攻殁都护陈睦，北虏亦围关宠于柳中。会显宗崩,救兵不至,车师复畔,与匈奴共攻恭。恭厉士众击走之。后王夫人先世汉人,常私以虏情告恭,又给以粮饷。数月,食尽穷困,乃煮铠弩,食其筋革。恭与士推诚同死生,故皆无二心,而稍稍死亡,余数十人。单于知恭已困,欲必降之。复遣使招恭曰:"若降者,当封为白屋王,妻以女子。"恭乃诱其使上城,手击杀之,炙诸城上。虏官属望见,号哭而去。单于大怒,更益兵围恭,不能下。[6]

屋漏偏逢连夜雨。这时,西域都护陈睦在焉耆和龟兹叛乱中被杀,关宠也被匈奴困在柳中城。一代明君汉明帝驾崩,援军久久不至,匈奴会同车师又开始围攻疏勒城。疏勒城成了西域汪洋大海里一叶仅存的汉朝扁舟。

好莱坞大片里,如果英雄身边没有一位美女,这片子就绝不是好莱坞 style。而戍守孤城的耿恭身边还真有一位美女,这简直是上苍要做编剧的节奏。

车师后王的寡妻祖上是汉人。美女慕英雄,自古皆然,何况是家乡人中的英雄呢!她冒着生命危险为耿恭提供匈奴的军事情报,同时,还不时送来急需的给养粮饷。史书没有交代这位后王夫人的更多信息,也没交代她的个人命运,她是否被车师和匈奴发现?是否随耿恭回到汉朝?史书中没有一丝痕迹。真是遗憾!史官们竟不知道我们后世都关心什么,看来这块空白要留给编剧们去填补了。

耿恭在疏勒城又坚守了几个月,最后连铠甲和弩机上的生牛皮都煮了食用。单于知道耿恭已经弹尽粮绝,遂给出优厚的条件诱降,又是封他为白屋王,又是答应给他娶老婆。耿恭装作心动,诱使匈奴使者上来,亲手击杀,又在城上烹其肉。单于大怒,更加兵围攻,可是还是久攻不下。

# 救还是不救？

车师虽然远离洛阳，但是战争已经进行了将近一年，战报再慢也应该传到洛阳了。

> 初，关宠上书求救，时肃宗新即位，乃诏公卿会议。司空第五伦以为不宜救。司徒鲍昱议曰："今使人于危难之地，急而弃之，外则纵蛮夷之暴，内则伤死难之臣。诚令权时后无边事可也，匈奴如复犯塞为寇，陛下将何以使将？又二部兵人裁各数十，匈奴围之，历旬不下，是其寡弱尽力之效也。可令敦煌、酒泉太守各将精骑二千，多其幡帜，倍道兼行，以赴其急。匈奴疲极之兵，必不敢当，四十日间，足还入塞。"帝然之。[7]

关宠守前车师，戍守在柳中城（今新疆吐鲁番市鄯善县鲁克沁镇，离洛阳还近点）。他曾派人赴洛阳请求援兵，此时汉章帝刚刚继位，召集大臣商议此事，司空第五伦建议不救，司徒鲍昱坚持要救，他在殿堂上慷慨陈词了一番。这段话实在是太帅了，关键其实就一句：如果见死不救，以后就没人为大汉江山卖命了。汉章帝也是一位贤明的皇帝，大手一挥，救。

> 乃遣征西将军耿秉屯酒泉，行太守事；遣秦彭与谒者王蒙、皇甫援发张掖、酒泉、敦煌三郡及鄯善兵，合七千余人，建初元年正月，会柳中击车师，攻交河城，斩首三千八百级，获生口三千余人，驼驴马牛羊三万七千头。北虏惊走，车师复降。[8]

汉章帝命令征西将军屯兵酒泉，行太守事。俗话说得好：打虎亲兄弟，上阵父子兵。征西将军正是前文提到的耿恭的堂弟耿秉，自家人自然要救自家人啊！耿秉遂号令大将秦彭、王蒙和皇甫援发张掖、酒泉、敦煌三郡及鄯善兵共七千人，于公元76年正月，再次攻陷了车师后王城。匈奴仓皇而去,车师后王城又回到了汉朝的怀抱。

拿下了车师后王城,援军发现,关宠等早已经殉国,那么比关宠还要远的耿恭呢?恐怕更是凶多吉少了。救还是不救?又是一个艰难的抉择。王蒙等建议班师回朝,唯独耿恭的部下范羌坚持要救。他被耿恭派到敦煌为兵士们募集寒衣,正好遇到王蒙的大军并随他们一起出塞。范羌知道耿恭和疏勒城的情况,他坚信兄弟们都还活着,还等着大军援救。正如《拯救大兵瑞恩》里的那个疑问:八个换一个,到底值不值?而现在是几千人救几十个人,到底值不值?

> 会关宠已殁,蒙等闻之,便欲引兵还。先是恭遣军吏范羌至敦煌迎兵士寒服,羌因随王蒙军俱出塞。羌固请迎恭,诸将不敢前,乃分兵二千人与羌,从山北迎恭,遇大雪丈余,军仅能至。城中夜闻兵马声,以为虏来,大惊。羌乃遥呼曰:"我范羌也。汉遣军迎校尉耳。"城中皆称万岁。开门,共相持涕泣。明日,遂相随俱归。虏兵追之,且战且行。吏士素饥困,发疏勒时尚有二十六人,随路死没,三月至玉门,唯余十三人。衣屦穿决,形容枯槁。中郎将郑众为恭已下洗沐易衣冠。上疏曰:"耿恭以单兵固守孤城,当匈奴之冲,对数万之众,连月逾年,心力困尽。凿山为井,煮弩为粮,出于万死无一生之望。前后杀伤丑虏数千百计,卒全忠勇,不为大汉耻。恭之节义,古今未有。宜蒙显爵,以厉将帅。"[9]

所谓士穷乃节义现,关键时刻才能看清谁是铁哥们。在范羌的一再坚持下,王蒙分给他两千人马。适逢天降暴雪,深丈余,范羌一行风雪兼程,终于赶到了疏勒城。城中将士以为匈奴又来袭了,心想这下可完了。范羌大声喊道:我是范羌,来救你们来了。城门大开,亲人相见,自是两眼泪汪汪。

第二天,耿恭一行二十六人随着范羌班师回朝,匈奴来追,且战且退,回到玉门关时只剩下十三个人,衣衫褴褛,形如枯槁。守玉门关的中郎将郑众大为震撼,特意为耿恭等人沐浴更衣,还上书汉章帝表彰耿恭的忠烈节义。

> 及恭至洛阳,鲍昱奏恭节过苏武,宜蒙爵赏。于是拜为骑都尉,以恭司马石修为洛阳市丞,张封为雍营司马,军吏范羌为共丞,余九人皆补羽林。[10]

曾支持救援的司徒鲍昱也上奏说耿恭之节义更超苏武,应该赏其官爵。耿恭的气节盖过苏武,这样的评价可谓无以复加了。耿恭被拜为骑都尉,跟着耿恭回来的十二位勇士也都获得了提拔。

《后汉书》的作者范晔获悉耿恭的事迹后,在《耿恭传》里大加赞叹:"余初读《苏武传》,感其茹毛穷海,不为大汉羞。后览耿恭疏勒之事,喟然不觉涕之无从。嗟哉,义重于生,以至是乎!"[11]

拯救大兵耿恭,这是"明犯强汉者,虽远必诛"的时代才会有的事,而那些没有骨头的时代,不仅没人去救耿恭们,还会连下十几道金牌把耿恭们召回并以莫须有的罪名处死。

**注释:**

[1]南朝宋·范晔《后汉书》,卷十九,耿弇列传第九。
[2]东汉·班固《汉书》,卷九十六下,西域传第六十六下。
[3]—[11]南朝宋·范晔《后汉书》,卷十九,耿弇列传第九。

# 刺客傅介子

## 塞下曲六首·其一

### 唐·李白

五月天山雪,无花只有寒。

笛中闻折柳,春色未曾看。

晓战随金鼓,宵眠抱玉鞍。

愿将腰下剑,直为斩楼兰。

"酒入豪肠,七分酿成了月光,余下的三分啸成剑气,绣口一吐就半个盛唐。"余光中以如此不吝之词赞美李白和他的盛唐,可想见李白和盛唐的气魄。斯人斯世不仅是文人墨客的天堂,还是侠客和勇士的舞台,不像其后的大宋,多是"歌尽桃花扇底风",鲜有"铁马冰河入梦来"。

要说这大唐的月光和剑气从何而来呢?从大汉而来啊!

大约在汉昭帝元凤四年(公元前77年),这年六月,一行人马出了长安城,直奔大漠边关而去,为首的是甘肃庆阳人氏傅介子。

《汉书》记载如下:

> 傅介子,北地人也,以从军为官。先是龟兹、楼兰皆尝杀汉使者,语在《西域传》。至元凤中,介子以骏马监求使大宛,因诏令责楼兰、龟兹国。[1]

龟兹和楼兰是西域三十六国中的两个大国。龟兹位于今天的新疆库车县一带,楼兰位于今新疆若羌县境,罗布泊西一带。这两个国家夹在汉朝与匈奴之间,忽东忽西,对汉朝是若即若离,令汉朝很是头疼。傅介子当时的官职是"骏马监",和孙悟空的"弼马温"差不多。但别小看这"骏马监",汉朝抗击匈奴最有力的武器装备是什么?是汗血宝马。没有这膘肥体壮的汗血宝马,卫青和霍去病怎能封侯拜将呢?《汉书》里记载:"(金)日磾以父不降见杀,与母阏氏、弟伦俱没入官,输黄门养马,时年十四矣……日磾长八尺二寸,容貌甚严,马又肥好,上异而问之,具以本状对。上奇焉,即日赐汤沐衣冠,拜为马监。"[2]金日磾本是匈奴休屠王太子,匈奴内乱,被俘至长安,先是做马监,后来成为辅政的三大臣之一。给皇帝管理骏马的那都不是一般人。金日磾身高八尺二寸,也就是1.9米左右,大帅哥一枚啊!我想傅介子的身材应该也不差吧。

> 介子至楼兰,责其王教匈奴遮杀汉使:"大兵方至,王苟不教匈奴,匈奴使过至诸国,何为不言?"王谢服,言"匈奴使属过,当至乌孙,道过龟兹"。介子至龟兹,复责其王,王亦服罪。介子从大宛还到龟兹,龟兹言"匈奴使从乌孙还,在此"。介子因率其吏士共诛斩匈奴使者。还奏事,诏拜介子为中郎,迁平乐监。[3]

傅介子到了楼兰,指责楼兰王教唆匈奴截杀汉朝使者:大军就要到来,王如果没有教唆匈奴,匈奴使者何以能经过楼兰审访其他各国?你为什么不事先通报我们呢?楼兰王谢罪表示顺服,说:匈奴使者刚走,要到乌孙去,一定路过龟兹。傅介子赶到龟兹,又指责龟兹王,龟兹王也表示服罪。傅介子便访问大宛。傅介子从大宛回到龟兹后,龟兹王说:匈奴使者从乌孙回来了,正在我这里。傅介子率领部下斩杀了匈奴使者。傅介子这趟差事办得不错,回来自然升了官。

> 介子谓大将军霍光曰:"楼兰、龟兹数反覆而不诛,无所惩艾。介子过龟兹时,其王近就人,易得也,愿往刺之,以威示诸国。"大将

军曰:"龟兹道远,且验之于楼兰。"于是白遣之。[4]

傅介子向大将军霍光汇报说:此去楼兰和龟兹,虽威慑了他们,但是治标不治本;我这次过龟兹国时,看到龟兹王平易近人,容易靠近,我想再次前往刺杀他,以威慑西域诸国。霍光说:龟兹道远,你先拿近处的楼兰开刀吧!

> 介子与士卒俱赍金币,扬言以赐外国为名。至楼兰,楼兰王意不亲介子,介子阳引去,至其西界,使译谓曰:"汉使者持黄金锦绣行赐诸国,王不来受,我去之西国矣。"即出金币以示译。译还报王,王贪汉物,来见使者。介子与坐饮,陈物示之。饮酒皆醉,介子谓王曰:"天子使我私报王。"王起,随介子入帐中,屏语,壮士二人从后刺之,刃交胸,立死。其贵人左右皆散走。介子告谕以"王负汉罪,天子遣我来诛王,当更立前太子质在汉者。汉兵方至,毋敢动,动,灭国矣!"遂持王首还诣阙,公卿将军议者咸嘉其功。上乃下诏曰:"楼兰王安归尝为匈奴间,候遮汉使者,发兵杀略卫司马安乐、光禄大夫忠、期门郎遂成等三辈,及安息、大宛使,盗取节印献物,甚逆天理。平乐监傅介子持节使诛斩楼兰王安归首,县之北阙,以直报怨,不烦师众。其封介子为义阳侯,食邑七百户。士刺王者皆补侍郎。"[5]

傅介子率领人马带着金银财宝再次出发了,一路上放出风来:我们这次是要送大礼来了。到了楼兰,楼兰王很冷淡,傅介子佯装要走,走到楼兰国西边边境时,派翻译官回禀楼兰王:汉朝使者此行是拿着黄金锦绣赏赐西域诸国,楼兰国不要,那就算了,我去别国了。说着故意拿出金币让翻译看到,翻译果然禀报了楼兰王。楼兰王见财眼开,又把傅介子请了回来,酒宴伺候,傅介子把金银财宝全拿出来陈列于楼兰王面前,楼兰王自然喝得酩酊大醉。这时,傅介子示意汉朝天子还有更好的礼物送给楼兰王,楼兰王就随傅介子走到帐幕中单独谈话,两位汉朝壮士趁机从后面刺死了楼兰王。傅介子大声警告其他楼兰高官:楼兰王背信弃义,汉朝天子派我来诛杀他,现在应该立在长安的前太子为楼兰王;你们不要轻举妄动,汉兵马上就要到了,敢造反,就灭了楼兰国! 楼兰国上下自然不敢妄动。傅介子返回长安,汉昭帝自然大喜,封傅介子为义阳侯,食邑七百户。

傅介子的壮举自然让延续大汉雄风的唐朝人深为叹服,所以,他不仅出现在李白的笔下,也见诸其他文人墨客的笔端。杜甫就有诗句:"愿见北地傅介子,老儒不用尚书郎。"(《忆昔二首》)最有名的当属王昌龄的诗:

## 从军行七首·其四
### 唐·王昌龄

青海长云暗雪山,孤城遥望玉门关。

黄沙百战穿金甲,不破楼兰终不还。

到了文气有余而阳刚不足的宋朝,傅介子当然是遥远的偶像了,可遇而不可得。宋朝词人张元幹曾给主战派将领李纲写了一首词——《贺新郎·寄李伯纪丞相》。丞相大人,羸弱的宋王廷太需要傅介子这样的壮士了啊!

曳杖危楼去。斗垂天、沧波万顷,月流烟渚。扫尽浮云风不定,未放扁舟夜渡。宿雁落、寒芦深处。怅望关河空吊影,正人间、鼻息鸣鼍鼓。谁伴我,醉中舞。

十年一梦扬州路。倚高寒、愁生故国,气吞骄虏。要斩楼兰三尺剑,遗恨琵琶旧语。谩暗涩、铜华尘土。唤取谪仙平章看,过苕溪、尚许垂纶否?风浩荡,欲飞举。

1938 年 6 月 17 日,粟裕率领刚刚组建不久的新四军在南京和镇江之间的卫岗设伏,小试牛刀,仅仅四十分钟就干掉了日军的军需车队。陈毅闻得捷报，写下了《卫岗初捷》一诗：

> 弯弓射日到江南，终夜喧呼敌胆寒。
>
> 镇江城下初遭遇，脱手斩得小楼兰。

古往今来，一提到刺客，大多数人首先会想到荆轲。一场失败的刺杀行动却让荆轲名满天下，究其原因，恐怕在于他刺杀的对象是千古第一帝秦始皇吧！而傅介子虽成功地刺杀了楼兰王，他的壮举也多见历代诗人的笔端，但很奇怪，老百姓知道的却不多。

> 臣光曰：王者之于戎狄，叛则讨之，服则舍之。今楼兰王既服其罪，又从而诛之，后有叛者，不可得而怀矣。必以为有罪而讨之，则宜陈师鞠旅，明致其罚。今乃遣使者诱以金币而杀之，后有奉使诸国者，复可信乎！且以大汉之强而为盗贼之谋于蛮夷，不亦可羞哉！论者或美介子以为奇功，过矣！[6]

在一片赞颂傅介子的声音中，司马光对傅介子却有不同看法。他认为，既然楼兰王已经顺服，就不必杀了他，应该依法论处，杀之有名，大国要有信义，不能学鸡鸣狗盗之徒的做法。司马光说得不无道理，但是秀才遇到兵，有理说不清。大宋正是因为多了儒雅的司马光，少了"野蛮"的傅介子，一亡于金，再亡于蒙。前车之鉴，不可不察。猴王不才，也学着赋诗一首，表达一下意见。

## 咏傅介子

> 汉时陕甘荒凉地，
>
> 壮士有名傅介子。
>
> 策马孤身腰下剑，
>
> 谈笑风生斩楼兰。
>
> 终军请缨平南越，
>
> 卫霍千里定阴山。

试问当今六军中，

可有男儿入虎穴？

**注释：**

[1]东汉·班固《汉书》，卷七十，傅常郑甘陈段传第四十。

[2]东汉·班固《汉书》，卷六十八，霍光金日磾传第三十八。

[3]—[5]东汉·班固《汉书》，卷七十，傅常郑甘陈段传第四十。

[6]北宋·司马光《资治通鉴》，卷二十三，汉纪十五，孝昭皇帝上。

# 裴矩佞于隋而忠于唐?

《资治通鉴》记载了唐高祖反腐的一件事:

> 上患吏多受赇,密使左右试赂之。有司门令史受绢一匹,上欲杀之,民部尚书裴矩谏曰:"为吏受赂,罪诚当死;但陛下使人遗之而受,乃陷人于法也,恐非所谓'道之以德,齐之以礼。'[1]"上悦,召文武五品已上告之曰:"裴矩能当官力争,不为面从,傥每事皆然,何忧不治!"

> 臣光曰:古人有言:君明臣直。裴矩佞于隋而忠于唐,非其性之有变也;君恶闻其过,则忠化为佞,君乐闻直言,则佞化为忠。是知君者表也,臣者景也,表动则景随矣。[2]

这件事发生在唐高祖武德九年(公元 626 年)。当时李渊感觉很多官员有受贿之嫌,就秘密派人去试着贿赂一下,以测试他们是否廉洁。有一位看门的官员接受了一匹绢的贿赂,李渊要杀他,民部尚书裴矩进谏说:官员受贿,理当处死;但是陛下您派人故意行贿,是诱导人犯罪,这是钓鱼执法,不符合圣人孔子说的"道之以德,齐之以礼"。李渊很高兴,召五品以上的文武官员开会,告诉他们:裴矩能据理力争,不搞当面顺从那一套;如果每件事都能如此处理,何忧我大唐不治呢? 司马光感慨道:古人说得好,君主贤明则大臣正直。裴矩在隋朝时是奸臣,在唐朝却是忠臣一枚,不是他性情有所变化啊! 是因为如果君主不喜欢听批评意见，那么忠臣只能变为奸臣；如果君主喜欢听直言相谏，那么奸臣就会变为忠臣。君主是标杆，大臣是他的影子，标杆动则影子随之动。

既然说裴矩在隋朝是奸臣，那么裴矩在隋朝到底干了哪些"坏事"呢？

## 经略西域

炀帝即位，营建东都，矩职修府省，九旬而就。时西域诸蕃，多至张掖，与中国交市。帝令矩掌其事。矩知帝方勤远略，诸商胡至者，矩诱令言其国俗山川险易，撰西域图记三卷，入朝奏之。其序曰：

臣闻禹定九州，导河不逾积石，秦兼六国，设防止及临洮。故知西胡杂种，僻居遐裔，礼教之所不及，书典之所罕传。自汉氏兴基，开拓河右，始称名号者，有三十六国，其后分立，乃五十五王。仍置校尉、都护，以存招抚。然叛服不恒，屡经征战。后汉之世，频废此官。虽大宛以来，略知户数，而诸国山川未有名目。至如姓氏风土，服章物产，全无纂录，世所弗闻。复以春秋递谢，年代久远，兼并诛讨，互有兴亡。或地是故邦，改从今号，或人非旧类，因袭昔名。兼复部民交错，封疆移改，戎狄音殊，事难穷验。于阗之北，葱岭以东，考于前史，三十余国。其后更相屠灭，仅有十存。自余沦没，扫地俱尽，空有丘墟，不可记识。

皇上膺天育物，无隔华夷，率土黔黎，莫不慕化。风行所及，日入以来，职贡皆通，无远不至。臣既因抚纳，监知关市，寻讨书传，访采胡人，或有所疑，即详众口。依其本国服饰仪形，王及庶人，各显容止，即丹青模写，为西域图记，共成三卷，合四十四国。仍别造地图，穷其要害。从西顷以去，北海之南，纵横所亘，将二万里。谅由富商大贾,周游经涉,故诸国之事罔不遍知。复有幽荒远地,卒访难晓,不可凭虚,是以致阙。而二汉相踵,西域为传,户民数十,即称国王,徒有名号,乃乖其实。今者所编,皆余千户,利尽西海,多产珍异。其山居之属,非有国名,及部落小者,多亦不载。

发自敦煌,至于西海,凡为三道,各有襟带。北道从伊吾,经蒲类海铁勒部,突厥可汗庭,度北流河水,至拂菻国,达于西海。其中道从高昌,焉耆,龟兹,疏勒,度葱岭,又经镞汗,苏对沙那国,康国,曹国,何国,大、小安国,穆国,至波斯,达于西海。其南道从鄯善,于阗,朱俱波、喝槃陀,度葱岭,又经护密,吐火罗,挹怛,忛延,漕国,至北婆罗门,达于西海。其三道诸国,亦各自有路,南北交通。其东女国、南婆罗门国等,并随其所往,诸处得达。故知伊吾、高昌、鄯善,并西域之门户也。总凑敦煌,是其咽喉之地。

以国家威德,将士骁雄,泛濛汜而扬旌,越昆仑而跃马,易如反掌,何往不至!但突厥、吐浑分领羌胡之国,为其拥遏,故朝贡不通。今并因商人密送诚款,引领翘首,愿为臣妾。圣情含养,泽及普天,服而抚之,务存安辑。故皇华遣使,弗动兵车,诸蕃既从,浑、厥可灭。混一戎夏,其在兹乎!不有所记,无以表威化之远也。

帝大悦,赐物五百段。每日引矩至御坐,亲问西方之事。矩盛言胡中多诸宝物,吐谷浑易可并吞。帝由是甘心,将通西域,四夷经略,咸以委之。[3]

自汉代张骞出使西域,汉王朝的影响力第一次抵达西域乃至中东。但随着东汉末年分三国,西晋东晋南北朝,五胡乱华,西域与内地开始生疏,若即若离。自隋帝国建立以后,逐渐统一南北,到隋炀帝时,他把目光又一次投向西域,而此时,正需要通晓西域风土人情的人才。裴矩生逢其时,不辞辛劳奔走于西域各地,写成了《西域图记》三卷,将西域四十四国的情形详细地记载于书中。据说,此书现在已经失传,仅存以上序言部分。

在此序言中,裴矩说从敦煌到地中海共有三条道路可走。北路可抵达东罗马帝国(拜占庭),最后到达地中海;中路到伊朗,然后到达地中海;南路经印度北部抵达地中海。其中经过的那些国家的名字,恕猴王才学有限,很难还原其具体位置。大约就是目前中亚及中东的国家吧!

隋炀帝很欣赏裴矩,"赐物五百段",还每天与他讨论西域的事情。裴矩不负厚望,可谓是当时首屈一指的"西域通"。

> 大业三年,帝有事于恒岳,咸来助祭。帝将巡河右,复令矩往敦煌。矩遣使说高昌王麹伯雅及伊吾吐屯设等,啖以厚利,导使入朝。及帝西巡,次燕支山,高昌王、伊吾设等,及西蕃胡二十七国,谒于道左。皆令佩金玉,被锦罽,焚香奏乐,歌舞喧噪。复令武威、张掖士女盛饰纵观,骑乘填咽,周亘数十里,以示中国之盛。帝见而大悦。竟破吐谷浑,拓地数千里,并遣兵戍之。每岁委输巨亿万计,诸蕃慑惧,朝贡相续。帝谓矩有绥怀之略,进位银青光禄大夫。[4]

隋大业三年(公元607年),发生了一件大事。隋炀帝计划巡视西域,先派遣裴矩出使西域打前站,裴矩用重金说服高昌王麹伯雅及伊吾吐屯设等来朝贺。隋炀帝西巡到今甘肃张掖的焉支山下,西域二十七国都来盛装朝贺,焚香奏乐,歌舞喧天;隋炀帝也令武威和张掖的士女们都穿着节日盛装,绵延数十里,夹道欢迎,以显示当时中国的繁荣昌盛。以今日之视角观之,焉支山下的这次盛会何尝不是一次成功的国际会议。隋炀帝显然受此鼓舞,一鼓作气,竟击败了西域的霸主吐谷浑,拓展疆域达数千里,并派兵守卫之。如此万邦来朝、四夷宾服的国际局面,裴矩功不可没。隋炀帝自然龙颜大悦,给他加官晋爵。

话说,上次中国之于西域的这般影响力,还要追溯到汉武帝的元狩二年(公元前121年)。

元狩二年春,以冠军侯去病为骠骑将军,将万骑出陇西,有功。天子曰:"骠骑将军率戎士逾乌盭,讨遬濮,涉狐奴,历五王国,辎重人众慑慴者弗取,冀获单于子。转战六日,过焉支山千有余里,合短兵,杀折兰王,斩卢胡王,诛全甲,执浑邪王子及相国、都尉,首虏八千余级,收休屠祭天金人,益封去病二千户。"[5]

霍去病兵出陇西,歼灭匈奴浑邪王的部队,越过焉支山一千余里,取得了河西之战的胜利,置武威、张掖、敦煌、酒泉四郡,将焉支山和祁连山纳入大汉的势力范围。以至于匈奴人哀叹:"失我焉支山,使我妇女无颜色。失我祁连山,使我六畜不蕃息。"时隔七百年,隋炀帝又做到了。

# 歌舞升平

其冬,帝至东都,矩以蛮夷朝贡者多,讽帝令都下大戏。征四方奇技异艺,陈于端门街,衣锦绮、珥金翠者,以十数万。又勒百官及民士女列坐棚阁而纵观焉。皆被服鲜丽,终月乃罢。又令三市店肆皆设帷帐,盛列酒食,遣掌蕃率蛮夷与民贸易,所至之处,悉令邀延就坐,醉饱而散。蛮夷嗟叹,谓中国为神仙。帝称其至诚,顾谓宇文述、牛弘曰:"裴矩大识朕意,凡所陈奏,皆朕之成算。未发之顷,矩辄以闻。自非奉国用心,孰能若是!"[6]

这年冬天,隋炀帝回到了洛阳。裴矩认为蛮夷朝贡者越来越多,应该在洛阳再准备一台晚会招待一下这些使者,文艺节目自然不可少,万人空巷以观之,路边大排档更是好吃好喝好招待,不醉不归,真是一番歌舞升平的太平盛世之景。蛮夷啧啧感叹中国真乃神仙府第。隋炀帝的虚荣心得到了极大的满足,对旁边的大臣说:裴矩最懂我的心啊!这件事在《资治通鉴》里也有记载,连司马光都承认,隋氏之盛,极于此矣。

辛丑，帝谓给事郎蔡征曰：“自古天子有巡狩之礼，而江东诸帝多傅脂粉，坐深宫，不与百姓相见，此何理也？”对曰：“此其所以不能长世。”丙午，至张掖。帝之将西巡也，命裴矩说高昌王麹伯雅及伊吾吐屯设等，啖以厚利，召使入朝。壬子，帝至燕支山，伯雅、吐屯设等及西域二十七国谒于道左，皆令佩金玉，被锦罽，焚香奏乐，歌舞喧噪。帝复令武威、张掖士女盛饰纵观，衣服车马不鲜者，郡县督课之。骑乘嗔咽，周亘数十里，以示中国之盛。吐屯设献西域数千里之地，上大悦。癸丑，置西海、河源、鄯善、且末等郡，谪天下罪人为戍卒以守之。命刘权镇河源郡积石镇，大开屯田，捍御吐谷浑，以通西域之路。

是时天下凡有郡一百九十，县一千二百五十五，户八百九十万有奇。东西九千三百里，南北万四千八百一十五里。隋氏之盛，极于此矣。[7]

“自古天子有巡狩之礼，而江东诸帝多傅脂粉，坐深宫，不与百姓相见，此何理也？”隋炀帝这句话说得多好。若用现在的话说，那就是要贯彻群众路线；不走群众路线，政权岂能安稳？不过，隋炀帝犯了与秦始皇一样的错误，在外巡视过久，没能防备朝廷里的阴谋诡计。在那个改朝换代的年代里，不封路，不管制，轻车简从，怎么可能？所以，频繁巡游反而加重了地方负担。动机与结果，相去甚远啊！

话说回来，裴矩经略西域显然是件好事，搞外交哪有不花钱的？花多花少是一个度的问题。古代社会大概没有预算一说，只是凭着感觉走，因此掌管户部的官员非常重要，收支平衡，心里要有数。裴矩又没有把钱装进自己的腰包，所以，这件事需要客观看待。西域诸国与大隋交好，少了刀兵之灾，发展了中外贸易，显然利大于弊。

当然，农耕社会历来最忌讳几件事：一件是大兴土木，一件是歌舞升平，一件是穷兵黩武。这些都免不了与奢靡挂钩。裴矩与隋炀帝走得太近，又支持他征伐高丽，难免要受后世知识分子们的批评。

# 乱点鸳鸯谱

> 寻从幸江都宫。时四方盗贼蜂起,郡县上奏者不可胜计。
> ……时从驾骁果数有逃散,帝忧之,以问矩。矩答曰:"方今车驾留
> 此,已经二年。骁果之徒,尽无家口,人无匹合,则不能久安。臣请
> 听兵士于此纳室。"帝大喜曰:"公定多智,此奇计也。"因令矩检校
> 为将士等娶妻。矩召江都境内寡妇及未嫁女,皆集宫监,又召将帅
> 及兵等恣其所取。因听自首,先有奸通妇女及尼、女冠等,并即配
> 之。由是骁果等悦,咸相谓曰:"裴公之惠也。"[8]

隋炀帝巡游扬州时,隋末大乱开始了,隋炀帝身边的将士纷纷开小
差逃走了,怎么办? 裴矩想了一个办法:给这些将士找老婆。隋炀帝高
兴地说:还是你有办法。裴矩张罗着把扬州境内的寡妇和未嫁女子许
配给将士,这些将士当然很高兴了,都说这是托了裴矩的福。当然这也
是所谓的裴矩的污点之一。

> 裴矩学涉经史,颇有干局,至于恪勤匪懈,夙夜在公,求诸古
> 人,殆未之有。与闻政事,多历岁年,虽处危乱之中,未亏廉谨之
> 节,美矣。然承望风旨,与时消息,使高昌入朝,伊吾献地,聚粮且
> 末,师出玉门,关右骚然,颇亦矩之由也。[9]

魏征编的《隋书》对裴矩的评价还是很高的,猴王认为也是中肯和
客观的。但为什么司马光编的《资治通鉴》里却是一句酸溜溜的话:裴
矩佞于隋而忠于唐?

实际上,裴矩大部分的时间服务于隋朝,一生中干的大事也都在隋
朝,而服务于唐朝的时间很短,只是"路过打酱油的"。宇文化及杀了隋
炀帝,但依旧善待裴矩。窦建德击败宇文化及,也善待裴矩。窦建德被
灭后,大唐又善待裴矩。裴矩并没有做什么伤天害理的事情,且大家都

把他当人才看待。要说有罪过,就是隋炀帝老表扬他。隋炀帝既然被归于少有的暴君行列,那么被暴君欣赏的大臣就应该是佞臣吧。这是什么逻辑?

说句题外话,裴矩是山西运城闻喜人,算是猴王的老乡;司马光是运城夏县人,也是猴王的老乡。司马光对裴矩的评价有失偏颇,猴王替他辩上两句。

# 隋炀帝这个人怎么样?

其实现在看来,隋炀帝也不是人们说得那么坏。许多人物需要拉开历史的视界去审视,而不是纠结于他所处时代的舆论。舆论往往都掌握在当时的读书人手上,一旦读书人因为某种理由看不上你,不管这种质疑是否经得起推敲,你都百口莫辩了。宋朝人阮阅在《诗话总龟》[10]里就说隋炀帝是一位嫉妒心很强的人,薛道衡因说了一句"空梁落燕泥"就让他很不舒服,胡乱找了个理由杀了薛道衡,事后还恶狠狠地说:看你还能写出那么好的诗句吗!另外一位叫王胄的大臣也是因为吟咏出"庭草无人随意绿"而惹来杀身之祸。

不过也有人为隋炀帝打抱不平。比如唐朝诗人皮日休,就写了两首《汴河怀古》,将隋炀帝开凿运河的功绩与大禹治水相提并论。

## 其一

万艘龙舸绿丝间,载到扬州尽不还。

应是天教开汴水,一千余里地无山。

## 其二

尽道隋亡为此河,至今千里赖通波。

若无水殿龙舟事,共禹论功不较多。

**注释：**

[1]语出《论语·为政》。子曰："道之以政，齐之以刑，民免而无耻；道之以德，齐之以礼，有耻且格。"

[2]北宋·司马光《资治通鉴》，卷一百九十二，唐纪八，高祖神尧大圣光孝皇帝下之下。

[3][4]唐·魏征《隋书》，卷六十七，列传第三十二。

[5]西汉·司马迁《史记》，卷一百一十一，卫将军骠骑列传第五十一。

[6]唐·魏征《隋书》，卷六十七，列传第三十二。

[7]北宋·司马光《资治通鉴》，卷一百八十一，隋纪五，炀皇帝上之下。

[8][9]唐·魏征《隋书》，卷六十七，列传第三十二。

[10]北宋·阮阅《诗话总龟》，卷三十一，诗累门。

隋炀帝善属文，不欲人出其右。薛道衡由是得罪，后因事诛之，曰："更能作'空梁燕落泥'否？"尝为《燕歌行》，文士皆和之，著作郎王胄独不和焉，每衔之。终坐此见害，而诵其警句曰："'庭草无人随意绿'，复能作此耶？"

# 大唐的法治精神

> 武德二年二月，武功人严甘罗行劫，为吏所拘。高祖谓曰："汝何为作贼？"甘罗言："饥寒交切，所以为盗。"高祖曰："吾为汝君，使汝穷乏。吾罪也。"因命舍之。[1]

武德是唐高祖李渊的年号，武德二年是公元 619 年。这一年二月，武功人严甘罗拦路抢劫，被官府捉拿。李渊问他为何做贼，他说：饥寒交迫，无可奈何。李渊说：我是你的君主，看来为政有点问题，致使你受穷，这是我的罪过。因此饶他一命。

> 贞观二年十月三日，殿中监卢宽持私药入尚食厨，所司议当重刑。上曰："祇是错误。"遂赦之。[2]

贞观是唐太宗的年号，贞观二年就是公元 628 年。这一年的十月三日，殿中监卢宽携私药入了皇宫后厨。殿中监是掌管皇帝内务的官员，携私药进入后厨，如果是想谋害皇帝，那罪可就不小了。唐太宗宅心仁厚：只是错误嘛，不必深究。

> 三年三月五日，大理少卿胡演进每月囚帐。上览焉，问曰："其闲罪亦有情或可矜，何容皆以律断？"对曰："原情宥过，非臣下所敢。"[3]

贞观三年，唐太宗让大理寺少卿胡演把狱囚名册拿来，看完后说：

有些犯轻罪的也是情有可原的,不一定都要按照法律治罪。胡演说:宽大处理,微臣不敢。

唐太宗正好借这机会发表了依法治国的几个观点。

# 慎用死刑

贞观元年,太宗谓侍臣曰:"死者不可再生,用法务在宽简。古人云,鬻棺者欲岁之疫,非疾于人,利于棺售故耳。今法司核理一狱,必求深刻,欲成其考课。今作何法,得使平允?"谏议大夫王珪进曰:"但选公直良善人,断狱允当者,增秩赐金,即奸伪自息。"诏从之。[4]

唐太宗说:卖棺材的当然希望每年都有疫情,他不是盼人死,只是为了他的棺材好卖而已;执法者断案一定要深刻,不能浮于表面,要真正办成铁案,经得起时间考验。他问大臣们:如何才能实现良治呢?王珪奏曰:关键要选好称职的法官,对于那些断案公允者,要大力奖赏,那么奸诈和虚伪之徒自然就无处可藏。唐太宗深以为然。

太宗又曰:"古者断狱,必讯于三槐、九棘之官,今三公、九卿,即其职也。自今以后,大辟罪皆令中书、门下四品以上及尚书九卿议之。如此,庶免冤滥。"由是至四年,断死刑,天下二十九人,几致刑措。[5]

唐太宗接着说:在古代,断案都要问询一下三槐和九棘这些大官的意见,三槐和九棘相当于现在的三公九卿;所以,自今以后,凡是死刑犯,必须由中书门下四品以上的官吏审理,尚书和九卿也要参与讨论,这样可以避免冤狱发生。如此,贞观四年时,天下被判处死刑的只有区区二十九人。

至三月十七日,大理引囚过次,到岐州刺史郑善果,上谓胡演曰："郑善果等官位不卑，纵令犯罪，不可与诸囚同列。自今三品已上犯罪，不须将身过朝堂听进止。"[6]

三月十七日，大理寺将囚犯过堂，轮到岐州刺史郑善果时，唐太宗说：郑善果等官位不低，即使犯罪了，也不要与普通囚犯关在一起；自今天起，三品以上官吏犯罪，就不必过堂了。要不说唐朝出了那么多诗人官员，当官很有尊严嘛。不像明朝时，动辄被打屁股，斯文扫地啊。

四年十一月十七日制，决罪人不得鞭背。初，太宗以暇日阅明堂孔穴图，见五脏之系，咸附于背，乃叹曰："夫箠，五刑之最轻者也，岂容以最轻之刑，而或致之死。古帝王不悟，不亦悲夫。"即日遂下此诏。[7]

贞观四年十一月十七日，唐太宗下令惩罚罪犯不得鞭背。因为他有一次闲暇时读中医的穴位图，发现五脏的穴位都在背部，不禁感叹，鞭背本是五刑中最轻的刑罚，怎能容许这最轻的刑罚置人于死地呢？古代帝王没有悟到此点，真是悲哀啊！快快废了吧！五刑指的是哪五刑？在西汉汉文帝前，五刑指墨、劓、刖、宫、大辟；隋唐之后，五刑则指答、杖、徒、流、死。所谓鞭背就是答，用竹条鞭其背。战国时廉颇负荆请罪，即是如此。

## 死刑复核制度

五年八月二十一日诏："死刑虽令即决，仍三覆奏。在京五覆奏，以决前一日三覆奏，决日三覆奏。惟犯恶逆者，一覆奏。着于令。"初，河内人李好德风疾瞀乱，有妖妄之言。诏大理丞张蕴古按其事。蕴古奏："好德颠病有征，法不当坐。"治书侍御史权万纪。劾蕴古贯属相州，好德兄厚德为其刺史，情在阿纵，遂斩于东市，既而悔之，遂有此诏。至上元元年闰四月十九日敕文："自今已后，其犯极刑,宜令本司,依旧三覆。"[8]

贞观五年八月二十一日,这是中国乃至世界法制史上了不起的一天。唐太宗要求施行死刑复核制度:对于下令立即处决者,必须三次复核。在京五次复核,处决前一天三次复核,处决日再三次复核。只有罪大恶极者,只需一次复核。这道律令的出台有一个背景。

这一年,相州出现了一个叫李好德的疯子,疯疯癫癫,说了一些悖逆的话,唐太宗下诏治他的罪。这时候,大理丞张蕴古报告唐太宗,称:"好德癫病有征,法不当坐。"唐朝的法律比较宽待精神病犯人,基本和今天对待精神病犯人差不多,不用刑,不拷打,不株连。李世民听了张蕴古的报告,下令放了李好德。

张蕴古自恃受唐太宗赏识,有点忘乎所以,竟然到监牢里把唐太宗的决定告诉了李好德,而且两人一时兴起,竟下起棋来。这一幕恰好被治书侍御史权万纪知道了。这还了得,这不是执法犯法吗?不仅通风报信,还欺君罔上。李好德能下棋,怎么能是精神病呢?权万纪还发现李好德的兄长李厚德恰是相州的刺史,张蕴古为其说话,是官官相护。他迅速弹劾了张蕴古,称:"好德之兄厚德为其刺史,情在阿纵。"

唐太宗一听勃然大怒,这还了得。他说"吾常禁囚于狱内,蕴古与之弈棋,今复阿纵好德,是乱吾法也"[9],当即下令,把张蕴古给杀了,"遂斩于东市,既而悔之,又交州都督卢祖尚,以忤旨斩于朝堂,帝亦追悔"[10]。寻谓侍臣曰:"人命至重,一死不可再生。"[11]"下制,凡决死刑,虽令即杀,仍三覆奏。"[12]

## 千人之诺诺,不如一士之谔谔

唐太宗杀了张蕴古造成了什么后果呢?贞观十一年,刘德威重新担任大理卿。

太宗尝问之曰："近来刑网稍密，其过安在？"德威奏言："诚在主上，不由臣下。人主好宽则宽，好急则急。律文失入减三等，失出减五等。今则反是，失入则无辜，失出便获大罪。所以吏各自爱，竞执深文，非有教使之然，畏罪之所致耳。陛下但舍所急，则'宁失不经'复行于今日矣。"太宗深然之。[13]

有张蕴古前车之鉴，法官们不敢再替罪犯开脱了，一不小心是要掉脑袋的，而抓错了又没啥惩罚，所以"刑网颇密"。唐太宗问大理卿刘德威：怎么会造成这样的现象呢？刘德威回答说：大家都看你，你严大家都严，你松大家都松；以前法律条文规定，抓错者按减三等惩罚，放错的按减五等惩罚，现在是抓错者无罪，放错者犯大罪，当然大家都宁可错杀一千绝不放过一人了。

太宗然其言。由是失于出入者，令依律文，断狱者渐为平允。[14]

唐太宗知错就改，真是难能可贵！法治不是从天上掉下来的，空有法律条文而无自觉执行者，法律则是一纸空文。

张蕴古本可以活命，他本是唐太宗面前的红人，要不是行事轻佻，断不会落此结局。

前幽州记室直中书省张蕴古上《大宝箴》，其略曰："圣人受命，拯溺亨屯，故以一人治天下，不以天下奉一人。"又曰："壮九重于内，所居不过容膝；彼昏不知，瑶其台而琼其室。罗八珍于前，所食不过适口；惟狂罔念，丘其糟而池其酒。"又曰："勿没没而暗，勿察察而明，虽冕旒蔽目而视于未形，虽黈纩塞耳而听于无声。"上嘉之，赐以束帛，除大理丞。[15]

张蕴古颇有文才，唐太宗贞观之初，他写了一篇《大宝箴》献给唐太宗，字字珠玑，唐太宗很赏识他，直接擢升他为大理丞，算是破格提拔。

有皇上赏识,张蕴古有点自我膨胀,做事难免粗糙。执法者如此不严谨,也莫怪唐太宗雷霆震怒。张蕴古的死换来了死刑复核制度,也算是他的一大贡献。直到今天,我们还在遵循着这项制度。

人治和法治,似在一念之间,其实现实复杂得多。人治中有法治,法治中有人治,人乃法律的执行者,法治的水平最终取决于"人治"的水平。唐太宗曾对房玄龄说:"公等食人之禄,须忧人之忧,事无巨细,咸当留意。今不问则不言,见事都不谏净,何所辅弼?如蕴古身为法官,与囚博戏,漏泄朕言,此亦罪状甚重。若据常律,未至极刑。朕当时盛怒,即令处置。公等竟无一言,所司又不覆奏,遂即决之,岂是道理。"[16]执法水平仰赖执法阶层的整体素质,好的制度加上好的人,这样的法治才能持久。"千人之诺诺,不如一士之谔谔。"如果都明哲保身,装糊涂,那只能是"伪法治"了。

# 假释

唐太宗不仅一手设立了死刑复核制度,还设立了假释制度。

> 六年十二月十日,亲录囚徒,放死罪三百九十人,归于家,令明年秋来就刑。其后应期毕至,诏悉原之。[17]

贞观六年十二月十日,唐太宗亲自审问囚犯,将三百九十名死刑犯放回去与家人团聚,待次年秋天再回来行刑。到期后,这些囚犯果然都按照约定回来了,一个也不少,唐太宗便下旨赦免了他们。

当然,唐太宗的这种做法也不是没有风险,宋朝时的欧阳修就写过一篇文章——《纵囚论》。在文章结尾,他说了一段话,发人深思:"若夫纵而来归而赦之,可偶一为之耳,若屡为之,则杀人者皆不死,是可为天下之常法乎?"欧阳修说得不无道理,如果都这样把死刑犯放回去,那还了得,岂不是变相教唆犯罪吗?但再仔细想想,唐太宗做得也合情合理,这些囚犯能一个都不少地回来,说明他们的觉悟还是很高的,悔罪态度还是不错的。按理说,唐太宗并没有告诉他们,凡回来都能免罪,这完全要靠自觉,他们中的一些人完全可趁此机会畏罪潜逃,藏入深山老林。另外,"空城计"本就只能用一回,唐太宗纵囚也就这么一次,史料上再无记载。从形式上来看,无论如何,这算是假释的雏形。唐太宗算是开创者。

## 慎刑精神始于唐朝

唐太宗开了一个好头,后面的唐高宗和唐玄宗等帝王也遵照执行,大唐的法治建设一以贯之,成绩斐然。至少在"安史之乱"之前,大唐可以毫不谦虚地位居全球法治国家的第一把交椅。空口无凭,有史为证。

高宗即位,遵贞观故事,务在恤刑。尝问大理卿唐临在狱系囚之数,临对曰:"见囚五十余人,唯二人合死。"上以囚数全少,甚喜也。总章二年五月,上以常法外先决杖一百者,多致殒毙,乃下诏曰:"别令于律外决杖一百者,前后总五十九条,内有盗窃及蠹害尤甚者。今量留十二条,自余四十七条,并宜停废。"

开元十年六月敕:"自今以后,准格敕应合决杖人,若有便流移左贬之色,杖讫,许一月内将息,然后发遣。其缘恶逆、指斥乘舆者,临时发遣。"二十五年,刑部断狱,天下死罪唯有五十八人。大理少卿徐峤上言:"大理狱院,由来相传杀气太盛,鸟雀不栖,至是有鹊巢其树。"于是百僚上表贺,以为几至刑措。

天宝元年二月敕:"官吏准律应犯枉法赃十五匹合绞者,自今以后,特加至二十四。仍即编诸格律,著自不刊。"六载正月敕:"自今以后,所断绞、斩刑者,宜削除此条,仍令法官约近例,详定处分。"

论曰:圣唐刑名,极于轻简。太宗文皇帝降隋氏大辟刑百六十三条入流、入徒免死,其下递减唯轻。开辟以来,未有斯比。如罪恶既著,制命已行,爱惜人命,务在哀矜,临于剿绝,仍令数覆。获罪自然引分,万姓由是归仁,感兹煦妪,藏于骨体。虽武太后革命二纪,安禄山倾陷两京,西戎侵轶,贼泚窃发,皇舆巡狩,宇内忧虞,亿兆同心,妖氛旋廓,刑轻故也。国家仁深德厚,固可侔于尧舜,夏殷以降,无足征矣。[18]

在《历史岂有底稿Ⅱ》里,猴王写过一篇文章:《大宋的法治精神》。文中论及弱女阿云伤夫一案,褒扬了宋朝的慎刑精神。其实,宋沿唐制,真正的慎刑精神始于唐朝。

**注释:**

[1]—[3]北宋·王溥《唐会要》,卷四十,君上慎恤。

[4][5]唐·吴兢《贞观政要》,刑法第三十一。

[6]—[8]北宋·王溥《唐会要》,卷四十,君上慎恤。

[9]—[12]后晋·刘昫《旧唐书》,卷五十,志第三十,刑法。

[13]后晋·刘昫《旧唐书》,卷七十七,列传第二十七,刘德威传。

[14]后晋·刘昫《旧唐书》,卷五十,志第三十,刑法。

[15]北宋·司马光《资治通鉴》,卷一百九十二,唐纪八。

[16]唐·吴兢《贞观政要》,刑法第三十一。

[17]北宋·王溥《唐会要》,卷四十,君上慎恤。

[18]唐·杜佑《通典》,卷一百七十,刑法八。

# 巾帼治国不让须眉

> 狄仁杰之为相也，有卢氏堂姨居于午桥南别墅。姨止有一子，而未尝来都城亲戚家。梁公每遇伏腊晦朔，修礼甚谨。尝经甚雪多休暇，因候卢姨安否，适见表弟挟弓矢携雉兔来归，膳味进于北堂。顾揖梁公，意甚轻简。公因启姨曰："某今为相，表弟有何乐从，愿悉力以从其旨。"姨曰："相自贵尔。有一子，不欲令其事女主。"公大惭而退。[1]

此是唐人笔记，对武则天临朝颇多微词。狄仁杰的堂姨也觉得女人当政不好，她奚落外甥狄仁杰：你当你的宰相好了，我只有这么一个儿子，不劳你大驾给他找工作，我不愿意让他侍奉一位女上司。这真是"女人何苦为难女人"，可见"重男轻女"之识多么根深蒂固。

其实武则天在帝王里已属上等。《旧唐书》里记载："时帝风疹不能听朝，政事皆决于天后。自诛上官仪后，上每视朝，天后垂帘于御座后，政事大小皆预闻之，内外称为'二圣'。"[2]武则天的执政能力不是凭空而来的，也是长期历练的结果。她在执政时期，能起用狄仁杰等一帮贤臣，上承贞观之治，下启开元盛世，殊为不易。

关于她选贤任能，还有这样一段花絮：

> 长安二年，则天令狄仁杰举贤，仁杰举荆州长史张柬之："其人虽老，真宰相才也。且久不遇，若用之，必尽节于国家矣。"乃召为

洛州司马。他日,又求贤。仁杰曰:"臣前言张柬之,犹未用也。"则天曰:"已迁之矣。"对曰:"臣荐之请为相也。今为洛州司马,非用之也。"又迁秋官侍郎。四年。夏官尚书灵武大总管姚元之将赴镇,则天命举外内堪为宰相者。元之对曰:"秋官侍郎张柬之,沉厚有谋,能断大事。且其人年老,惟陛下急用之。"[3]

狄仁杰和姚元之(姚崇)都举荐的张柬之最后果然不负众望。在武则天病重期间,且对传位之事举棋不定之时,已经八十岁高龄的张柬之果断出击,诛杀张易之和张昌宗两位男宠,迎立李显,再造大唐。此等胆识,真是不负狄仁杰的慧眼啊!

中国历史上女人当国不都是败笔,也有很多巾帼不让须眉,出类拔萃者。远者有秦国时的宣太后,秦昭襄王的母后芈八子,当政四十年,用计谋灭了义渠国,解了秦国西部之患,奠定了秦国的强国地位。她是中国有史以来的第一位太后。

在东晋时,也有一位厉害的太后,褚蒜子。她一生中历六位皇帝,三次垂帘听政,在中国历史上可谓绝无仅有。

永和元年(公元 345 年),褚蒜子先是以母亲的身份辅佐儿子司马聃。公元 357 年,她归政于儿子。公元 361 年,司马聃去世,她立司马聃的堂兄弟司马丕为帝,又以姊母的身份垂帘听政。不到一年,司马丕驾鹤而去,她又立司马丕的弟弟司马奕为帝。司马奕在位六年。太和六年(公元 371 年),权臣桓温废司马奕为东海王,后又降其为海西公。桓温本想自己做皇帝,但忌惮于褚蒜子,只得改立司马昱为帝。关于这一段,史家有所记述:"及哀帝、海西公之世,太后复临朝称制。桓温之废海西公也,太后方在佛屋烧香,内侍启云'外有急奏',太后乃出。尚倚户前视奏数行,乃曰'我本自疑此',至半便止,索笔答奏云:'未亡人罹此百忧,感念存没,心焉如割。'温始呈诏草,虑太后意异,悚动流汗,见于颜色。"[4]。褚蒜子很有政治头脑,看到桓温废了司马奕,早就洞察其奸。她处变不惊,拿捏到位,既震慑了桓温,又不打草惊蛇,可谓恰到好处。

司马昱被立后，名为皇帝，实同傀儡，在位仅八个月就崩了。桓温以为司马昱会将皇位禅让给他，没想到褚蒜子培植的王、谢两家族势力不小。刘禹锡在《乌衣巷》里有诗云：旧时王谢堂前燕，飞入寻常百姓家。王、谢两家乃东晋望族，有左右时局的力量。桓温眼看帝梦成空，忧愤成疾，不久就去世了。其后司马曜继位，史称孝武帝，褚蒜子第三次出山，以堂嫂身份再次垂帘听政。太元元年（公元376年）元旦，褚太后下诏归政，司马曜开始亲政。公元383年，东晋与前秦苻坚战于淝水，大败前秦，史称"淝水之战"。太元九年（公元384年），褚蒜子逝于显阳殿，终年六十一岁，可算华丽谢幕。

三次临朝听政，又三次退隐归政，左右东晋局势三十多年，褚蒜子上演了垂帘听政的最高境界。她的一生其实很辉煌，却以低调示人，与慈禧太后相比，她低调得就好像不存在一样。

都说女儿像爹，褚蒜子之所以能有如此高明的施政能力，是因为她有一位高瞻远瞩的父亲。褚蒜子的父亲是褚裒，按理说女儿当了皇后，又垂帘听政，他这位父亲应该趾高气扬才是。然而，他却更加谨小慎微，处处礼让他人。褚蒜子之所以能当政这么多年，安度无数变故，我想娘家人给力亦是一大因素。

很多读者对年代没有感觉，只因几千年文字历史浩如烟海，但行于大海之中，没有灯塔，何以能远行？对于褚蒜子所处的年代，不妨给大家举一个耳熟能详的标志性事件。大家对于千古第一书帖《兰亭集序》都很熟悉，《兰亭集序》写于哪一年呢？"永和九年，岁在癸丑，暮春之初，会于会稽山阴之兰亭，修禊事也……"永和正是褚蒜子第一次垂帘听政时的年号。王羲之们能曲水流觞，寄情于山水之间，看来国运昌盛，天下太平，褚蒜子治理得不错。

北宋年间，也出了一位厉害的太后，刘娥。民间戏剧《狸猫换太子》的女主角之一。

刘娥是宋真宗的皇后，史载："后性警悟，晓书史，闻朝廷事，能记其本末。真宗退朝，阅天下封奏，多至中夜，后皆预闻。宫闱事有问，辄传引故实以对。天禧四年，帝久疾居宫中，事多决于后……真宗崩，遗诏尊后为皇太后，军国重事，权取处分。"[5]

可见刘娥与武则天很相似，也是巾帼不让须眉之人。

## 施政能力强

初，仁宗即位尚少，太后称制，虽政出宫闱，而号令严明，恩威加天下。左右近习亦少所假借，宫掖间未尝妄改作。[6]

政令畅通，言出必行是良治的基础。执政者不能迅速建立权威，执政能力会大打折扣。刘娥深知其理。

## 有大智慧

先是，小臣方仲弓上书，请依武后故事，立刘氏庙，而程琳亦献《武后临朝图》，后掷其书于地曰："吾不作此负祖宗事。"[7]

施政者周边难免有阿谀之徒。刘娥这么能干，自然有人会拍马屁，建议她效仿武则天当女皇帝。刘娥有大智慧，知道这是把自己放到火上烤，断然拒绝。

## 近贤人，远小人

有漕臣刘绰者，自京西还，言在庾有出剩粮千余斛，乞付三司。后问曰："卿识王曾、张知白、吕夷简、鲁宗道乎？此四人岂因献羡余进哉！"

丁谓、曹利用既以侮权贬窜,而天下惕然畏之。晚稍进外家,任内宫罗崇勋、江德明等访外事,崇勋等以此势倾中外。兄子从德死,姻戚、门人、厮役拜官者数十人。御史曹修古、杨偕、郭劝、段少连论奏,太后悉逐之。[8]

有大臣想靠贿赂求得高官之职,刘娥问他:你看王曾、张知白、吕夷简、鲁宗道这几位大臣是因为送礼得了官职的吗?刘娥在主政期间近贤人,远小人,的确是后世的典范。

# 所谓的"狸猫换太子"

《宋史》关于这一段有如下记载:

> 李宸妃生仁宗,后以为己子,与杨淑妃抚视甚至。
>
> 初,仁宗在襁褓,章献以为己子,使杨淑妃保视之。仁宗即位,妃嘿处先朝嫔御中,未尝自异。人畏太后,亦无敢言者。终太后世,仁宗不自知为妃所出也。[9]

宋仁宗的确非刘娥所生,而为李宸妃所生,但刘娥视其为己出,与杨淑妃一起抚养他。刘娥夺人之子,有悖人情,是她不对;但她视其为己出,精心抚育,培养其成为皇帝接班人,又让人不免敬重。至于用狸猫换太子以嫁祸于李宸妃的桥段,只是民间戏剧的演绎而已,不足为凭。李宸妃去世后,刘娥本打算将其以宫女身份治丧,宰相吕夷简善意提醒:她是宋仁宗的生母,切不可以宫人之礼对待,这是为刘家后代着想啊!

> 初,章献太后欲以宫人礼治丧于外,丞相吕夷简奏礼宜从厚。太后遽引帝起,有顷,独坐帘下,召夷简问曰:"一宫人死,相公云云,何欤?"夷简曰:"臣待罪宰相,事无内外,无不当预。"太后怒曰:"相公欲离间吾母子耶!"夷简从容对曰:"陛下不以刘氏为念,臣不

敢言;尚念刘氏,则丧礼宜从厚。"太后悟,遽曰:"宫人,李宸妃也,且奈何?"夷简乃请治丧用一品礼,殡洪福寺。夷简又谓入内都知罗崇勋曰:"宸妃当以后服殓,用水银实棺,异时勿谓夷简未尝道及。"崇勋如其言。[10]

刘娥毕竟是聪明人,从谏如流,李宸妃终以太后之礼厚葬。

吕夷简的确老谋深算。世上没有不透风的墙,刘娥去世后,宋仁宗终于知道自己的生身母亲非刘娥而是李宸妃,倍感伤心。后打开生母棺木,看到的确是以太后礼仪下葬的,始知刘娥待自己生母还不错,对刘娥愈发敬重。

> 后章献太后崩,燕王为仁宗言:"陛下乃李宸妃所生,妃死以非命。"仁宗号恸顿毁,不视朝累日,下哀痛之诏自责。尊宸妃为皇太后,谥庄懿。幸洪福寺祭告,易梓宫,亲哭视之,妃玉色如生,冠服如皇太后,以水银养之,故不坏。仁宗叹曰:"人言其可信哉!"遇刘氏加厚。[11]

垂帘听政本无褒贬之意,只是古代宫闱政治的一种形式,有执行好的,也有执行不好的。近代以来,自从慈禧太后行垂帘听政之后,此词便被污名化了。

### 注释:

[1]唐·李浚《松窗杂录》。

[2]后晋·刘昫《旧唐书》,卷五,本纪第五,高宗下。

[3]北宋·王溥《唐会要》,卷五十三,杂录。

[4]唐·房玄龄等《晋书》,卷三十二,列传第二,后妃下。

[5]—[11]元·脱脱《宋史》,卷二百四十二,列传第一,后妃上。

# 男神狄仁杰

上次去平遥,特意在太原逗留了一会儿,只为去一个地方:建设南路的狄村。那里是传奇宰相狄仁杰的故里。作为城中村的狄村已经被拆除干净,狄仁杰的印迹只存在于唐槐公园里。那里有一块狄梁公碑,还有一棵据说是狄仁杰母亲手植的唐槐。晚上本与朋友们一起去"狄府家宴"吃饭,没想到订晚了,竟没有座位。

一个历史人物火不火,有很多必然的因素,也有很多偶然的因素。如果一个人能被民间文艺作品所青睐,不断出现在戏剧、小说和诗词里,那么他不想当"网红"都不行。

狄仁杰就是这样一位"网红"人物。关于他的影视作品层出不穷,他不断被演绎,秉公执法如包公,料事如神如诸葛亮,疾恶如仇如海瑞,知名度和美誉度不输任何大牌历史人物。这么一个近乎完美的人物,如何才能准确定位他呢?用时下一个流行词似乎比较贴切:男神!

很久以前看过一本清末读本:《狄公案》。其序言是这样写的:

> 凡书之作,必当知其命意所在。知其命意所在,则何书不可读?所以作书者,或借古人为式法,或举往事以劝惩。推原其故,悉本挽颓风、砭末俗。夫颓风之甚,莫甚于人心之不古,末俗之坏,莫坏于邪念之易生。今偶于案头见《狄梁公四大奇案》一书,离奇光怪,可愕可惊。书中若陶干马荣之徒,本绿林豪客,能使心悦诚

服于指挥；若周氏王氏之流，本红粉佳人，互见遗臭流芳于案牍；至若怀义敖曹之辈，不足以挂人齿类，而亦附以示贬；狄公真人杰也哉！世之览是编者，知不必悉依正史，而得史之意居多，读者其亦善体也夫！

光绪二十八年岁次壬寅春三月
警世觉者序于沪上之滴翠轩

这篇序言作于光绪二十八年，也就是公元 1902 年。作序者"警世觉者"声称自己是在案头偶然看到《狄梁公四大奇案》，可见他也不是原作者；或者他是原作者，却不便承认，以这种口吻道来，是不想招惹是非，譬如悼红轩者或脂砚斋批阅《红楼梦》一样，犹抱琵琶半遮面。为什么呢？文以载道，既然作序者名"警世觉者"，可见此书大有针对时局的意思。

1902 年的时局是什么？风雨飘摇的晚清末世，八国联军刚刚劫掠而去，《辛丑条约》于前一年签订，列强要求清政府赔款四亿五千万两白银。当时中国人口正好是四亿五千万，这是要每个中国人都向他们交一两白银的"罚金"，此举乃是侮辱中国人之意。1902 年 1 月 8 日，慈禧太后从西安回到北京，结束了一年多的西逃。

《狄梁公四大奇案》原名是《武则天四大奇案》。该书以中国历史上绝无仅有的女皇武则天时代为背景，写狄仁杰任昌平县令时评断冤狱及任宰相时整肃朝纲的故事。全书以断案缘起，以逼武则天还政于李唐王朝终结，可见作者的良苦用心。言外之意：你慈禧太后也是该还政于光绪皇帝了！猴王揣测，这本书肯定是当时的维新党人或同情变法的人的作品，康梁变法的主张之一就是慈禧太后还政于光绪。

1943 年，一位荷兰外交官在重庆读到这本《武则天四大奇案》，读得津津有味，觉得这样的"侦探小说"绝不逊于英国的《福尔摩斯探案集》，他便试着重新写这部小说。他用的是英文，书名为 *Celebrated Cases of Judge Dee*（《大唐狄公案》），此书在欧洲出版，大获成功。狄仁杰这个名字开始走出国门，享誉国外，被誉为"东方的福尔摩斯"。而我们今天所津津乐道的狄仁杰的故事其实大多翻译自此书，就好比我们读到的《万历十五年》和《苏东坡传》也是由英文转译为汉语一样。那么，这位荷兰外交官是谁呢？他就是高罗佩，Robert Hans van Gulik。

高罗佩很喜欢中国文化，还娶了中国媳妇，他在任驻华使馆一秘时，与同为使馆秘书的水世芳女士结为伉俪。据说水世芳是清代名臣张之洞的外孙女，其父水钧韶先生也是资深外交官。高罗佩不仅精通汉语，而且擅长书法、篆刻，通晓古琴，著有《琴道》(*The Lore of the Chinese Lute : An Essay on the Ideology of the Ch'in*)一书。近代有很多仰慕汉文化的"中国通"，如果试着排一下序，猴王以为，高罗佩当排第一。

作为"网红"的狄仁杰暂且不表，真正的狄仁杰究竟是怎样一个人呢？

《旧唐书》里有狄仁杰的传记：

> 狄仁杰字怀英，并州太原人也。……仁杰儿童时，门人有被害者，县吏就诘之，众皆接对，唯仁杰坚坐读书。吏责之，仁杰曰："黄卷之中，圣贤备在，犹不能接对，何暇偶俗吏，而见责耶！"[1]

你看狄仁杰在年少时就表现出与众不同的气质。

> 则天又将造大像，用功数百万，令天下僧尼每日人出一钱，以助成之。仁杰上疏谏曰：……今之伽蓝，制过宫阙，穷奢极壮，画缋尽工，宝珠殚于缀饰，环材竭于轮奂。工不使鬼，止在役人，物不天来，终须地出，不损百姓，将何以求？……则天乃罢其役。[2]

这就是电影《狄仁杰之通天帝国》里那座巨像的来历吧！最终在狄仁杰的劝谏下，并没有建成。

> 仁杰常以举贤为意，其所引拔桓彦范、敬晖、窦怀贞、姚崇等，

至公卿者数十人。初,则天尝问仁杰曰:"朕要一好汉任使,有乎?"仁杰曰:"陛下作何任使?"则天曰:"朕欲待以将相。"对曰:"臣料陛下若求文章资历,则今之宰臣李峤、苏味道亦足为文吏矣。岂非文士龌龊,思得奇才用之,以成天下之务者乎?"则天悦曰:"此朕心也。"仁杰曰:"荆州长史张柬之,其人虽老,真宰相才也。且久不遇,若用之,必尽节于国家矣。"则天乃召拜洛州司马。他日,又求贤。仁杰曰:"臣前言张柬之,犹未用也。"则天曰:"已迁之矣。"对曰:"臣荐之为相,今为洛州司马,非用之也。"又迁为秋官侍郎,后竟召为相。柬之果能兴复中宗,盖仁杰之推荐也。[3]

武则天知道文人写文章可以,经天纬地可能差一点,所以,她要狄仁杰为她推荐宰相之才,狄仁杰就推荐了张柬之。张柬之当时已经是近八十岁的老人了,任职荆州长史,荆襄地区历来乃兵家必争之地,长史一职起码算是市委常委级别的人物了。可能武则天觉得张柬之有点老,就调他到洛阳任职。武则天当政时期是定都洛阳的,到首都任职,可见张柬之得到了重用。过了一段时间,武则天又要狄仁杰推荐人才,狄仁杰说:我上次推荐的张柬之你还没有重用呢。武则天说:已经调到首都任职了。狄仁杰说:我推荐的可是宰相之才,不是洛阳市市长,没有用对位置啊!武则天又提拔张柬之为秋官侍郎,张柬之算是进入了内阁中枢。后来姚崇也推荐张柬之,武则天就拜他为宰相。神龙元年(公元 705 年),正是张柬之力挽狂澜,扶大厦之将倾。狄仁杰知人善任,慧眼识英才,不仅举荐了张柬之,还举荐了数十位股肱名臣。武则天治下的大周不输大唐,狄仁杰立首功也!

《太平广记》里有这么一段记载:

## 梦鹦鹉折翅

唐则天后尝梦一鹦鹉羽毛甚伟,两翅俱折。以问宰臣,群公默然。内史狄仁杰曰:"鹉者,陛下姓也。两翅折者,陛下二子庐陵相王也。陛下起此二子,两翅全也。"武承嗣,武三思连项皆赤。后契丹围幽州,檄朝廷曰:"还我庐陵相王来。"则天乃忆狄公之言曰:"卿曾为我占梦,今乃应矣。朕欲立太子,何者为得?"仁杰曰:"陛下内有贤子,外有贤侄,取舍详择断在圣衷。"则天曰:"我自有圣子,承嗣、三思是何疥癣?"承嗣等惧掩耳而走,即降敕追庐陵立为太子充元帅。[4]

在立太子这种大是大非的事情上,狄仁杰一点也不含糊,但也很讲究说话办事的技巧,也就是情商很高。武则天用一个梦来破"立太子"的题,她不明说,其实心中早有答案,她所要的只是台阶而已。狄仁杰将皮球踢回武则天的脚下:你内有两个儿子,李显和李旦;外有两个侄子,武承嗣和武三思;而李显和李旦是你的两个翅膀,你说该立谁呢?这台阶备得天衣无缝,武则天自然就顺着下了。如果不是狄仁杰这般配合默契,武则天岂能果断做出还政于太子的决定?武则天之后,又岂会有开元盛世?江山代有中流砥柱者,狄仁杰算是其一。

狄仁杰虽知人善任,但也有看走眼的时候。

神功元年,纳言娄师德密荐狄仁杰,除鸾台侍郎平章事,仁杰不知师德之荐也。及为同列,颇轻师德,频挤之外使。则天觉之,尝问仁杰曰:"师德贤乎?"对曰:"为将谨守,贤则臣不知。"又问:"师德知人乎?"对曰:"臣尝同官,未闻其知人。"则天曰:"朕之知卿,师德荐也,亦可谓知人矣。"仁杰既出,叹曰:"娄公盛德,我为其所容,莫窥其际也。"[5]

大臣娄师德曾向武则天秘密推荐狄仁杰,狄仁杰才被擢升为宰相。但狄仁杰不知道是娄师德推荐他的,对他颇为轻视,有点看不起的意思,老挤对他。狄仁杰显然是以貌取人,史书上记载娄师德是"体肥行缓",被人戏称为"田舍汉",其貌不扬。这一切武则天都看在眼里,有一天特意问狄仁杰:你觉得娄师德这人怎么样,贤能吗？狄仁杰回答:娄师德做事谨慎,贤能不贤能看不出来。武则天又问他:娄师德看人准不准？狄仁杰说:我俩同朝为官,没看见他知人善任。武则天遂打开天窗说亮话:狄仁杰啊狄仁杰,我之所以赏识你,是娄师德推荐你的缘故啊,他是"知人"的啊！狄仁杰自然感觉很羞愧。也难怪狄仁杰看不出来,娄师德是唐朝少有的好脾气宰相,如果有人吐唾沫到他的脸上,他都不带擦的。成语"唾面自干"[6]就是打他这里来的。

人总有看走眼的时候,男神也不例外。对帅哥和美女,人们都会多看几眼。长得不好,也难免吃亏。古今中外,概莫能外。

与狄仁杰辉煌的政绩相比,断案其实只是很小的一部分而已。关于狄仁杰断案,史书中只有这么一段话:

> 仁杰,仪凤中为大理丞,周岁断滞狱一万七千人,无冤诉者。[7]

只有这么短短二十三个字,其后的诸多狄公案都从中演绎而来。狄仁杰一年为一万七千人断案,都是积压的沉案,也就是说,以前的大理丞都断不了;狄仁杰断完后还没有一桩冤狱。这里面的信息量够大,的确有无穷的想象空间啊！

**注释:**

[1]—[3]后晋·刘昫《旧唐书》,卷八十九,列传第三十九。

[4]明·解缙《永乐大典》(残卷),卷之一万三千一百四十。

[5]北宋·王溥《唐会要》,卷五十三,举贤。

[6]唐·刘𫗧《隋唐嘉话》,卷三:

娄师德弟拜代州刺史,将行,谓之曰:"吾以不才,位居宰相。汝今又得州牧,叨据过分,人所嫉也,将何以全先人发肤?"弟长跪曰:"自今虽有唾某面者,某亦不敢言,但拭之而已。以此自勉,庶免兄忧。"师德曰:"此适所谓为我忧也。夫前人唾者,发于怒也。汝今拭之,是恶其唾而拭之,是逆前人怒也。唾不拭将自干,何若笑而受之?"武后之年,竟保其宠禄,率是道也。

[7]后晋·刘昫《旧唐书》,卷八十九,列传第三十九。

# 唐玄宗："带头大哥"很重要

## 凤凰山二首·其一

欢乐欲与少年期,人生百年常苦迟。

白头富贵何所用,气力但为忧勤衰。

愿为五陵轻薄儿,生在贞观开元时。

斗鸡走犬过一生,天地安危两不知。

这首诗是王安石的作品,他写了两首《凤凰山》,这是其一。在诗中,王安石表达了这样一种俗世中人的理想生活:愿成为长安街头的一个小混混,生在贞观和开元的盛世里,一生斗鸡走犬,天地兴亡与我何干?

这真是应了老百姓的一句话:宁为太平犬,不做乱世人。

如果当时是太子建成当了皇帝,可有另一个盛世?不得而知。秦王李世民的命运会如何?也许会如曹植的命运一样,也许会比曹植更惨;也许兄弟之间也会相安无事。这些都只是猜想,历史容不得假设。"玄武门政变"改变了唐王朝的轨迹,李世民诛杀了哥哥建成和弟弟元吉,然后开创了"贞观之治"。

那么开元呢?

一个人的礼让成全了唐玄宗的"开元盛世",这个人就是唐玄宗李隆基的大哥：宁王李宪。李宪本名叫李成器，唐睿宗的长子。唐睿宗共有六个儿子，除了李隆基以外，还有宁王李宪、申王李捴、岐王李范、薛王李业、隋王李隆悌，都是同父异母的兄弟，但隋王早夭，因此余下皇子五人。

《旧唐书》里有这么一段，猴王以为这是"开元"之所以能成为"开元"之所在：

> 唐隆元年……睿宗践祚……时将建储贰，以成器嫡长，而玄宗有讨平韦氏之功，意久不定。成器辞曰："储副者，天下之公器，时平则先嫡长，国难则归有功。若失其宜，海内失望，非社稷之福。臣今敢以死请。"累日涕泣固让，言甚切至。[1]

唐隆元年是公元710年，这年的7月21日，临淄王李隆基联合自己的姑姑太平公主发动了政变，诛杀了唐中宗李显的皇后韦后和女儿安乐公主，把自己的父亲相王李旦（睿宗）扶上了皇帝的宝座，史称"唐隆政变"。睿宗上台后，首要事之一就是立储君。李成器是长子，而老三李隆基又立了大功，睿宗迟迟做不了决定。

李成器的一番话替他老爹解了难题，他说：储君乃天下之公器，和平年代应该立嫡以长，国难之时则应该立有功者；如果不这么办的话，就会让天下失望，而非社稷之福；所以，今天我要以死相求，立三弟李隆基为储君。难能可贵的是，李成器不是一时做样子，而是多次上奏睿宗，涕泪交加，言辞恳切。

> 时诸王、公卿亦言楚王有社稷大功，合居储位。睿宗嘉成器之意，乃许之。玄宗又以成器嫡长，再抗表固让，睿宗不许。乃下制曰："左卫大将军、宋王成器，朕之元子，当践副君。以隆基有社稷大功，人神金属，由是朕前恳让，言在必行。天下至公，诚不可夺。"[2]

当时王公大臣们也都觉得李隆基于社稷有大功，是储君的不二人选。睿宗很欣赏老大主动让贤的风范,就顺水推舟答应了。这时,李隆基表现得也不错,不是一副喜出望外、当仁不让的样子,而是一再谦让。我想当时的睿宗心里一定美滋滋的:多少年来,为了皇帝的宝座,皇子们同室操戈、手足相残的前尘往事比比皆是,但我的几个儿子却懂得主动让贤、互相谦让,这难道不是我李旦的福气?

那么,李隆基当上储君以后,兄弟几个相处得如何呢?

> 玄宗尝制一大被长枕,将与成器等共申友悌之好,睿宗知而大悦,累加赏叹。[3]

有人会说,这有可能是李隆基笼络人心的一种手段。那么我们再看看他当了皇帝以后是如何对待几位兄弟的。

> 初,玄宗兄弟圣历初出阁,列第于东都积善坊,五人分院同居,号"五王宅"。大足元年,从幸西京,赐宅于兴庆坊,亦号"五王宅"。及先天之后,兴庆是龙潜旧邸,因以为宫。宪于胜业东南角赐宅,申王捴、岐王范于安兴坊东南赐宅,薛王业于胜业西北角赐宅,邸第相望,环于宫侧。玄宗于兴庆宫西南置楼,西面题曰花萼相辉之楼,南面题曰勤政务本之楼。玄宗时登楼,闻诸王音乐之声,咸召登楼同榻宴谑,或便幸其第,赐金分帛,厚其欢赏。诸王每日于侧门朝见,归宅之后,即奏乐纵饮,击球斗鸡,或近郊从禽,或别墅追赏,不绝于岁月矣。游践之所,中使相望,以为天子友悌,近古无比,故人无间然。[4]

唐玄宗和四个兄弟一直住在一起,不管在东都洛阳还是在西京长安,都是如此。李隆基当了皇帝,居住的兴庆宫变成了皇宫,但几位兄弟的府第依旧"邸第相望,环于宫侧"。唐玄宗在兴庆宫西南方向靠近四位兄弟的地方建了高楼,他时常登楼,招呼兄弟们一起欢聚,好不快活! 当时人们都说,像皇帝与自己的兄弟相处得这么好的,古往今来,实属罕见。

　　玄宗既笃于昆季，虽有谗言交构其间，而友爱如初。宪尤恭谨畏慎，未曾干议时政及与人交结，玄宗尤加信重之。尝与宪及岐王范等书曰："昔魏文帝诗云：'西山一何高，高处殊无极。上有两仙童，不饮亦不食。赐我一丸药，光耀有五色。服药四五日，身轻生羽翼。'朕每思服药而求羽翼，何如骨肉兄弟天生之羽翼乎！陈思有超代之才，堪佐经纶之务，绝其朝谒，卒令忧死。魏祚未终，遭司马宣王之夺，岂神丸之效也！虞舜至圣，舍象傲之怨以亲九族，九族既睦，平章百姓，此为帝王之轨则，于今数千岁，天下归善焉，朕未尝不废寝忘食钦叹者也。顷因余暇，妙选仙经，得此神方，古老云'服之必验'。今分此药，愿与兄弟等同保长龄，永无限极。"[5]

　　情义是相互的，唐玄宗有情有义，四位兄弟也安守本分。尤其是大哥李宪，从来不干预朝政、结党营私，唐玄宗很感动，曾经与李宪和李范说：当年魏文帝曹丕作了一首诗，想得到长生不老之丹药，羽化成仙；他哪里知道，与其想着自己一个人羽化成仙，何如几个兄弟一起羽化成仙呢？他的弟弟曹植才华绝代，本来是很好的辅佐之才，却忧劳致死，魏国虽然没有因此亡国，但很快就被司马家族篡了权，有长生不老的丹药又有何用呢？当年的舜帝，宽容对待自己的弟弟象，赦免了他的罪过，从而实现了九族和睦，百姓安居乐业，这才是帝王之道啊！如果我有长生不老的丹药，一定与诸兄弟分享，我们哥儿几个一起长生不老，永远做兄弟。

　　说实在的，猴王我写到这一段，都不禁泪眼婆娑，太令人感动了！别说帝王将相了，凡夫俗子里这样的兄弟情谊也很少见啊！不知道清朝的雍正皇帝读到这里会有何感受。想想他的兄弟们"阿其那""塞斯黑"，是不是有点羡慕唐玄宗啊？

　　（开元）二十八年冬，宪寝疾，上令中使送医药及珍膳，相望于路。僧崇一疗宪稍瘳，上大悦，特赐绯袍鱼袋，以赏异崇一。时申

王等皆先薨，唯宪独在，上尤加恩贷。每年至宪生日，必幸其宅，移
时宴乐。居常无日不赐酒酪及异馔等，尚食总监及四方有所进献，
食之稍甘，即皆分以赐之。[6]

开元二十八年是公元 740 年。这一年冬天，李宪病了，唐玄宗命人
送"医药及珍膳"，"相望于路"，并对医生大加赏赐。每逢大哥的生日，
玄宗都会亲临李宪的宅第，为他过生日；有什么好吃好喝的也忘不了这
位大哥，总会"分以赐之"。

（开元）二十九年冬，京城寒甚，凝霜封树，时学者以为《春秋》
"雨木冰"即此是，亦名树介，言其象介胄也。宪见而叹曰："此俗谓
树稼者也。谚曰：'树稼，达官怕。'必有大臣当之，吾其死矣。"十一
月薨，时年六十三。上闻之，号叫失声，左右皆掩涕。[7]

公元 741 年，长安城里遭受了冻雨之灾。李宪病逝，唐玄宗听闻噩
耗，失声痛哭，众人都跟着伤心落泪。他特意给大哥封了一个谥号：让
皇帝。

随着宁王李宪的辞世，"开元"的年号也寿终正寝。次年，公元 742
年，唐玄宗改元"天宝"。

打虎亲兄弟，上阵父子兵。这句话用在唐玄宗的身上很贴切。现
在父亲和兄弟们都一个个走了，剩下了他孤零零的一个人。也许是倦
怠，也许是寂寞，也许是兼而有之，唐玄宗开始疏于朝政，贪图享乐，史
载"幸温泉宫"的字眼越来越多。有温泉宫就必有杨玉环，"春寒赐浴华
清池，温泉水滑洗凝脂。侍儿扶起娇无力，始是新承恩泽时。云鬓花颜
金步摇，芙蓉帐暖度春宵。春宵苦短日高起，从此君王不早朝"。大唐
的画风自此改变，直到"渔阳鼙鼓动地来，惊破霓裳羽衣曲"。

王维能安度"安史之乱"，没被新政权清算，与他有一位做高官的好
弟弟王缙有关。苏轼能屡屡逢凶化吉，不仅是因为自己才高八斗，也与
他有一位为官的好弟弟苏辙有关。你看看，不论是帝王将相，还是贩夫

走卒,兄弟齐心,其利断金啊!要是唐玄宗的那几位好兄弟还在,他还会娶杨贵妃吗?娶了杨贵妃还会犯那么大的错误吗?

## 江南逢李龟年

岐王宅里寻常见,崔九堂前几度闻。

正是江南好风景,落花时节又逢君。

据说这首诗杜甫作于唐代宗大历五年,即公元 770 年,离唐玄宗辞世已经八年了。杜甫诗中提到的岐王正是唐玄宗的四弟李范。而彼时红极一时的乐师李龟年和他一样,都流落到江南。"安史之乱"之后,盛世弦歌不再,留下的是这样的画面:

寥落古行宫,宫花寂寞红。

白头宫女在,闲坐说玄宗。

**注释:**

[1]－[7]后晋·刘昫《旧唐书》,卷九十五,列传第四十五,睿宗诸子。

# 得青藏高原者得天下


## 秦川自古帝王乡


> 田肯贺,因说高祖曰:"陛下得韩信,又治秦中。秦,形胜之国,带河山之险,县隔千里,持戟百万,秦得百二焉。地势便利,其以下兵于诸侯,譬犹居高屋之上建瓴水也。"[1]

这是《史记·高祖本纪》里的一段话,"高屋建瓴"一词由来于此。瓴乃盛水的瓶子,从屋顶之上泄水,可见其居高临下的气势。秦国内有富饶的八百里秦川,南有秦岭大巴山,据崤山和函谷关之险,一夫当关,万夫莫开;北有毛乌素沙漠,东有黄河和吕梁山,西部有六盘山;秦都咸阳处于一个天然襁褓之中,出可逐鹿中原,问鼎天下,退可养精蓄锐,独善其身。得天下必须要有得天下的本钱啊!

南宋时王阮在《义丰文集》里也有一段话:

> 古者立国,必有所恃,谋国之要,必负其所恃之地。秦有函谷,蜀有剑阁,魏有成皋,赵有井陉,燕有飞狐,而吴有长江,皆其所恃以为国也。今东南王气,钟在建业,长江千里,控扼所会,辍而弗顾,退守幽深之地,若将终身焉,如是而曰谋国,果得为善谋乎?且夫战者以地为本,湖山回环,孰与乎龙盘虎踞之雄?

可惜南宋的统治者没有听进去,依旧在临安苟且偷生。临安,临安,临时安置而已,结果竟"临时安置"长达一百多年。在这临时偷安的环境里产生僵化的宋明理学就一点也不奇怪了。一个人没有勇气改变外部环境,也就只能"折磨"自己了。

刘邦则不然,对田肯言听计从。他先稳定关中,以此为根据地,以高屋建瓴之气势与项羽在中原争霸,最终建立了大汉江山。有句歌词唱得好:"秦川自古帝王乡。"不管是咸阳还是延安,都有定鼎天下的气魄,两千年前的田肯所言不虚啊!

据"形胜之地"而得天下,古往今来,屡见不鲜。

## 傲视群雄的吐蕃

隋唐帝国算是自秦汉以来中国综合国力之极盛吧。隋炀帝曾在甘肃张掖的焉支山搞过一个"峰会",西域二十几国都派了"代表团"参加,可谓风光一时。到了唐朝的高宗时期,中国的版图继续向西扩展,大唐牢牢占据了塔里木盆地、准噶尔盆地、伊犁河流域,控制了俄属突厥斯坦的西突厥部落及原属突厥人统治的位于河中地区、吐火罗和阿富汗的许多城邦,疆域之大可谓空前。

唐高宗龙朔年间的疆域是唐王朝时疆域之最大,东到大海,西到帕米尔以西的中亚地区,北到蒙古和贝加尔湖,南到南海。可惜只有西南一角尚未臣服,这一角就是青藏高原上的吐蕃。

这个吐蕃没少给大唐找麻烦,其据"形胜之地",往北可以切断大唐和西域诸国的联系,威胁安西四镇;向东可下四川和云南,拉拢南诏国。搞得唐太宗都没脾气,不得已使出和亲的手段,将文成公主远嫁松赞干布。这文成公主真是厉害,也不怕高原反应。那时可没有什么制氧设备,为了大唐的福祉,她也是拼了。

唐朝时著名画家阎立本画了一幅画:《步辇图》。现藏北京故宫博物院。描绘的就是松赞干布派使臣禄东赞到长安觐见唐太宗要求和亲时的场景。此事发生在贞观十四年(公元 640 年)。和亲虽是好事一桩,但是为了此次和亲,背后可是刀光剑影。虽不是为财礼钱,但关乎面子。

> (贞观)十五年,妻以宗女文成公主,诏江夏王道宗持节护送,筑馆河源王之国。弄赞率兵次柏海亲迎,见道宗,执婿礼恭甚,见中国服饰之美,缩缩愧沮。归国,自以其先未有昏帝女者,乃为公主筑一城以夸后世,遂立宫室以居。公主恶国人赭面,弄赞下令国中禁之。自褫毡罽,袭纨绮,为华风。遣诸豪子弟入国学,习《诗》《书》。又请儒者典书疏。[2]

化干戈为玉帛总是好事。不过,文成公主不是一个人在战斗,其后还有金城公主,名字叫李奴奴,其乃唐中宗养女。神龙三年(公元 707 年),吐蕃赞普遣使请婚,中宗许嫁给吐蕃赞普尺带珠丹。景龙四年(公元 710 年)春,吐蕃遣使迎金城公主入藏。

"(天宝六年丁亥,公元 747 年)吐蕃以女妻小勃律王,及其旁二十余国,皆附吐蕃,贡献不入,前后节度使讨之,皆不能克。"[3]这是唐玄宗天宝年间的事情。吐蕃也学着唐朝样,使出了和亲的手段,将公主强嫁给西域的小勃律王。听说过有强娶美女的,有听说过强嫁姑娘的吗?小勃律在什么地方呢,让唐王朝如此牵挂?它就在今天的克什米尔地区。你看今天印度与巴基斯坦为克什米尔争得你死我活,就大概知道它的战略地位有多么重要了。唐玄宗先后派了三任安西节度使,即田仁琬、盖嘉运和夫蒙灵察去讨伐,皆无功而返,最后派了高仙芝才平了叛乱。"制以仙芝为行营节度使,将万骑讨之……八月,仙芝虏小勃律王及吐蕃公主而还。"[4]

> (天宝八年己丑,公元 749 年)上命陇右节度使哥舒翰帅陇右、河西及突厥阿布思兵,益以朔方、河东兵,凡六万三千,攻吐蕃石堡

城。其城三面险绝，惟一径可上，吐蕃但以数百人守之，多贮粮食，积檑木及石，唐兵前后屡攻之，不能克。翰进攻数日不拔，召裨将高秀岩、张守瑜，欲斩之，二人请三日期可克；如期拔之，获吐蕃铁刃悉诺罗等四百人，唐士卒死者数万，果如王忠嗣之言。顷之，翰又遣兵于赤岭西开屯田，以谪卒二千戍龙驹岛；冬冰合，吐蕃大集，戍者尽没。[5]

公元 749 年，唐朝与吐蕃又在今青海湟源县的石堡城进行惨烈的争夺战，唐朝付出了数万人的代价才拿下了战略要地石堡城。唐诗"北斗七星高，哥舒夜带刀。至今窥牧马，不敢过临洮"(《哥舒歌》，唐·西鄙人)就是盛赞哥舒翰对吐蕃之战的。可是这一胜利的成果并不能持久，只要吐蕃王朝还在，威胁就无时无刻不在。

公元 751 年，高仙芝孤军深入，在怛逻斯之战中败于大食(阿拉伯帝国)。怛逻斯位于今哈萨克斯坦东南部的塔拉兹，临近今吉尔吉斯斯坦与哈萨克斯坦的边界，距离唐都长安近万里之遥。彼时地球上最大的两大帝国在此地只是擦了一点火花就各自罢兵回营了，据说被俘的唐朝士兵把造纸术带到了中亚。公元 755 年，"安史之乱"爆发，唐朝势力退出了西域，小勃律及周围地区再次臣服于吐蕃。

唐兴，四夷有弗率者，皆利兵移之，蹙其牙，犁其廷而后已。惟吐蕃、回鹘号强雄，为中国患最久。[6]

吐蕃王朝虽然于公元 842 年分崩离析，但青藏高原上的藏族政权真正纳入中原王朝还要等到五百年后的明王朝。不过那时还是朝贡关系，只是承接了元朝与西藏的关系而已。真正融为一体是清朝时候的事了，清王朝以满、蒙、回、藏四族为建国之基，采取宗教和民族融合的政策，本意是防范中原汉人，客观上却促进了各主要民族的融合，特别是把中原政治势力扩张到了世界屋脊。这份功劳要算到清朝头上。

# 南诏 & 大理

南诏处于西南边陲,紧挨着吐蕃王朝,是唐王朝和吐蕃争相拉拢的势力。南诏北部和东部有金沙江和大渡河做天然屏障,西部有怒江和澜沧江做天然屏障,天然的形胜之地也。唐朝天宝年间,唐军征伐南诏,南诏向吐蕃求援,吐蕃和南诏联军大败唐军于洱海地区。

《新唐书》记载如下:

> 鲜于仲通领剑南节度使,卞褊少方略。故事,南诏尝与妻子谒都督,过云南,太守张虔陀私之,多所求丐,阁罗凤不应。虔陀数诟靳之,阴表其罪,由是忿怨,反,发兵攻虔陀,杀之,取姚州及小夷州凡三十二。明年,仲通自将出戎、巂州,分二道进次曲州、靖州。阁罗凤遣使者谢罪,愿还所虏,得自新,且城姚州;如不听,则归命吐蕃,恐云南非唐有。仲通怒,囚使者,进薄白厓城,大败引还。阁罗凤敛战骸,筑京观,遂北臣吐蕃,吐蕃以为弟。夷谓弟"钟",故称"赞普钟",给金印,号"东帝"。揭碑国门,明不得已而叛,尝曰:"我上世世奉中国,累封赏,后嗣容归之。若唐使者至,可指碑澡祓吾罪也。"会杨国忠以剑南节度当国,乃调天下兵凡十万,使侍御史李宓讨之,辇饷者尚不在。涉海而疫死相踵于道,宓败于大和城,死者十八。[7]

唐军在天宝战争中接连惨败,丞相杨国忠却不断向唐玄宗报捷。第一次征伐南诏的剑南节度使鲜于仲通全军覆没,只身一人逃回长安,没被治罪,反而被高升为长安京兆尹,相当于从四川省省长升为首都的市长。

三次征伐,唐军损兵折将二十万人,无功而返。南诏国王阁罗凤诏曰:"生虽祸之始,死乃怨之终,岂顾前非,而亡大礼。"遂收亡将等尸,祭而葬之,以存恩旧。[8]

这就是今天大理的"大唐天宝阵亡战士冢"。明代万历云南副总兵,在万历朝鲜战争中建立功勋的邓子龙将军曾路过此"万人冢",颇有感触,留下笔墨:

> 唐将南征以捷闻,
>
> 谁怜枯骨卧黄昏。
>
> 唯有苍山公道雪,
>
> 年年披白吊忠魂。

南诏叛唐表面上是杨国忠祸国乱政,地方骄兵悍将无端挑衅所致,但以唐玄宗的聪明,不可能被属下一骗再骗。一举拿下云贵高原这块形胜之地,形成对吐蕃的孤立之势,恐怕才是他的主要考量。只可惜方法不对,南辕北辙,原本亲近大唐的南诏自此与大唐若即若离,时好时坏。

天宝之战不仅暴露了唐王朝外强中干的本质,将南诏推向了吐蕃的怀抱,而且成了其后"安史之乱"的导火索。公元755年,安禄山以清君侧、诛杨国忠为理由起兵反唐,唐王朝开始了八年的"安史之乱",自此由盛转衰。

> 明皇一日杀三庶人,昏蔽甚矣。呜呼!父子不相信,而远治阁罗凤之罪,士死十万,当时冤之。……汉亡于董卓,而兵兆于冀州;唐亡于黄巢,而祸基于桂林。[9]

远在西南边陲洱海边的一只小蝴蝶扇动了一下翅膀,千里之外的长安城里竟然起了风暴。"渔阳鼙鼓动地来,惊破霓裳羽衣曲",前奏结束,大剧登场。

北宋乾德三年(公元965年),山西太原人王全斌率大军灭后蜀,想趁势攻取云南。赵匡胤以镇纸用的玉斧在地图上指着大渡河说:鉴于唐朝天宝之战,大渡河以西非我们所有啊!

> 自全斌等发京师至昶降,才六十六日,凡得州四十六,县二百四十,户五十三万四千二十九。全斌既平蜀,欲乘势取云南,以图献。帝鉴唐天宝之祸起于南诏,以玉斧画大渡河以西曰:"此外非吾有也。"[10]

直到公元 1252 年的冬天,忽必烈率大军渡过大渡河和金沙江,攻陷了大理国,云贵高原才终于纳入版图。

> 冬十月丙午,过大渡河,又经行山谷二千余里,至金沙江,乘革囊及筏以渡。摩娑蛮主迎降,其地在大理北四百余里。十一月辛卯,复遣玉律术等使大理。丁酉,师至白蛮打郭寨,其主将出降,其佥坚壁拒守,攻拔杀之,不及其民。庚子,次三甸。辛丑,白蛮送款。十二月丙辰,军薄大理城。初,大理主段氏微弱,国事皆决于高祥、高和兄弟,是夜,祥率众遁去,命大将也古及拔突儿追之。帝既入大理,曰:"城破而我使不出,计必死矣。"己未,西道兵亦至,命姚枢等搜访图籍,乃得三使尸。既瘗,命枢为文祭之。辛酉,南出龙首城,次赵睑。癸亥,获高祥,斩于姚州。留大将兀良合带戍守,以刘时中为宣抚使,与段氏同安辑大理,遂班师。[11]

# 燕云十六州

公元 936 年,中国后晋的开国皇帝石敬瑭(后唐河东节度使)反唐自立,向契丹求援。契丹出兵扶植其建立晋国,辽太宗与石敬瑭约为父子。天福三年(公元 938 年),石敬瑭按照契丹的要求把燕云十六州割让给契丹,自此,辽国居高临下,如达摩克利斯之剑悬于中原政权的头上。

石敬瑭遣间使求救于契丹,令桑维翰草表称臣于契丹主,且请以父礼事之,约事捷之日,割卢龙一道及雁门关以北诸州与之。刘知远谏曰:"称臣可矣,以父事之太过。厚以金帛赂之,自足致其兵,不必许以土田,恐异日大为中国之患,悔之无及。"敬瑭不从,表至契丹。契丹主大喜,白其母曰:"儿比梦石郎遣使来。今果然,此天意也。"[12](注:自是之后,辽灭晋,金破宋)。

燕云十六州[13]是哪十六州呢?

幽州、顺州、儒州、檀州、蓟州、涿州、瀛州、莫州、新州、妫州、武州、蔚州、应州、寰州、朔州、云州。

幽、蓟、瀛、莫、涿、檀、顺七州位于太行山北支的东南方,其余九州在太行山的西北。十六州大致是今天的北京、天津和河北北部、山西北部的大片土地,地势居高临下,易守难攻。

北宋都城汴梁(开封)是一片平地,位于黄河边。太行山以东是华北大平原,骑兵从北南下,不几天就可到黄河边,一渡黄河,兵锋即可抵开封城下。公元1004年,寇准力劝宋真宗亲征才勉强与辽国在黄河边打了个平手,签订了"澶渊之盟",宋每年给辽岁币银十万两、绢二十万匹。花钱买平安,北宋在契丹的淫威下苟延残喘了一百多年,能相安无事就不错了;至于北伐,还是算了吧!

北宋杨家将抗辽的故事就反映了这一无奈的历史片段。屡次北伐,损兵折将,无功而返,在陈家谷一战,杨业壮烈殉国。至于后来杜撰的杨门女将挂帅的故事,多少有点自我安慰。云、应、寰、朔四镇(大同、应县和朔州)都收复不了,何况其他十二重镇呢?终宋一代,燕云十六州都未能纳入中原版图。

清朝顾祖禹在《读史方舆纪要》里写道:"耶律德光立晋,有燕云十六州,而契丹之盛极矣。"不唯辽国,以后的金和元都是因为据有燕云十六州而定鼎中原的。两宋之所以富甲天下却频遭挨打,原因很多,重要的一点就是没有占据形胜之地燕云十六州。

从公元 938 年开始，到公元 1368 年明朝初立，一晃四百多年过去，燕云十六州才回到中原汉族政权的疆域里。

由地形图观之，青藏高原是我们的母亲河黄河和长江的发源地，也是南亚很多国家母亲河的发源地。要说高屋建瓴，还有比之更高屋建瓴的吗？立于世界屋脊之上的岂有甘居人下之理？得青藏高原者得天下。

**注释：**

[1]西汉·司马迁《史记》，卷八，高祖本纪第八。

[2]北宋·欧阳修《新唐书》，卷二百一十六上，列传第一百四十一上，吐蕃上。

[3][4]北宋·司马光《资治通鉴》卷二百一十五，唐纪三十一。

[5]北宋·司马光《资治通鉴》卷二百一十六，唐纪三十二。

[6]北宋·欧阳修《新唐书》卷二百一十六下，列传第一百四十一下，吐蕃下。

[7]北宋·欧阳修《新唐书》，卷二百二十二上，列传第一百四十七上，南蛮上。

[8]《南诏德化碑》。

[9]北宋·欧阳修《新唐书》，卷二百二十二中，列传第一百四十七中，南蛮中。

[10]清·毕沅《续资治通鉴》，卷四，宋纪四。

[11]明·宋濂《元史》，卷四，本纪第四，世祖一。

[12]北宋·司马光《资治通鉴》卷二百八十，后晋纪一。

[13]元·脱脱《宋史》卷九十，志第四十三，地理六。记载略有出入，关于燕山府路和云中府路记载，似有十八州。

# 才华·颜值·脾气

某年春节前,央视记者采访了很多基层工作者,问了他们一个共同的问题:为谁辛苦为谁忙?

这句话似曾相识。细细想来,唐朝诗人罗隐有一首诗,是写蜜蜂的,全诗如下:

## 蜂

不论平地与山尖,无限风光尽被占。

采得百花成蜜后,为谁辛苦为谁甜?

蜜蜂忙活了半天,采得百花酿成蜜,自己能享用多少呢?

这首诗与以下两首诗异曲同工,一首是北宋诗人张俞的《蚕妇》,一首是范仲淹的《江上渔者》。

## 蚕妇

昨日入城市,归来泪满巾。

遍身罗绮者,不是养蚕人。

## 江上渔者

江上往来人,但爱鲈鱼美。

君看一叶舟，出没风波里。

养蚕人穿不上丝绸，打鱼者享用不起鲈鱼，这和蜜蜂吃不了多少蜂蜜是一个道理。

为谁辛苦为谁忙？这个问题还真不好回答。建设了无数摩天大楼的农民工，可能拥有 CBD 里的一扇窗户吗？

不过，罗隐知道为谁辛苦为谁甜，他活得很任性。

《唐才子传》说他："性简傲，高谈阔论，满座风生。好谐谑，感遇辄发。"[1] 用我们现在的话来说就是口无遮拦，大嘴，不分场合，爱开玩笑。

如果把大唐朝廷比作中央电视台的话，吴越国就相当于浙江台。罗隐是一门心思想进央视的，但是命不好，考试总过不了。到五十五岁时，他才勉强放下身段到吴越国任了一份差事。

> 隐初贫来赴举，过钟陵，见营妓云英有才思。后一纪，下第过之。英曰："罗秀才尚未脱白。"隐赠诗云："钟陵醉别十余春，重见云英掌上身。我未成名英未嫁，可能俱是不如人。"[2]

为了谋取功名，罗隐也是拼了。一次进京赶考路过钟陵，见到军中妓女云英长得不错，才貌双全，心里很是惦念。十二年以后，罗隐又落榜了，过此地重访云英，云英取笑他："罗秀才到现在还没脱掉白衣啊！"言外之意是笑话他还是一个穷秀才。罗隐不服气，嘴上也不饶人，他赋诗一首，讥讽云英：咱俩一别也十来年了吧，我未成名你也没出嫁，看来咱俩都不如人啊！自己不行，还得拉个垫背的，真是死鸭子唯有嘴硬。

罗隐才华出众，可惜不会考试，屡试不第，最后生气了，写了一本《谗书》，全是愤世嫉俗之语，表达对社会的强烈不满。那社会如何待他呢？可想而知，作用力必有反作用力。

猴王以为，如果罗隐是枚帅哥，还是有机会的，可惜他不是。盛世不只拼才华，还要拼颜值的。

罗隐的颜值如何？咱不能冤枉人，有史料为证：

又以诗投相国郑畋,畋有女殊丽,喜诗咏,读隐作至"张华谩出如丹语,不及刘侯一纸书"。由是切慕之。精爽飞越,莫知所从。隐忽来谒,女从帘后窥见迂寝之状,不复念矣。[3]

罗隐不是不懂人情世故,也知道挑几首拿得出手的诗来巴结相国。相国郑畋有个女儿长得非常美,关键还是文艺女青年一枚,爱好诗歌。当她读罗隐的诗读到"张华谩出如丹语,不及刘侯一纸书"两句时,一发不可收拾,爱得不要不要的,好像灵魂都要飞出躯体一样,不知如何是好。此诗全文如下:

夏窗七叶连阴暗,赖家桥上滴河边。

细看月轮真有意,已知青桂近嫦娥。

一个祢衡容不得,思量黄祖谩英雄。

张华谩出如丹语,不及刘侯一纸书。

山雨霏微宿上亭,雨中因想雨淋铃。

老僧斋罢关门睡,不管波涛四面生。

罗隐就是靠"一个祢衡容不得,思量黄祖谩英雄"这两句诗打动了吴越王钱镠谋得了一官半职,现在又靠另外两句诗打动了相国的女儿。看来在唐朝做个诗人真是幸福啊!只需四句诗就能把工作和老婆全搞定了。

郑畋看到女儿犯了花痴,咋办?解铃还须系铃人。他招罗隐来府上做客,特意让女儿从门帘后偷看罗隐。这不看不要紧,罗隐长得实在对不起观众,女儿的相思病一下子就好了。都说文如其人,文不如其人的也多得是,鸡蛋常常比母鸡长得好看。

颜值真能当饭吃。罗隐要是个大帅哥,运气就不会这么差了吧。管它科举考得上考不上,至少相国的女婿当定了呀!

罗隐自比东汉末年的祢衡,发怀才不遇的感慨。他和祢衡的确有一拼。《后汉书》里有几段记载了祢衡的狂傲不羁。第一次是当着曹操的面裸体击鼓,操笑曰:"本欲辱衡,衡反辱孤。"[4]第二次是祢衡说可以为之前的傲慢向曹操道歉,曹操高兴得让人出了营帐来接他,"衡乃着布单衣、疏巾,手持三尺棁杖,坐大营门,以杖捶地大骂。吏曰:'外有狂生,坐于营门,言语悖逆,请收案罪。'[5]操怒,谓融曰:'祢衡竖子,孤杀之犹雀鼠耳。顾此人素有虚名,远近将谓孤不能容之,今送与刘表,视当何如。'于是遣人骑送之"。[6]曹操不想落下杀死人才的话把,想出借刀杀人之计,把祢衡送给了刘表,刘表也受不了他,转手又送给了黄祖。黄祖是个暴脾气,一言不合,要了祢衡的小命;虽然事后也后悔了,但祢衡已然呜呼哀哉了。

《三国演义》里关于祢衡的一段写得更精彩。罗贯中不愧是小说家,将《后汉书》的这一段稍加演绎,写得有鼻子有眼,好像他当时就在现场似的。你听听,祢衡的这张嘴是不是太损了:

> 操教唤至。礼毕,操不命坐。祢衡仰面叹曰:"天地虽阔,何无一人也?"操曰:"吾手下有数十人,当世之英雄也,何谓无人?"衡曰:"愿闻一一言其才。"操曰:"荀彧、荀攸皆机深智远之士,虽萧何、陈平不可及也。张辽、许褚、李典、乐进勇不可当,岑彭、马武不可比也。吕虔、满宠为从事,于禁、徐晃为先锋。夏侯惇天下之奇才,曹子孝世间之福将。安得无人也?"衡笑曰:"公言差矣!以此等人物,吾尽识之:荀彧可使吊丧问病,荀攸可使守坟看墓;张辽可使击鼓鸣金,许褚可使牧牛放马;乐进可使取状读招,李典可使传书送檄;吕虔可使磨刀铸剑,满宠可使食糟饮酒;于禁可负版筑墙,徐晃可屠猪杀狗;夏侯惇称为'完体将军',曹子孝呼为'要钱太守'。其余皆是衣架饭囊、酒桶肉袋耳。"操怒曰:"汝有何能?"衡曰:"天文地理之书,无一不通;三教九流之事,无所不晓。上可以致君为尧、舜,下可以配德为孔、颜。胸中隐治国安民之方,岂可与俗子之论乎?"时止有张辽在侧,掣剑欲斩之。操曰:"不可。吾正少一鼓吏,早晚朝贺宴享,可令祢衡充此职。"衡不推辞,应声而去。

孔融亦惶恐而退。辽曰:"此等小人,出言不逊,何不杀之?"操曰:"此人素有虚名,远近所闻,今日杀之,天下人言孤不能容物耳。祢衡自以为能,故令为鼓吏以辱之。"

时建安五年八月初。朝贺,操于省厅上大宴宾客,令鼓吏挝鼓。旧吏曰:"朝贺挝鼓,必换新衣。"祢衡穿旧衣而入,遂击鼓,为《渔阳三挝》,音节殊妙。坐而听之,莫不慷慨。左右喝曰:"何不更衣?"衡当面脱下破旧衣服,裸体而立,浑身皆露。坐客掩面。衡乃徐徐着裤,颜色不改,复击鼓三挝。操叱曰:"庙堂之中,何太无礼?"衡曰:"欺君罔上,以为无礼。吾露父母之形,以显贞洁之人!"操曰:"汝为清洁之人,何为污浊?"衡曰:"汝不识贤愚,是眼浊也;不读诗书,是口浊也;不纳忠言,是耳浊也;不通古今,是身浊也;不容诸侯,是腹浊也;常怀篡逆,是心浊也。吾乃天下之名士,用为鼓吏,是犹阳货害仲尼,臧仓毁孟子耳!欲成王霸之业,而如此轻人,真匹夫也!"左右皆欲斩之。操笑曰:"吾杀竖子,是杀鼠雀耳。令汝往荆州为使,如刘表来降,便用汝为公卿。"衡曰:"不往。"操教备马三匹,令二人扶衡而去;却教手下文武,整酒于东门外送路,以显威权。[7]

还好,吴越王钱镠算是个聪明人,一直善待罗隐,要不罗隐早就是"祢衡第二"了。不过,罗隐也想得开,他有句名言:"今朝有酒今朝醉,明日愁来明日愁。"

罗隐以褊急性成,动必嘲讪,率成谩作,顷刻相传。以其事业非不五鼎也,学术非不经史也,夫何齐东野人,猥巷小子,语及讥诮,必以隐为称首。凋丧淳才,揄扬秽德,白日能蔽于浮翳,美玉曾玷于青蝇,虽亦未必尽然,是皆阙慎微之豫。阮嗣宗臧否不挂口,欲免其身,如滑稽玩世东方朔之流,又不相类也。[8]

《唐才子传》的作者辛文房是这样评价罗隐的:罗隐动不动就嘲讽

别人,轻率为文,很快就流传开来。按理说他事业也算有成,学术也非离经叛道,为何被市井小人推为讥讽之首呢?没了质朴之才,必然会胡言乱语,明亮的太阳会被浮云所遮蔽,精美的玉石曾被苍蝇所玷污。虽然罗隐的言行也未必都是这样,但这类情况都是缺乏慎微造成的。阮籍口中从不褒贬人物,以免招致灾祸,像滑稽可笑、玩世不恭的东方朔,也懂得如何明哲保身。

虽说言论自由,但毕竟文责自负,不是想说啥就能说啥。咱们还是要向某位清华才子学习,说了很多,但似乎从不闯祸。这可能与他对面老坐着位美女有关吧,陪着美女聊天,心情自然大好了。

**注释:**

[1]—[3]元·辛文房《唐才子传》,卷九,罗隐传。

[4]—[6]南朝宋·范晔《后汉书》,卷八十下,文苑列传第七十下。

[7]明·罗贯中《三国志通俗演义》嘉靖壬午本。

[8]元·辛文房《唐才子传》,卷九,罗隐传。

# 潘杨两家真有仇吗?

在北京密云的古北水镇,有一座杨无敌祠,里面供奉着杨令公和杨门女将的雕像。游人大都以为杨业一家真在此地戍边御敌过,其实只不过是以讹传讹罢了。清朝顾炎武曾在《日知录》卷三十一里质疑过此事:

> 是业生平未尝至燕,况古北口又在燕东北二百余里,地属契丹久矣,业安得而至此?且史明言雁门之北口,而以为密云之古北口,是作志者东西尚不辨,何论史传哉!

关于杨业的误传岂止于此?

话说开封的龙亭公园里有两个湖,一个叫杨家湖,一个叫潘家湖。据说杨家湖水清,潘家湖水浊;杨家乃指杨继业(杨业),潘家乃指潘仁美(潘美)。但是,清浊之状,鲜有人见过。至于历史上的清浊之分,有人调查过后发现其实不过是一个污染问题。潘家湖周边有很多作坊,尤其多皮货作坊,排放的污水中化学需氧量(COD)高,水质自然显得浑浊;而杨家湖周边人口稀少,且无作坊,水自然清澈得多。自古以来,我们有"天人合一"的说法,喜欢以天象来推测人事,比如彗星来临,比如地震,比如旱灾,比如祥云。人们总会附会其时的人事变迁,要么是天谴,要么是天眷,帝王往往要搞点仪式以表达敬畏或致谢之意。

民间传说不可小觑,往往比正史流传得更深更广。在所有的民间传说里,潘杨两家的过节源于陈家谷一战,那么正史中关于陈家谷一战究竟是如何记载的呢?

> 杨业,并州太原人。父信,为汉麟州刺史。业幼倜傥任侠,善骑射,好畋猎,所获倍于人。尝谓其徒曰:"我他日为将用兵,亦犹用鹰犬逐雉兔尔。"弱冠事刘崇,为保卫指挥使,以骁勇闻。累迁至建雄军节度使,屡立战功,所向克捷,国人号为"无敌"。[1]

杨业一开始并不是大宋的将领,而是北汉政权麾下的一名大将,骁勇善战,有"杨无敌"的称号。

> 太宗征太原,素闻其名,尝购求之。既而孤垒甚危,业劝其主继元降,以保生聚。继元既降,帝遣中使召见业,大喜,以为右领军卫大将军。师还,授郑州刺史。帝以业老于边事,复迁代州兼三交驻泊兵马都部署,帝密封橐装,赐予甚厚。会契丹入雁门,业领麾下数千骑自西陉而出,由小陉至雁门北口,南向背击之,契丹大败。以功迁云州观察使,仍判郑州、代州。自是契丹望见业旌旗,即引去。主将戍边者多忌之,有潜上谤书斥言其短,帝览之皆不问,封其奏以付业。[2]

宋太宗征伐太原,早就闻杨业大名,想用重金收买他。正好太原已经被围成孤城,杨业劝北汉末帝刘继元投降,以免生灵涂炭。刘继元一看"杨无敌"都说要投降,自己还抵抗什么劲呢?遂开门投降。宋太宗召见杨业,委以重任,以他熟悉北方战事,任他为代州兼三交驻泊兵马都部署。宋太宗敢于起用降将,并派其到关键的岗位上,可见对杨业寄予厚望。杨业也不含糊,正逢契丹来犯,他率领千骑人马打了契丹兵个措手不及,大败契丹。宋太宗龙颜大悦,任命杨业为云州观察使,兼郑州和代州刺史。当时,主将戍边,与敌人来往较多,难免被猜忌。背地里打杨业小报告的人很多,太宗置之不理,将信都封好送给杨业,可见对杨业有多么信任。君臣一心,试看天下谁能敌?契丹兵远远望见杨业的旌旗,都望风而逃,自然不敢冒进。

> 富弼曰:昔魏将乐羊征中山,平之。及还,见其君所收谤书三箧,方知将帅立功不难,但人君信任为难尔。将帅专阃外权,擅行威福,人岂无嫉之者?嫉之则谤自生。既有谤言闻之于君,惑之则疑其将,将被疑,未有立功者,此乐羊所以感叹其事。自后帝王,非聪明睿智之主,少有不惑谤言者,其明不能及魏国之君也。杨业本河东降将,太宗得之,信任不疑,每纳谤书,一一付业,使边将安心以立事,其过魏国之君矣。[3]

所谓"疑人不用,用人不疑",说起来容易,做起来难。自古以来是"勇略震主者身危,功盖天下者不赏",寿终正寝的军事天才不多。

> 雍熙三年,大兵北征,以忠武军节度使潘美为云、应路行营都部署,命业副之。以西上阁门使、蔚州刺史王侁,军器库使、顺州团练使刘文裕护其军。诸军连拔云、应、寰、朔四州,师次桑乾河,会曹彬之师不利,诸路班师,美等归代州。[4]

雍熙三年是公元 986 年,宋太宗北伐契丹,欲收回被后晋石敬瑭送出的燕云十六州,派潘美为总指挥,杨业做副手,蔚州刺史王侁和顺州团练使刘文裕策应。刚开始战事很顺,连拔云、应、寰、朔四州,即山西的大同、应县、朔州一带。从地理位置来看,雁门关外这四州的战略位置非常重要,占取此地即可直逼契丹的老巢幽州。可想而知,契丹岂能善罢甘休?上次宋太宗北伐一直打到西直门的高梁河,被契丹击败,乘着驴车仓皇逃走;这次,契丹也不示弱,击溃了另一路的曹彬,宋军只能撤退,潘美领兵回到代州。

> 未几,诏迁四州之民于内地,令美等以所部之兵护之。时契丹国母萧氏与其大臣耶律汉宁、南北皮室及五押惕隐领众十余万,复陷寰州。业谓美等曰:"今辽兵益盛,不可与战。朝廷止令取数州

之民,但领兵出大石路,先遣人密告云、朔州守将,俟大军离代州日,令云州之众先出。我师次应州,契丹必来拒,即令朔州民出城,直入石碣谷。遣强弩千人列于谷口,以骑士援于中路,则三州之众,保万全矣。"侁沮其议曰:"领数万精兵而畏懦如此。但趋雁门北川中,鼓行而往。"文裕亦赞成之。业曰:"不可,此必败之势也。"侁曰:"君侯素号无敌,今见敌逗挠不战,得非有他志乎?"业曰:"业非避死,盖时有未利,徒令杀伤士卒而功不立。今君责业以不死,当为诸公先。"将行,泣谓美曰:"此行必不利。业,太原降将,分当死。上不杀,宠以连帅,授之兵柄。非纵敌不击,盖伺其便,将立尺寸功以报国恩。今诸君责业以避敌,业当先死于敌。"因指陈家谷口曰:"诸君于此张步兵强弩,为左右翼以援,俟业转战至此,即以步兵夹击救之,不然,无遗类矣。"美即与侁领麾下兵阵于谷口。自寅至巳,侁使人登托逻台望之,以为契丹败走,欲争其功,即领兵离谷口。美不能制,乃缘灰河西南行二十里。俄闻业败,即麾兵却走。业力战,自午至暮,果至谷口。望见无人,即拊膺大恸,再率帐下士力战,身被数十创,士卒殆尽,业犹手刃数十百人。马重伤不能进,遂为契丹所擒,其子延玉亦没焉。业因太息曰:"上遇我厚,期讨贼捍边以报,而反为奸臣所迫,致王师败绩,何面目求活耶!"乃不食,三日死。[5]

没过多久,宋太宗下诏将云、应、寰、朔四州之民迁回内地,命令潘美等以所部来护送老百姓。这时候契丹十万大军攻陷了寰州,杨业告诉潘美等:现在辽兵气盛,不能与之恋战,朝廷只是让我们保护老百姓返回雁门关内,我们应该力保剩下三州的老百姓安然返回。并谈了自己的看法:先是大军出代州,云州百姓先出城;等到大军到了应州,契丹肯定会来阻击,这时令朔州人民出城;进入石碣谷,派遣弓箭手千人埋伏在谷口,以骑兵在中路支援,则可保全三州百姓。王侁挖苦他说:你领着数万精兵却如此胆怯,应该出雁门关直接向北进军,擂鼓而行。刘文裕也表示赞成。杨业说:不行,必败无疑啊! 王侁说:你号称"杨无敌",今天遇敌却不敢战,难道有其他想法吗? 这句话可是分量够重的,对于降将而言,忠诚度总是硬伤。杨业辩解道:不是杨业怕死,只是时机不对,杀几个敌人无所谓,只是达不到目的;今天大家都责备我避敌不战,那么我杨业愿意先走一步,以身殉国。他指着陈家谷口对大家说:诸君在此埋伏下弓箭手,左右两翼互为犄角,待我转战到此,你们以步兵夹击,如果不这样,恐怕凶多吉少。潘美和王侁领麾下兵马埋伏于谷口。自寅时至巳时,王侁派人登托逻台瞭望,以为契丹已经败走,欲与杨业争功,领兵离开了谷口。注意一下,这时潘美制止不住,只得沿着灰河向西南行进了二十里。这时听到杨业战败,赶快带兵往回赶。杨业力战,从中午到日暮,到了谷口,发现宋兵已走,悲从中来,率兵与辽军做最后一战,最终寡不敌众,被契丹俘获,其子杨延玉战死。杨业叹息道:皇上对我不薄,我发誓要讨贼以报皇恩,没想到反遭奸臣逼迫,导致战败,我有何面目苟活于世上呢? 绝食三日而死。

在这段文字里,我们可以很清楚地看到,杨业出兵不是被潘美逼迫,而是被王侁言语激将,且刘文裕也同意王侁的意见。王侁没听杨业的嘱咐,擅自领兵离开了谷口,潘美当时还有制止王侁的举动,只是没能成功;且王侁也有离开的理由,他以为杨业已经取胜,契丹已经败走,想趁机扩大战果,故领兵离开了谷口。潘美听到杨业战败后,并不是见死不救,而是赶快回头接应。战场上瞬息万变,不能"事后诸葛亮"来判断是非曲直,也不能凭杨业之词,就断言他受了奸臣陷害。

帝闻之,痛惜甚,俄下诏曰:"执干戈而卫社稷,闻鼓鼙而思将帅。尽力死敌,立节迈伦,不有追崇,曷彰义烈! 故云州观察使杨业诚坚金石,气激风云。挺陇上之雄才,本山西之茂族。自委戎乘,式资战功。方提貔虎之师,以效边陲之用;而群帅败约,援兵不前。独以孤军,陷于沙漠;劲果敢厉,有死不回。求之古人,何以加此! 是用特举徽典,以旌遗忠;魂而有灵,知我深意。可赠太尉、大

同军节度,赐其家布帛千匹、粟千石。大将军潘美降三官,监军王
侁除名、隶金州,刘文裕除名、隶登州。"[6]

赏罚分明,宋太宗以"群帅败约,援兵不前。独以孤军,陷于沙漠"
为由将大将军潘美连降三级,王侁和刘文裕都被除名。这个责罚看来
还是公正的,王侁和刘文裕罪责最大,潘美罪责最小。但不知为什么,
后世的民间故事却编造出潘杨两家的恩怨情仇来,有点匪夷所思。至
于之后编的杨门女将之类的故事更是子虚乌有。不过关于佘太君的记
载还是有的,只是当时名曰折太君,因为发音相近,后人附会为"佘"。

清朝人况周颐在《续眉庐丛话》里为此考证了一番。文中的"镇洋
毕秋帆尚书"指的是乾隆二十五年(公元1760年)的状元郎毕沅,江苏
太仓人,《续资治通鉴》一书的作者。

> 宋云州观察使杨业,戏文中称杨继业,又称业妻曰佘太君,不
> 知何本。按:《辽史·圣宗纪》及《耶律斜轸传》俱作杨继业,镇洋毕
> 秋帆尚书《关中金石记·折武恭公克行神道碑跋》云:"折太君,德
> 扆之女,杨业之妻也。墓在保德州折窝村,折、佘殆音近传误。"又
> 《续文献通考》云:"使枪之家十七,一曰杨家三十六路花枪。"《小知
> 录》曰:"枪法之传,始于杨氏,谓之曰梨花枪。"小说家盛称杨家枪
> 法,盖亦有本。

我们不妨再参照一下辽史的记载,这样可能更全面一点。

> (统和四年)秋七月丙子(七月初九日),枢密使斜轸遣侍御涅
> 里底、干勤哥奏复朔州,擒宋将杨继业。

> 辛卯(七月廿四日),斜轸奏,大军至蔚州,营于州左。得谍报,
> 敌兵且至,乃设伏以待。敌至,纵兵逆击,追奔逐北,至飞狐口。遂
> 乘胜鼓行而西,入寰州,杀守城吏卒千余人。宋将杨继业初以骁勇
> 自负,号"杨无敌",北据云、朔数州。至是,引兵南出朔州三十里,
> 至狼牙村,恶其名,不进;左右固请,乃行。遇斜轸,伏四起,中流

矢,堕马被擒。疮发不食,三日死。遂函其首以献。[7]

统和初,皇太后称制,益见委任,为北院枢密使。会宋将曹彬、米信出雄、易,杨继业出代州。太后亲帅师救燕,以斜轸为山西路兵马都统。继业陷山西诸郡,各以兵守,自屯代州。斜轸至定安,遇贺令图军,击破之,追至五台,斩首数万级。明日,至蔚州,敌不敢出,斜轸书帛射城上,谕以招慰意。阴闻宋军来救,令都监耶律题子夜伏兵险厄,俟敌至而发。城守者见救至,突出。斜轸击其背,二军俱溃,追至飞狐,斩首二万余级,遂取蔚州。贺令图、潘美复以兵来,斜轸逆于飞狐,击败之。宋军在浑源、应州者,皆弃城走。斜轸闻继业出兵,令萧挞凛伏兵于路。明旦,继业兵至,斜轸拥众为战势。继业麾帜而前,斜轸佯退。伏兵发,斜轸进攻,继业败走,至狼牙村,众军皆溃。继业为流矢所中,被擒。斜轸责曰:"汝与我国角胜三十余年,今日何面目相见!"继业但称死罪而已。初,继业在宋以骁勇闻,人号杨无敌,首建梗边之策。至狼牙村,心恶之,欲避不可得。既擒,三日死。

论曰:宋乘下太原之锐,以师围燕,继遣曹彬、杨继业等分道来伐。是两役也,辽亦岌岌乎殆哉!休哥奋击于高梁,敌兵奔溃;斜轸擒继业于朔州,旋复故地。宋自是不复深入,社稷固而边境宁,虽配古名将,无愧矣。然非学古之在南京安其反侧,则二将之功,盖亦难致。故曰国以人重,信哉![8]

关于战争的基本史实两边记述差不多。"宋将杨继业初以骁勇自负,号'杨无敌',北据云、朔数州。至是,引兵南出朔州三十里,至狼牙村,恶其名,不进;左右固请,乃行",这句话交代了杨业是如何进陈家谷的,本不愿进,是左右固请的结果,并无左右"陷害"一说。杨业被俘后,也并无怒斥奸臣陷害的记载:"(耶律)斜轸责曰:'汝与我国角胜三十余年,今日何面目相见!'继业但称死罪而已。"

业不知书，忠烈武勇，有智谋。练习攻战，与士卒同甘苦。代北苦寒，人多服毡罽，业但挟纩，露坐治军事，傍不设火，侍者殆僵仆，而业怡然无寒色。为政简易，御下有恩，故士卒乐为之用。朔州之败，麾下尚百余人，业谓曰："汝等各有父母妻子，与我俱死无益也，可走还报天子。"众皆感泣不肯去。淄州刺史王贵杀数十人，矢尽遂死。余亦死，无一生还者。闻者皆流涕。业既没，朝廷录其子供奉官延朗为崇仪副使，次子殿直延浦、延训并为供奉官，延瑰、延贵、延彬并为殿直。[9]

杨业"不知书"，这句话信息量很大，所以，他难免也有偏颇之见。他为人是仗义，与士卒同甘共苦，所以威信很高，大家都比较相信他的话。但因当事人全军覆没，彼时情形很难还原，只能算是杨业的一段激愤之语。谁在困苦的时候不发两句牢骚呢？

猴王以为，还是辽史比较客观，从其记载里看不出杨业与潘美之间有仇怨。即使他骂一句奸臣，根据上下文的交代，也极有可能是骂王侁而非潘美，不知道后来诸多民间演绎是如何张冠李戴的。

因思委巷琐谈，虽不足与辨，然使村夫野妇闻之，足使颠倒黑白。如关公释曹，潘美陷杨业，此显然者。……任使流传后世，不加禁止，亦有司之过也。[10]

清朝人昭梿在他的《啸亭杂录》中质疑过这一点。其实，不只古代，时下的历史段子手也大有人在，编得有模有样的，借助网络的力量，以至于以讹传讹，谬种流传。

都说群众的眼睛是雪亮的，其实，走眼的时候也很多。

千古清浊，对视含恨，风雨起，似闻干戈。满门忠烈，殉了谁家国？岸边杨柳送秋去，春来又婀娜。

云渐去，十里画舫载歌。我若杨家子，穿桥弄碧波。笑人间是非争比累，夕阳下，谁清？谁浊？

这是网上一位名曰"汴梁骚客"的网友的词,写得很好,抄于此,作为结尾吧。

**注释:**

[1][2]元·脱脱《宋史》,卷二百七十二,列传第三十一。

[3]元·佚名《宋史全文》,卷三,宋太宗一

[4]—[6]元·脱脱《宋史》,卷二百七十二,列传第三十一。

[7]元·脱脱《辽史》,卷十一,本纪第十一,圣宗二。

[8]元·脱脱《辽史》,卷八十三,列传第十三。

[9]元·脱脱《宋史》,卷二百七十二,列传第三十一。

[10]清·昭梿《啸亭杂录》,卷十,稗史。

# 可怜最是息夫人

《汇评金玉红楼梦》第一百二十回是"甄士隐详说太虚情,贾雨村归结红楼梦",其中描写袭人的结局有这么一段话:

> 那日已是迎娶吉期,袭人本不是那一种泼辣人,委委屈屈的上轿而去,心里另想到那里再作打算。岂知过了门,见那蒋家办事极其认真,全都按着正配的规矩。一进了门,丫头仆妇都称奶奶。袭人此时欲要死在这里,又恐害了人家,辜负了一番好意。那夜原是哭着不肯俯就的,那姑爷却极柔情曲意的承顺。到了第二天开箱,这姑爷看见一条猩红汗巾,方知是宝玉的丫头。原来当初只知是贾母的侍儿,益想不到是袭人。此时蒋玉菡念着宝玉待他的旧情,倒觉满心惶愧,更加周旋,又故意将宝玉所换那条松花绿的汗巾拿出来。袭人看了,方知这姓蒋的原来就是蒋玉菡,始信姻缘前定。袭人才将心事说出,蒋玉菡也深为叹息敬服,不敢勉强,并越发温柔体贴,弄得个袭人真无死所了。看官听说:虽然事有前定,无可奈何,但孽子孤臣,义夫节妇,这"不得已"三字也不是一概推委得的。此袭人所以在又副册也。正是前人过那桃花庙的诗上说道:千古艰难惟一死,伤心岂独息夫人!

袭人的结局比之史湘云、王熙凤等算是很不错了。男怕入错行,女怕嫁错郎。嫁给爱自己的要好于嫁给自己所爱的。至于文中所引用的桃花庙一诗则出自清初诗人邓汉仪,现抄录全诗如下:

# 题息夫人庙

楚宫慵扫眉黛新，只自无言对暮春。
千古艰难惟一死，伤心岂独息夫人！

这位息夫人究竟是何方神圣？为何说是"千古艰难惟一死，伤心岂独息夫人！"关于这位息夫人，正史里以《左传》和《列女传》所记最全。

蔡哀侯为莘故，绳息妫以语楚子。楚子如息，以食入享，遂灭息。以息妫归，生堵敖及成王焉，未言。楚子问之，对曰："吾一妇人而事二夫，纵弗能死，其又奚言？"楚子以蔡侯灭息，遂伐蔡。秋七月，楚入蔡。[1]

蔡哀侯因为息国的原因，在莘地曾被楚国打败且俘虏过。为报此仇，他告诉楚王，息国的王妃息妫貌如天仙。楚王以赴宴为名到了息国，抢了息妫，灭了息国。息妫为楚王生了两个儿子，一位是堵敖，一位是后来的成王。息妫虽入了楚宫，但一天到晚闷闷不语，楚王问她为什么，她说：一女嫁两夫，纵不能死，还有什么可说的？楚王知道息夫人怨恨蔡哀侯，为讨息夫人欢心，举兵讨伐蔡国。秋七月，灭了蔡国。

汉朝刘向的《列女传》里关于息夫人的记载与《左传》有所不同。

夫人者，息君之夫人也。楚伐息，破之，虏其君，使守门。将妻其夫人，而纳之于宫。楚王出游，夫人遂出见息君，谓之曰："人生要一死而已，何至自苦！妾无须臾而忘君也，终不以身更贰醮。生离于地上，岂如死归于地下哉！"乃作诗曰："縠则异室，死则同穴。谓予不信，有如皦日。"息君止之，夫人不听，遂自杀，息君亦自杀，同日俱死。楚王贤其夫人，守节有义，乃以诸侯之礼合而葬之。君子谓夫人说于行善，故序之于诗。夫义动君子，利动小人。息君夫人不为利动矣。诗云："德音莫违，及尔同死。"此之谓也。

颂曰：楚虏息君，纳其适妃，夫人持固，弥久不衰，作诗同穴，思故忘新,遂死不顾,列于贞贤。[2]

在刘向的记载里,息夫人并没有答应楚王,且以死相殉。楚王感动不已,特以诸侯之礼合葬息夫人及息王。

关于息夫人的命运,几千年来,莫衷一是。清朝同治年间息县的一任县令张佩训曾写有《息夫人辩证碑》,支持刘向说。此碑现存于河南信阳市息县。息县之名莫不是来源于息夫人?我看大抵如此。

> 《列女传》曰:楚伐息,虏其君,使守门,将妻其夫人而纳之于宫。楚王出游,夫人出见息君,曰:人生要一死而已,何至自苦?妾无须臾忘君也,终不以身更二醮。乃咏诗曰:"穀则异室,死则同穴,谓予不信,有如皦日。"遂自杀,息君亦自杀。楚王贤其守节有义,乃以诸侯之礼合而葬之。

> 曩读《左氏传》,至息夫人不言事,窃谓:一女子能于国破家亡后,不惜身名,藉手以复宗社之仇,其遇可哀,其志可悯;虽欠一死,要胜于华歆、成济辈远矣。

> 今春,捧檄赴息县,道汝阳,于书肆购《列女传》一帙,灯下读之,未终卷,见息国夫人殉节一篇与《左氏传》互异。刘更生述叙时代、名字,每多歧出。然其生平校书天禄,上下千古,传闻异词,亦必有何受之,非尽无据而云然也。善善从长,余于是不信左氏而信刘氏。

> 夫《列女传》非僻书也。今独于适息时览及此篇,安知非夫人之灵,默牖余衷,欲使千载下大白其诬于桑梓之乡,不令殉国者含冤、改节者藉口。而后贞魂烈魄乃含笑九原乎?爰勒《列女传》息国夫人一篇于石,而志其巅末如此。呜呼!礼义廉耻,国之四维。古人所谓"饿死事小,失节为大"者,余于是益有味乎其言。

> 之《左氏传》固不敢谓其诬,然存是说也,于世道人心,亦不无小补云。

赐同进士出身 钦加五品衔权知光州直隶州息县事南皮张佩撰

钦加同知衔河南候补知县番周思濂纂额

金匮钱鸿声书丹

同治十年岁次辛未十月吉日立

在《东周列国志》里，也有对息夫人故事的记述，与《左传》和《列女传》有相同处，也有不同处；也有息夫人以死殉情的情节，但未述及其为楚王生二子事。猴王以为这应该是最全，也是最为生动的记载，虽是野史，也算是一说。

却说蔡哀侯献舞，与息侯同娶陈女为夫人。蔡娶在先，息娶在后。息夫人妫氏有绝世之貌，因归宁于陈，道经蔡国。蔡哀侯曰："吾姨至此，岂可不一相见？"乃使人要至宫中款待，语及戏谑，全无敬客之意。息妫大怒而去。及自陈返息，遂不入蔡国。息侯闻蔡侯怠慢其妻，思有以报之。乃遣使入贡于楚，因密告楚文王曰："蔡恃中国，不肯纳款。若楚兵加我，我因求救于蔡，蔡君勇而轻，必然亲来相救。我因与楚合兵攻之，献舞可虏也。既虏献舞，不患蔡不朝贡矣。"楚文王大喜，乃兴兵伐息。息侯求救于蔡，蔡哀侯果起大兵，亲来救息。安营未定，楚伏兵齐起。哀侯不能抵当，急走息城。息侯闭门不纳，乃大败而走。楚兵从后追赶，直至莘野，活虏哀侯归国。息侯大犒楚军，送楚文王出境而返。蔡哀侯始知中了息侯之计，恨之入骨。

楚文王回国，欲杀蔡哀侯烹之，以衅太庙。鬻拳谏曰："王方有事中原，若杀献舞，诸侯皆惧矣！不如归之，以取成焉。"再四苦谏，楚文王只是不从。鬻拳愤气勃发，乃左手执王之袖，右手拔佩刀拟王曰："臣当与王俱死，不忍见王之失诸侯也！"楚王惧，连声曰："孤听汝！"遂舍蔡侯。鬻拳曰："王幸听臣言，楚国之福。然臣而劫君，罪当万死。请伏斧锧！"楚王曰："卿忠心贯日，孤不罪也。"鬻拳曰：
"王虽赦臣，臣何敢自赦？"即以佩刀自断其足，大呼曰："人臣有无
礼于君者，视此！"楚王命藏其足于大府，"以识孤违谏之过！"使医
人疗治。鬻拳之病虽愈，不能行走。楚王使为大阍，以掌城门，尊
之曰太伯。

　　遂释蔡侯归国，大排筵席，为之饯行，席中盛张女乐。有弹筝
女子，仪容秀丽，楚王指谓蔡侯曰："此女色技俱胜，可进一觞。"即
命此女以大觥送蔡侯，蔡侯一饮而尽。还斟大觥，亲为楚王寿。楚
王笑曰："君生平所见，有绝世美色否？"蔡侯想起息侯导楚败蔡之
仇，乃曰："天下女色，未有如息妫之美者，真天人也。"楚王曰："其
色何如？"蔡侯曰："目如秋水，脸似桃花，长短适中，举动生态，目中
未见其二！"楚王曰："寡人得一见息夫人，死不恨矣！"蔡侯曰："以
君之威，虽齐姜、宋子，致之不难。何况宇下一妇人乎？"楚王大悦，
是日尽欢而散。蔡侯遂辞归本国。

　　楚王思蔡侯之言，欲得息妫，假以巡方为名，来至息国。息侯
迎谒道左，极其恭敬。亲自辟除馆舍，设大飨于朝堂，息侯执爵而
前，为楚王寿。楚王接爵在手，微笑而言曰："昔者，寡人曾效微劳
于君夫人，今寡人至此，君夫人何惜为寡人进一觞乎？"息侯惧楚之
威，不敢违拒，连声唯唯，即时传语宫中。

　　不一时，但闻环珮之声，夫人妫氏盛服而至，别设毡褥，再拜称
谢。楚王答礼不迭。妫氏取白玉卮满斟以进。素手与玉色相映，
楚王视之大惊。果然天上徒闻，人间罕见，便欲以手亲接其卮。那
妫氏不慌不忙，将卮递与宫人，转递楚王。楚王一饮而尽。妫氏复
再拜请辞回宫。楚王心念息妫，反未尽欢。席散归馆，寝不能寐。

　　次日，楚王亦设享于馆舍，名为答礼，暗伏兵甲。息侯赴席，酒
至半酣，楚王假醉，谓息侯曰："寡人有大功于君夫人，今三军在此，
君夫人不能为寡人一犒劳乎？"息侯辞曰："敝邑褊小，不足以优从

者,容与寡小君图之。"楚王拍案曰:"匹夫背义,敢巧言拒我？左右何不为我擒下！"息侯正待分诉,伏甲猝起,蔿章、斗丹二将,就席间擒息侯而絷之。楚王自引兵径入息宫,来寻息妫。息妫闻变,叹曰:"引虎入室,吾自取也！"遂奔入后园中,欲投井而死。被斗丹抢前一步,牵住衣裙曰:"夫人不欲全息侯之命乎？何为夫妇俱死！"息妫嘿然。斗丹引见楚王,楚王以好言抚慰,许以不杀息侯,不斩息祀。遂即军中立息妫为夫人,载以后车。以其脸似桃花,又曰桃花夫人。今汉阳府城外有桃花洞,上有桃花夫人庙,即息妫也。唐人杜牧有诗云:细腰宫里露桃新,脉脉无言几度春。毕竟息亡缘底事？可怜金谷坠楼人！楚王安置息侯于汝水,封以十家之邑,使守息祀。息侯忿郁而死。楚之无道,至此极矣！[3]

息夫人的命运搅动数千年,后世文人都很惦记她,不仅仅是杜牧,还有很多文人墨客。

## 息夫人庙

### 罗　隐

百雉摧残连野青,庙门犹见昔朝廷。
一生虽抱楚王恨,千载终为息地灵。
虫网翠环终缥缈,风吹宝瑟助微冥。
玉颜浑似羞来客,依旧无言照画屏。

## 白桃花

### 袁　枚

五更风雨惜秾春,晓起看花为写真。
双颊断红浑不语,可怜最是息夫人。

王维也写过一首《息夫人》。

莫以今时宠，难忘异日恩。

看花满眼泪，不共楚王言。

据说他写此诗还有一段故事。唐玄宗同父异母的哥哥宁王李宪拥有宠妓数十人，但还不知足。一日路遇一位美女，长得肤白貌美，一见倾心，奈何此女已名花有主，丈夫是卖饼子的。李宪就给卖饼子的一大笔钱，让他把美女让给自己。你想卖饼子的敢不答应？宁王遂抱得美人归，回来自然宠爱得不得了。过了一年多，宁王召集京城里一帮文学爱好者聚会，其中就有王维。可能是男人的虚荣心作祟，宁王当着众人的面问美人：你还记得卖饼子的那个人吗？美人默然不语。宁王派人把卖饼子的叫来，美女情不自禁，双泪垂颊，客人们无不为之动容。宁王命大家赋诗一首，王维首先写成，遂有了上面的这首诗，以息夫人之遭遇比之面前的卖饼子人妻。其余人一看这诗，都不敢写了。宁王不愧为贤明的王爷，当年他能将太子之位让给弟弟李隆基，显然是有过人之处的。他下令将美女送回卖饼人那里，让其夫妻团聚。[4]

或许有人会问猴王，关于息夫人的记载，你倾向于哪一种说法？《左传》《列女传》，还是《东周列国志》？要我说，只要息夫人快乐，哪一说都没错。她又没有害人，害人者乃楚王和蔡哀侯也。

**注释：**

[1]春秋·左丘明《左传》，庄公十四年。

[2]西汉·刘向《列女传》，卷四，息君夫人。

[3]明·冯梦龙《东周列国志》，第十七回：宋国纳赂诛长万，楚王杯酒虏息妫。

[4]明·蒋一葵《尧山堂外纪》，卷二十六·唐。

宁王宪贵盛，宠妓数十人，有卖饼妻，纤白明媚，王一见属意，因厚遗其夫求之，宠爱逾等。岁余，因问曰："汝复忆饼师否？"默然不对。因呼使见之，其妻注视，双泪垂颊，若不胜情。时王坐客十余人，皆当时文士，无不凄异。王命赋诗，维先成云："莫以今时宠，难忘异日恩。看花满眼泪，不共楚王言。"坐客无敢继者，王乃归饼师，以终其志。

# 李清照到底有没有再婚?

　　这个话题有点八卦,除非李清照女士亲自出来澄清。不过,即使她亲自出来澄清,恐怕也无济于事,因为娱乐话题不是为了追求真相,而是为了吸引眼球。在娱乐精神这一点上,是绝不分古今中外的。

　　绍兴二年(公元 1132 年),李清照给翰林学士綦崇礼写了一封信:《投翰林学士綦崇礼启》。这是一封感谢信。文中把自己如何嫁于张汝舟,受尽虐待,最后不得不愤而举报其科举舞弊劣行,招致牢狱之灾,幸有綦公搭救,最终只坐了九天牢等等这些事都写得清清楚楚。可惜这种事是不描则已,越描则越黑,一时飞短流长,成了文人们的八卦话题。

　　与李清照同时代的胡仔在其《苕溪渔隐丛话》里说:"易安再适张汝舟,未几反目,有《启事》与綦处厚云:'猥以桑榆之晚景,配兹驵侩之下材。'传者无不笑之。"[1]后世文人基本都延续胡仔的说法,且都怀着一种酸溜溜的看热闹的心态,好像女神就必须从一而终,不能"梅开二度"。就许你们男神找些三妻四妾,女神就不能找个老伴?真是吃不上葡萄就使劲说葡萄酸。

　　当然也有文人考证说李清照并没有再婚,原因之一是《投翰林学士綦崇礼启》[2]这封信不像是李清照的文笔。不知道他们是怎么看出来的,用大数据分析的,还是晚上李清照托梦的?且不管它。要我看,我是支持女神再婚的。女神对爱情从来都是勇敢往前冲的,有词为证:

# 点绛唇·蹴罢秋千

蹴罢秋千,起来慵整纤纤手。露浓花瘦,薄汗轻衣透。

见客入来,袜刬金钗溜。和羞走,倚门回首,却把青梅嗅。

封建礼教下的少女少有这么开放的,不仅偷瞄中意的帅哥,还暗送秋波。除了女神如李清照者,寻常女子怎么敢呢?

明朝文人蒋一葵在《尧山堂外纪》里关于李清照有这么一段描述:

> 李清照,号易安居士。济南李格非女,适赵明诚……赵明诚与李易安平生同志。明诚在太学时,每朔望告谒出,质衣,取半千钱,步入相国寺,市碑文、果实归,相对咀嚼展玩。[3]

赵明诚在太学读书时(太学相当于今天的大学),每月的初一和十五都会出来与李清照约会。他明显是一个穷书生,还要当了衣服换五百钱。看来其父是个清官(赵明诚的父亲赵挺之当时已经是部级干部了)。两人到相国寺里游玩,买点碑帖,买点零食,相对而食,研读把玩。真是甜蜜的二人世界,与现代年轻人谈恋爱时买个冰激凌、看场电影没有什么区别。

比李清照晚了近一百年的马端临在《文献通考》里这样说:

> 李格非之女,幼有才藻名。先嫁赵诚之,其舅正夫相徽宗朝。李氏尝献诗曰:"炙手可热心可寒。"[4]

赵明诚的父亲赵挺之(字正夫)任尚书右仆射,与蔡京同时为相。当时的政治形势是这样的:自王安石变法以来,北宋末年的党争愈演愈烈,谁上台都要先站队,是支持王安石的变法还是反对他的变法。支持者和反对者势如水火,斗得很凶。当时刚继位的宋徽宗还是想干点事情的,从他刚上台的年号"建中靖国"即可见一斑。蔡京和赵挺之当政后自然就选择顺应宋徽宗的想法,高举起变法的大旗。

第二年崇宁元年,他们将司马光、苏轼等曾反对过王安石变法的三百零九人列为奸党,刻在石碑上,史称"元祐党人碑"。很不幸,李清照的父亲李格非也被划在奸党之列,必须搬出首都汴梁城,李清照一家无奈回到了山东老家。人之常情,李清照自然想通过她的公公为父亲求情,赵挺之却置之不理,李清照遂有了"炙手可热心可寒,何况人间父子情"这样的诗句。敢这么讽刺公公的儿媳妇,在那个年代,绝对是个异类。

李清照何止于敢讽刺公公,她在年少时还写过一篇《词论》,把宋初以来的词坛名家挨个数落了一遍,连欧阳修和苏轼这样的大家也不放过,笑他们的词不合音律、诗词不分等。此等女子怎是寻常女子?

> 逮至本朝,礼乐文武大备。又涵养百余年,始有柳屯田永者,变旧声作新声,出《乐章集》,大得声称于世;虽协音律,而词语尘下。又有张子野、宋子京兄弟,沈唐、元绛、晁次膺辈继出,虽时时有妙语,而破碎何足名家!至晏元献、欧阳永叔、苏子瞻,学际天人,作为小歌词,直如酌蠡水于大海,然皆句读不葺之诗尔,又往往不协音律者。何耶?盖诗文分平侧,而歌词分五音,又分五声,又分六律,又分清浊轻重。

"异类"当然不能用世俗人的眼光度之了。公元 1129 年,饱尝亡国之运、颠沛流离之苦的赵明诚在郁郁寡欢中去世了,留下四十五岁的李清照。寡居三年之后,李清照遇到了疯狂追求她的张汝舟,女神已经冰冷的心开始复苏,终于不再"寻寻觅觅,冷冷清清,凄凄惨惨戚戚"。

可惜,这次女神看走眼了,遇人不淑,所托非人。张汝舟只是觊觎她收藏的金石、古玩和字画,当他知道这些宝贝在战乱中早就遗失了之后,自然气急败坏。正如李清照在《投翰林学士綦崇礼启》信中描述的那样"彼素抱璧之将往,决欲杀之。遂肆侵凌,日加殴击,可念刘伶之肋,难胜石勒之拳",这段话意思是说:因为金石收藏,我成了怀璧之身,张汝舟遂动了杀人夺宝之念。于是他便肆意欺凌我，每天都对我拳脚相加，可怜我像刘伶一样的身体，怎能抵挡他如石勒一般的拳头呢？刘伶是魏晋时"竹林七贤"之一，文弱书生一枚，石勒则是五胡十六国时后赵开国君主，从奴隶到帝王的一介武夫。刘伶怎么打得过石勒呢？

谁能想象到我们的女神竟然遭受如此家暴，实在是太过分了。李清照毕竟是李清照，不会选择逆来顺受，而是起而行之。她决定控告张汝舟。

> 外援难求，自陈何害，岂期末事，乃得上闻。取自宸衷，付之廷尉。被桎梏而置对，同凶丑以陈词。[5]

李清照对綦崇礼说：这种家事很难寻求外援，我要勇敢站出来申诉，岂敢期待这点小事能上达天听。如果由皇帝授意，让廷尉来审判这件事，我将戴着脚镣手铐与张汝舟当堂对质。

大宋法律中有一条：妻子状告自己的丈夫，即使丈夫有罪，妻子也要坐牢两年。这法律定得，怪不得在阿云弑夫未遂案里，王安石和司马光撕得那么凶。此事详见猴王旧文《大宋的法治精神》（《历史岂有底稿Ⅱ》）。

李清照甘冒牢狱之灾也要与张汝舟拼到底。綦崇礼仗义执言，宋高宗网开一面，张汝舟被严惩，李清照只坐了九天牢就被释放了。

綦崇礼何许人也，竟有这么大的能量？《宋史》綦崇礼传有如下记载：

> 綦崇礼，字叔厚，高密人……九月，御笔除翰林学士，自靖康后，从官以御笔除拜自此始。

> 尝进唐太宗录刺史姓名于屏风故事，曰："连千里之封得一良守，则千里之民安；环百里之境得一良令，则百里之民说。牧民之吏咸得其良，则治功成矣。苟能效当时之事，以守令姓名详列于屏，简在帝心，则人知尽心职业。"再入翰林凡五年，所撰诏命数百

篇,文简意明,不私美,不寄怨,深得代言之体。

崇礼妙龄秀发,聪敏绝人,不为崖岸斩绝之行。廉俭寡欲,独覃心辞章,洞晓音律,酒酣气振,长歌慷慨,议论风生,亦一时之英也。

端方亮直,不惮强御,秦桧罢政,崇礼草词显著其恶无所隐,桧深憾之。及再相,矫诏下台州就崇礼家索其稿,自于帝前纳之,且将修怨。[6]

简而言之,綦崇礼是宋高宗身边的"笔杆子",且为人正直,连奸相秦桧都忌惮他几分。李清照算是找对了人。

这样一位巾帼英雄,不被大家交口称赞,反而被指指点点,真是咄咄怪事。猴王想,若是苏东坡健在,恐怕也会如綦崇礼一样仗义执言的,可惜他在公元1101年就去世了。那年,李清照才刚刚嫁给赵明诚。

公元1155年,李清照走了。这一年,一代奸相秦桧也走了。李清照与他还是亲戚,论辈分,秦桧还要管李清照叫大姨子[7]。那么,李清照为什么不找秦桧而找綦崇礼呢?一位是千古第一才女,一位是千古第一奸相,道不同,不相为谋也。

一天午后时分,猴王路过一家路边店,看到门口挂着一个环保购物袋,袋子上面有这么一段对话,让人忍俊不禁:

怎么还不结婚?

关你屁事!

这是不是李清照的口气呢?

**注释:**

[1]南宋·胡仔《苕溪渔隐丛话》,前集卷六十。
[2]南宋·赵彦卫《云麓漫钞》,第十四卷。
[3]明·蒋一葵《尧山堂外纪》,卷五十四·宋。
[4]宋元·马端临《文献通考》,卷二百四十一,经籍考六十八。

［5］南宋·赵彦卫《云麓漫钞》，第十四卷。

［6］元·脱脱《宋史》，卷三百七十八，列传第一百三十七。

［7］南宋·杜大珪《名臣碑传琬琰集》上集卷八里收录了叶清臣撰写的《王文恭珪神道碑》一文，其中有一句"女长适郓州教授李格非，早卒"。在所有史料里，神道碑比较权威，由此可见，李清照父亲娶的是王珪的长女，李清照算是王珪的外孙女；秦桧的妻子王氏是王珪四子王仲山之女，王氏乃王珪的孙女，李清照与王氏是表姊妹的关系。

《宋史》卷四百四十四，列传第二百三，文苑六记载：

李格非字文叔，济南人。其幼时，俊警异甚。有司方以诗赋取士，格非独用意经学，著《礼记说》至数十万言，遂登进士第。调冀州司户参军，试学官，为郓州教授，郡守以其贫，欲使兼他官，谢不可。入补太学录，再转博士，以文章受知于苏轼。尝著《洛阳名园记》，谓"洛阳之盛衰，天下治乱之候也"。其后洛阳陷于金，人以为知言……妻王氏，拱辰孙女，亦善文。女清照，诗文尤有称于时，嫁赵挺之之子明诚，自号易安居士。

此处似乎有误，也有可能是李清照母亲早逝，其父李格非又续弦，娶了王拱辰孙女王氏。

# 宇文虚中与秦桧，风筝和影子？

有细心者考证，在《金瓶梅》整部书中，只有两个正面的官僚形象：一位是第十七回《宇给事劾倒杨提督，李瓶儿许嫁蒋竹山》里参劾蔡京的宇文虚中，一位是第四十八回《弄私情戏赠一枝桃，走捷径探归七件事》里同样参劾蔡京的曾孝序。其他出现的官僚形象，无一例外都是贪官污吏。

《金瓶梅》是成书约在明代隆庆至万历年间的长篇世情章回小说，作者署名兰陵笑笑生。世人都以为它是淫书，列其为禁书，其实，所谓的"淫"只是一部分原因，更重要的原因在于它对官商勾结的世风人情揭露得太过于彻底，不能见容于官府。猴王以为，就文学水平而论，《金瓶梅》与《红楼梦》难分伯仲，而在对世风人情的批判上，《金瓶梅》则高于《红楼梦》。

那么，《金瓶梅》里宇文虚中是如何参劾蔡京的呢？

西门庆叫了吴主管来，与他五百两银子，教他连夜往县中承行房里，抄录一张东京行下来的文书邸报来看。上面端的写的是甚言语：

兵科给事中宇文虚中等一本，恳乞宸断，亟诛误国权奸，以振本兵，以消房患事：臣闻夷狄之祸，自古有之。周之猃狁，汉之匈奴，唐之突厥，迨及五代而契丹浸强，至我皇宋建国，大辽纵横中原者已非一日。然未闻内无夷狄而外萌夷狄之患者。语云：霜降而堂钟鸣，雨下而柱础润。以类感类，必然之理。譬若病夫，腹心之疾已久，元气内消，风邪外入，四肢百骸，无非受病，虽卢扁莫之能救，焉能久乎？今天下之势，正犹病夫尫羸之极矣。君犹元首也，辅臣犹腹心也，百官犹四肢也。陛下端拱于九重之上，百官庶政各尽职于下。元气内充，荣卫外扞，则虏患何由而至哉？今招夷虏之患者，莫如崇政殿大学士蔡京者：本以憸邪奸险之资，济以寡廉鲜耻之行，谀谄面谀，上不能辅君当道，赞元理化；下不能宣德布政，保爱元元。徒以利禄自资，希宠固位，树党怀奸，蒙蔽欺君，中伤善类……

西门庆看了这份奏折，吓得魂不守舍，因为其中还参劾了他的亲家陈洪一家。看来大祸要及身，如何是好？他只得派人带上五百银两到东京(汴梁)打探风声，上下打点，娶李瓶儿的念想也就搁置下来。至于后事如何，客官可寻来《金瓶梅》一读。

或许有读者会问，宇文虚中确有其人乎？确有其人。《宋史》还专门为其列有传记如下：

宇文虚中，字叔通，成都华阳人。登大观三年进士第，历官州县，入为起居舍人、国史编修官、同知贡举，迁中书舍人。

宣和间，承平日久，兵将骄惰，蔡攸、童贯贪功开边，将兴燕云之役，引女真夹攻契丹，以虚中为参议官。虚中以庙谟失策，主帅非人，将有纳侮自焚之祸，上书言："用兵之策，必先计强弱，策虚实，知彼知己，当图万全。今边围无应敌之具，府库无数月之储，安危存亡，系兹一举，岂可轻议？且中国与契丹讲和，今逾百年，自遭女真侵削以来，向慕本朝，一切恭顺。今舍恭顺之契丹，不羁縻封殖，为我蕃篱，而远逾海外，引强悍之女真以为邻域。女真借百胜之势，虚喝骄矜，不可以礼义服，不可以言说诱，持下庄两斗之计，引兵逾境。以百年怠惰之兵,当新锐难抗之敌;以寡谋安逸之将,角逐于血肉之林。臣恐中国之祸未有宁息之期也。"[1]

《金瓶梅》里所收录的宇文虚中的奏折大概是据《宋史》的这一段演绎的吧。宇文虚中对于蔡京主张北宋主动联金灭辽存有异议,事实的确如此,灭了土猪引来恶狼,螳螂捕蝉黄雀在后。宋真宗在公元1005年与辽国签订了"澶渊之盟",两国和平共处了一百来年。辽国被灭,唇亡齿寒,金国与北宋短兵相接,北宋的好日子也就不多了,"以百年怠惰之兵,当新锐难抗之敌;以寡谋安逸之将,角逐于血肉之林。臣恐中国之祸未有宁息之期也"。宇文虚中的预言不幸言中,公元1125年,大辽亡国。两年不到,北宋也遭逢"靖康之耻",金兵兵临汴梁城下。

## 宇文虚中是派往金营的"风筝"?

国难思良将,板荡识诚臣。关键时刻,宋钦宗派人出使金营求和,大臣们面面相觑,竟无人敢去,独宇文虚中毛遂自荐。

> 钦宗欲遣人奉使……大臣皆不肯行。虚中承命即往都亭驿,见金使王汭,因持书复议和。渡濠桥,道逢甲骑如水,云梯、鹅洞蔽地,冒锋刃而进。既至敌营,露坐风埃,自巳至申,金人注矢露刃,周匝围绕,久乃得见康王于军中。[2]

宇文虚中还真有做卧底的素质,有独闯龙潭虎穴之胆。在"靖康之耻"中,他连续三次独闯虎穴,与金人周旋。

> 令虚中再往,必请康王归。虚中再出,明日,从康王还,除签书枢密院事。自是又三往,金人固要三镇,虚中泣下不言,金帅变色,虚中曰:"太宗殿在太原,上皇祖陵在保州,讵忍割弃。"诸酋曰:"枢密不稍空,我亦不稍空。"如中国人称"脱空",遂解兵北去。言者劾以议和之罪,罢知青州。[3]

宇文虚中不仅不辱使命,拒绝了金国的割地要求,还把康王救了出来。此康王即是后来的宋高宗赵构。都说弱国无外交,敢于深入虎穴已属精神可嘉,何况还据理力争,办了一点事情。可惜不落好,言官弹劾他"卖国",他被贬官至青州。如果说宇文虚中自此心灰意冷,也说得过去,毕竟时局不可违。

> (建炎)二年,诏求使绝域者,虚中应诏,复资政殿大学士,为祈请使,杨可辅副之。寻又以刘诲为通问使,王贶为副。明年春,金人并遣归,虚中曰:"奉命北来祈请二帝,二帝未还,虚中不可归。"于是独留。[4]

建炎二年是公元1128年。宋高宗又要派使臣去金国,当然还是应者寥寥,宇文虚中又挺身而出,以资政殿大学士的身份出使金国。如果没有坚定的信念支撑,在普通人眼里,这岂不是吃错药了?

第二年春天,随行者都返回了,独宇文虚中要留下来做"卧底",并豪言此次出使金国是为了迎回宋徽宗和宋钦宗,不达目的,决不罢休,颇有一副"匈奴未灭,何以家为"的气概。你们说,宇文虚中是不是越来越像热播剧里的"风筝"了?

> 虚中有才艺,金人加以官爵,即受之,与韩昉辈俱掌词命。明年,洪皓至上京,见而甚鄙之。累官翰林学士、知制诰兼太常卿,封河内郡开国公,书金太祖《睿德神功碑》,进阶金紫光禄大夫,金人号为"国师"。然因是而知东北之士皆愤恨陷北,遂密以信义结约,金人不觉也。[5]

宇文虚中有才艺,毕竟饱读诗书,在文化层次不高的金国政界混得风生水起,不仅是金主的"笔杆子",最后竟位至国师之尊。公元1129年,南宋使臣洪皓出使金国,也被扣留在金营。当他见到宇文虚中时,面露鄙夷之色,很看不起。看来宇文虚中隐藏得挺深。然而在背地里,宇文虚中秘密结交英雄豪杰,意图反金。这一年,还有一件事需要强调一下,那就是秦桧从金营南归。

## 秦桧是金国派往南宋的"影子"?

　　建炎四年十月甲辰,桧与妻王氏及婢仆一家,自军中取涟水军水砦航海归行在。丙午,桧入见。丁未,拜礼部尚书,赐以银帛。

　　桧之归也,自言杀金人监己者奔舟而来。朝士多谓桧与㮚、傅、朴同拘,而桧独归;又自燕至楚二千八百里,逾河越海,岂无讥诃之者,安得杀监而南? 就令从军挞懒,金人纵之,必质妻属,安得与王氏偕?[6]

秦桧南归疑点很多,一是路途遥远,以秦桧文弱书生一枚怎能轻松干掉监视他的士兵? 二是与秦桧一同困在金营的还有好几位,比如何㮚、孙傅、司马朴等,为何他能独归? 三是他侥幸归来也罢,作为完颜昌身边重要的幕僚,他怎能在众目睽睽之下携老婆王氏一齐逃出? 绍兴初年,曾任宰相的朱胜非在《秀水闲居录》中说:"未几,桧果相。次年植党以排吕颐浩,上乃悟,尽逐其徒,桧亦罢政。前一日召当制学士綦崇礼谕以桧二策,仍出其元奏云:以河北河东人还金虏,以中原人还刘豫,如斯而已。令载之制词。至四年,虏使李永寿、王翊来聘,首言此事,正与桧语合,盖桧自京城随虏北去,为彼大酋挞辣郎君任用。虏骑渡江与俱来,回至楚州,遣舟送归。桧,王仲山婿也。仲山别业在济南府,为取数千缗,赆其行。其后挞辣统兵犯淮甸,朝廷遣魏良臣、王伦奉使至其军中,数问桧,且称其贤。乃知桧之策出于虏意也。桧之初归,自言杀虏人之监己者,夺舟来归。然全家同舟,婢仆亦如故,人皆知其非逃归也。"[7]也有人说这是因为"胜非与秦桧有隙,桧得政,胜非废居八年"[8];当然也有支持秦桧的,"惟宰相范宗尹、同知枢密院李回与桧善,尽破群疑,力荐其忠"[9]。

猴王认为这是合情合理的。因为在宋徽宗时,秦桧曾任御史中丞,也曾是主战派，反对割地，力主备战，反对金人立张邦昌建立伪楚等，形象还是正面居多，所以在朝野上下还是有点"粉丝"的。谁没有几个故友至交呢？倒是陆游在其晚年作品《老学庵笔记》里对秦桧南归一事也是取正面评价就让人费解了。我们知道陆游也是主战派，政见与秦桧相左，1154年，因在科举中力压秦桧的孙子秦埙而得罪秦桧，被取消了功名。按理说，他不应该替秦桧说话。当然言论自由嘛！兼听多家之言没有坏处。

建炎四年正是公元1130年，这一年的九月，金国册封刘豫为"子皇帝"，国号"齐"，定都原宋朝的北京大名府，后迁都开封府，管辖河南及其周边地区。十月，金国为一举消灭南宋政权，与伪齐一起发动了规模空前的冬季攻势。这次进攻，金军几乎倾巢出动，共兵分三路。东有挞懒（完颜昌）和兀术（完颜宗弼）直下淮南，西有娄室和讹里朵（完颜宗辅）攻打陕西，中有粘罕大军进犯两湖。三路大军来势汹汹，大有不灭南宋誓不罢休之势。而秦桧就是跟随挞懒来到淮南的。完颜昌在金国属于主和派，主张外交和军事并重，所以，猴王猜测，是他特意安排秦桧一家南归的。

1130年之后，南宋朝廷渐渐立住脚，金强宋弱的局面渐渐向金弱宋强的局面转变。以岳飞为首的主战派力主北伐收回失地，迎回二帝的呼声很高，还频频打出了高潮。和谈对于金国来说不啻为一个更为合理的选择。

宇文虚中自愿卧底金营，秦桧南归，这两件事一前一后，难道是巧合？两国交战，犬牙交错，间谍战不可避免，知彼知己才能百战不殆。很多北宋的旧臣都服务于金国，难道都忠心耿耿？而南宋朝廷却无金国内应。以此角度观之，秦桧返回南宋，卧底的嫌疑很大。他莫不是金国安插在南宋的"影子"？

# 风筝 PK 影子

> 金人每欲南侵,虚中以费财劳人,远征江南荒僻,得之不足以富国。王伦归,言:"虚中奉使日久,守节不屈。"遂诏福州存恤其家,仍命其子师瑗添差本路转运判官。[10]

金国每每欲南下攻宋,宇文虚中都进言:劳师远征,耗费很大,还得不了多少便宜,得不偿失啊!南宋的使臣王伦回来禀报说:宇文虚中在敌营这么久,始终没有变节。宋高宗很欣慰,下诏抚恤他在福州的家人,还任命他的儿子当了不小的官。

那么秦桧呢?回来也不闲着,他也要完成自己的任务。

> 绍兴元年二月,除参知政事。七月,宗尹罢。先是,范宗尹建议讨论崇宁、大观以来滥赏,桧力赞其议,见帝意坚,反以此挤之。宗尹既去,相位久虚。桧扬言曰:"我有二策,可耸动天下。"或问何以不言,桧曰:"今无相,不可行也。"八月,拜右仆射、同中书门下平章事兼知枢密院事。[11]

当初朝野质疑秦桧南归时,支持他的有宰相范宗尹;而范宗尹需要秦桧支持时,却没有了秦桧的影子。秦桧要做的是摸准宋高宗的脉,如何才能达到目的呢?唯有做宰相。范宗尹很快就被罢免了,秦桧功不可没。那么,秦桧扬言的耸动天下的二策是什么?宋高宗曾对秘书綦崇礼说过这样一段话:

> 上召直学士院綦崇礼入对,示以桧所陈二策,欲以河北人还金国,中原人还刘豫。帝曰:"桧言'南人归南,北人归北'。朕北人,将安归?桧又言'为相数月,可耸动天下',今无闻。"[12]

秦桧这二策如果真被采纳,那么宇文虚中的所有努力就将化为泡影,秦桧的任务也就圆满完成了。当然,秦桧面前也不是一点挑战都没有,与他一起为相的还有好几位,几位宰相之间少不了互相倾轧,秦桧这活也不好练啊。

# 身在曹营心在汉

史书中没有记载宇文虚中在金国十八年里有没有另外成家,只是《宋史》里有这么一句话,透露的信息很多:"桧虑虚中沮和议,悉遣其家往金国以牵制之。"[13]秦桧害怕宇文虚中在金国阻碍宋金和谈,特意将宇文虚中的全部家眷送到了金国。看来宇文虚中在金国当的是"裸官"。秦桧这招够狠,让宇文虚中很难受。

> 虚中恃才轻肆,好讥讪,凡见女真人,辄以"矿卤"目之,贵人达官,往往积不平。虚中尝撰宫殿榜署,本皆嘉美之名,恶之者摘其字以为谤讪,由是媒蘖成其罪,遂告虚中谋反。鞫治无状,乃罗织虚中家图书为反具。虚中曰:"死自吾分。至于图籍,南来士大夫家家有之,高士谈图书尤多于我家,岂亦反邪?"有司承顺风旨,并杀士谈。虚中与老幼百口同日受焚死,天为之昼晦。[14]

绍兴十六年,金皇统六年(公元1146年),宇文虚中被金国处死。罪名有两条,一是恃才放旷,二是谋反。其全家老幼一百口人同日被杀。秦桧做事真是够绝啊!关于宇文虚中做卧底一事,南宋时的叶绍翁在其《四朝闻见录》里有言:"盖(王)伦拘留金廷,密约宇文虚中劫敌反其地而南。谋泄,为敌所害。"[15]

当时还有一个人对秦桧不利,那就是洪皓。洪皓出使金国曾被困十五年,对秦桧的底细比较清楚,所以,秦桧很忌惮他。

> 惟为桧所嫉,不死于敌国,乃死于谗愬……论曰:孔子云:"使于四方,不辱君命,可谓士矣。"当建炎、绍兴之际,凡使金者,如探

虎口,能全节而归,若朱弁、张邵、洪皓其庶几乎,望之不足议也。皓留北十五年,忠节尤著,高宗谓苏武不能过,诚哉。然竟以忤秦桧谪死,悲夫![16]

当然秦桧干的最大的一件事是以"莫须有"的罪名处死了岳飞父子。

风筝断线,影子尚存。宇文虚中死后的第九年,公元 1155 年,秦桧寿终正寝。但是,做卧底这件事的风险的确很大,也很难辨别真伪,清朝赵翼就认为宇文虚中已经降金,当了大官,已是变节,《宋史》就不必为他列传了:

> 王伦为宋使,被杀于金,则《宋史》宜立传,而《金史》不必立。宇文虚中使金被留,既而仕于金,官至太常卿,封河内郡公,则《金史》宜立传,而《宋史》不必立。乃《宋史》则传伦而并传虚中,《金史》则传虚中而并传伦,均失之矣。[17]

**注释:**

[1]—[5]元·脱脱《宋史》,卷三百七十一,列传第一百三十,宇文虚中。

[6]元·脱脱《宋史》,卷四百七十三,列传第二百三十二,奸臣三,秦桧。

[7]南宋·徐梦莘《三朝北盟会编》,卷二百二十。

[8]元·脱脱《宋史》,卷三百六十二,列传第一百二十一,朱胜非。

[9]元·脱脱《宋史》,卷四百七十三,列传第二百三十二,奸臣三,秦桧。

[10]元·脱脱《宋史》,卷三百七十一,列传第一百三十,宇文虚中。

[11][12]元·脱脱《宋史》,卷四百七十三,列传第二百三十二,奸臣三,秦桧。

[13][14]元·脱脱《宋史》,卷三百七十一,列传第一百三十,宇文虚中。

[15]南宋·叶绍翁《四朝闻见录》,丙集。

[16]元·脱脱《宋史》,卷三百七十三,列传第一百三十二,洪皓(子适、遵、迈)。

[17]清·赵翼《陔余丛考》,卷十三。

# 足球先生高俅

足球先生高俅在历史上是怎么出场的？

正史里语焉不详，《水浒传》描写得甚是详细。

《水浒传》的第二回《王教头私走延安府，九纹龙大闹史家村》是这样描写高俅的：

> 且说东京开封府汴梁宣武军，一个浮浪破落户子弟，姓高，排行第二，自小不成家业，只好刺枪使棒，最是踢得好脚气毬。京师人口顺，不叫高二，却都叫他做高毬。后来发迹，便将毬那字去了毛傍，添作立人，便改作姓高名俅。这人吹弹歌舞，刺枪使棒，相扑顽耍，亦胡乱学诗书词赋。若论仁义礼智信行忠良，却是不会，只在东京城里城外帮闲。

一开场就交代了高俅的底细：街头一混混也。

混混自然不受家人待见，因好赌博耍钱，被其父告到官府，被轰出汴梁，发配淮西临淮州。高俅走投无路，只得投奔到开赌场的柳大郎那里，一住三年。恰逢新皇帝登基，大赦天下，高俅寻思着要回到汴梁，这时柳大郎就把他推荐给了一位开生药铺的董将士。

要不说高俅此人情商颇高，在外漂泊多年，寄人篱下，自然学会了察言观色，左右逢源，不如此不能苟活啊。当年刘邦在乡间游手好闲时，他爹也没少挖苦他：你这娃干啥啥不行，不如你两个哥哥，将来讨不到老婆别来烦我。结果,谁承想人家最擅长的职业是帝王啊。刘邦飞黄腾达后对他爹还算不错,不知道高俅富贵后对他爹怎样。《水浒传》里没有交代,只是聚焦在他那个不成器的宝贝儿子高衙内身上。

……董将士思量出一个路数,将出一套衣服,写了一封书简,对高俅说道:"小人家下萤火之光,照人不亮,恐后误了足下。我转荐足下与小苏学士处,久后也得个出身,足下意内如何?"高俅大喜,谢了董将士。董将士使个人将着书简,引领高俅,径到学士府内。门吏转报小苏学士,出来见了高俅,看了来书,知道高俅原是帮闲浮浪的人,心下想道:"我这里如何安着得他!不如做个人情,荐他去驸马王晋卿府里,做个亲随。人都唤他做小王都太尉,他便喜欢这样的人。"……这太尉乃是哲宗皇帝妹夫,神宗皇帝的驸马。他喜爱风流人物,正用这样的人。一见小苏学士差人持书送这高俅来,拜见了,便喜。随即写回书,收留高俅在府内做个亲随。

董将士一看这高俅非善茬,赶紧打发到小苏学士那里;小苏学士一看这人三观不正,又打发他去了驸马爷王晋卿府上。结果这驸马爷与高俅一见如故,臭味相投,就收留了他。高俅就这样被踢来踢去,竟然离球门越来越近了。

临门一脚很关键啊!

自此,高俅遭际在王都尉府中出入,如同家人一般。自古道:"日远日疏,日亲日近。"忽一日,小王都太尉庆诞生辰,分付府中安排筵宴,专请小舅端王。这端王乃是神宗天子第十一子,哲宗皇帝御弟,现掌东驾,排号九大王,是个聪明俊俏人物。这浮浪子弟门风帮闲之事,无一般不晓,无一般不会,更无一般不爱。即如琴棋书画,无所不通,踢毬打弹,品竹调丝,吹弹歌舞,自不必说。当日王都尉府中,准备筵宴,水陆俱备。

驸马爷要过生日,来庆贺的人自然都是豪门,其中这端王即是后来的宋徽宗。在宴席上，端王喜欢上了王晋卿的羊脂玉做的镇纸狮子，王晋卿就差高俅将镇纸狮子和玉龙笔架一道送到端王府上。端王当时正在玩蹴鞠，高俅大展身手的机会终于到了。足球比赛就是这样，别管你在人家球门前左轰右轰，别管你控球率有多高，不以进球为目的的比赛就是要流氓。

高俅的身手究竟如何？《水浒传》里有交代：

> 那个气毬腾地起来，端王接个不着，向人丛里直滚到高俅身边。那高俅见气毬来，也是一时的胆量，使个鸳鸯拐，踢还端王……
>
> 高俅只得把平生本事都使出来，奉承端王。那身分模样，这气毬一似鳔胶粘在身上的。端王大喜，那里肯放高俅回府去，就留在宫中过了一夜。

高俅不愧为大宋朝的"足球先生"，门前机遇把握不让 C 罗。

有人特意考证过这所谓的"鸳鸯拐"，比之现在的 C 罗一点都不差。球就像"鳔胶"粘在身上，能做到这份上，现在的大牌球星恐怕也没有几个吧！

《水浒传》毕竟是小说，不夸大点不好看，但高俅的球技究竟如何呢？《宋稗类钞》里也有一段记述，虽属于野史杂说之列，但比之《水浒传》显得略权威一点。

> 高俅者，本东坡先生小史，笔札颇工。东坡自翰苑出帅中山，留以予曾文肃布。文肃以使令已多，辞之，以属王晋卿。元符末，晋卿为枢密都承旨，时祐陵在潜邸，与晋卿善。在殿庐侍班，邂逅。王云："今日偶忘带篦刀子来，欲假以掠鬓，可乎？"晋卿从腰间取之。王云："此样甚新可爱。"晋卿言："近创造二副，一犹未用，少刻当以驰内。"至晚，遣俅赍往。值王在园中蹴鞠，俅候报之际，睥睨不已。王呼令对蹴，深惬王意，大喜，呼隶辈云："可往传语都尉，既

谢篦刀之贶,并所送人皆辍留矣。"由是日见亲信。踰月,王登宝位,眷渥甚厚,不次迁拜。其侪类援以祈恩,上曰:"汝曹争如彼好脚迹耶?"数年间建节,寻至使相,遍历三衙者二十年。领殿前司职事,恩倖无比,极其富贵,然不忘苏氏。每其子弟入都,则给养问恤甚勤。靖康初,祐陵南下,俅从驾至临淮,以疾笃,辞归京师。当时侍行如童贯、梁师成辈,皆坐诛,而俅独死于牖下。(《水浒传》载:高俅由小苏学士致身王晋卿,因送玉器及气毬,以知遇徽庙潜邸日,孰知其为大苏之小史耶?其事见王明清《挥麈录》)[1]

这段话的信息量比较大,有几处需要着重强调一下。

一、高俅是苏东坡的门人,算秘书一类。先是被推荐给曾布(唐宋八大家之一曾巩的弟弟),曾布又把他推荐给了王晋卿。王晋卿即王诜,是宋英宗的驸马,宋神宗的妹夫,宋徽宗的姑父。《水浒传》里说他是"哲宗皇帝妹夫,神宗皇帝的驸马",差了辈分,毕竟是小说,可以虚构。

施耐庵估计是不想让苏大学士与这泼皮有关系,故意杜撰出一位小苏学士,且与高俅没有多少瓜葛,匆匆打发他去了驸马爷王晋卿那里。为圣人隐,可以理解。其实圣人也是人,圣人身边也是有小人的,不足为怪。高俅情商颇高,很念旧恩,对苏轼后人都很照顾,可见当初两人相处得不错。

二、《水浒传》里说王晋卿遣高俅送端王镇纸狮子和玉龙笔架,《宋稗类钞》里说是送的梳子,基本都是日常生活物件,无关紧要。

三、高俅以球技得宠,留在端王身边,后来日渐隆宠,这点没有异议。只是结局《水浒传》里没有交代,此处交代他不像童贯和梁师成等被诛杀,而是得以寿终正寝。

关于高俅的正史记录有没有?有,但都是些只言片语。比如在《宋史·徽宗本纪》里有一句话:"五月壬戌,以高俅为开府仪同三司。"[2]准确地说是宣和四年(公元1122年)农历五月,高俅被任命为开府仪同三司。这是多大一个官呢？和宰相差不多吧。在别人的传记里他偶尔也被提及那么一两句，比如《宋史·李若水传》里有这么一段：

> 靖康元年，为太学博士。开府仪同三司高俅死，故事，天子当挂服举哀，若水言："俅以幸臣躐跻显位，败坏军政，金人长驱，其罪当与童贯等。得全首领以没，尚当追削官秩，示与众弃；而有司循常习故，欲加缛礼，非所以靖公议也。"章再上，乃止[3]

看来高俅的名声的确不好，《宋史》竟然未列其传，不确定其生于何年，但由《李若水传》可确知其死于靖康元年，即1126年。死后按理说皇上也要"挂服举哀"，权且不论其级别，看在多年球友的分上也应该哀悼一下，但李若水说这等小人死有余辜，不追究其责任就不错了，哀悼仪式就免了吧！

人们传言蹴鞠乃高俅发明，其实不然，蹴鞠早在春秋战国时期就有，当时主要是军人的一种训练项目。《史记·苏秦列传》里就有记录：

> 因东说齐宣王曰："齐南有泰山，东有琅邪，西有清河，北有勃海，此所谓四塞之国也。齐地方二千余里，带甲数十万，粟如丘山。三军之良，五家之兵，进如锋矢，战如雷霆，解如风雨。即有军役，未尝倍泰山，绝清河，涉勃海也。临菑之中七万户，臣窃度之，不下户三男子，三七二十一万，不待发于远县，而临菑之卒固已二十一万矣。临临菑富而实，其民无不吹竽鼓瑟，弹琴击筑，斗鸡走狗，六博蹋鞠者。"[4]

苏秦对齐宣王说：别说其他地方，齐国的首都临菑就有七万户，每户男子不下三人，这就是二十一万的兵力啊！临菑实力很强，民众不仅会"吹竽鼓瑟，弹琴击筑，斗鸡走狗"，而且会"六博蹋鞠"。言下之意，有这么强大的实力还用怕他秦国？看来蹴鞠早就是民间日常运动了，只是当时叫蹋鞠。

即使在宋朝，论蹴鞠，高俅也算是晚辈。早在一百多年前的宋真宗时期,蹴鞠就已经开始流行。当时的宰相丁谓就是蹴鞠高手,有一段故事与高俅受宠于宋徽宗如出一辙。

丁谓年轻时喜欢蹴鞠,曾经写了一首诗:

> 鹰鹘腾双眼,龙蛇绕四肢。
>
> 蹴来行数步,踤后立多时。

这踢球的功夫真是了得!所谓上有所好,下必甚焉。有一位叫柳三的小伙子想攀附宰相,但苦于没有理由,怎么办?苦练踢球呗!并且练就了一身本事,天天待在丁宰相的院子旁等待时机。要不说,机遇总是偏爱有准备的人。一天丁谓在后花园踢球,球蹦出了院子,柳三捡到了球,只待宰相出来。丁谓果然出来捡球,只见这位柳三头顶着球怀揣着作品觐见宰相,跪拜时,将作品呈上,头上的球非但没落地,反而在头、脊背和臀部之间自由挪动。这水平,恐怕现在的球星也自叹弗如吧!丁谓哈哈大笑,连连称奇,纳其为门徒。这一段可不是小说杜撰,而是有靠谱的记载的:

> 丁相少时,好蹴鞠,赋长韵,有联云:"鹰鹘腾双眼,龙蛇绕四肢。蹴来行数步,踤后立多时。"蹴工柳三欲见公无由,会公蹴后园,球偶逬出,柳挟取之,因怀所业载球以见,公出,肃拜者三,每拜,球起伏于背脊幞头间,公笑而奇之,遂延于门下。[5]

有人说足球与国运有关,扯得有点远,你看大宋王朝足球踢得那么好,连皇上都是"球星",却被动挨打。有宋一代,蹴鞠盛行,"球星"辈出,可惜那时候没有世界杯,更没有什么"友谊第一,比赛第二"的英超、中超、西甲联赛。两国之间,废话少说,都是真刀实枪地干。只有在血雨腥风得实在腻歪了,才想起了体育比赛。如果宋朝时真有世界杯,高俅也不用忙着围剿梁山,梁山好汉与高俅携手,前锋有武松和林冲,中场有神行太保戴宗,头球有时迁争顶,浪子燕青做自由人,后卫有鲁智深和李逵,高俅担任队长,一定踢遍辽、金、西夏无敌手。

在中国古代的文化基因里,音乐和体育都不怎么受重视,被看作上不了台面的本事,从业人员名声也多不好。一说起音乐就是《霓裳羽衣曲》这样的"靡靡之音",而想不到铿锵有力的《秦王破阵乐》。好不容易出了一位足球先生,却也是一位祸国殃民的主。

别说高俅生不逢时,他的老板宋徽宗也是点背,要是放到今天,二位绝对是网上大 V,粉丝千万。当什么宰相和皇帝? 不稀罕。

**注释:**

[1]清·潘永因《宋稗类钞》,卷一。

[2]元·脱脱《宋史》,卷二十二,本纪第二十二,徽宗四。

[3]元·脱脱《宋史》,卷四百四十六,列传第二百五,忠义一。

[4]西汉·司马迁《史记》,卷六十九,苏秦列传第九。

[5]明·蒋一葵《尧山堂外纪》,卷四十四·宋。

# 三十孔孟,四十老庄,六十弥勒

有一年春节,因山下的房子断了暖气,我带着我家二老入住某国宾馆。那几天,空气中正酝酿着一场大雪,"山路元无雨,空翠湿人衣",在外面走了一会,就感到周身凉透。

回到大厅里小憩时,我与父亲观赏照片墙,墙上收录了曾下榻此处的所有领导人的照片。我发现照片墙显然换了位置,可能是因为之前的那面墙太小了,放不下了;照片也比以前有了诸多更新,看来到此一住的领导人是越来越多了。仔细观瞧,发现其中的次序也发生了微妙的变化,有些人消失了,有些人还在,与父亲指指点点了一番。这让我想起唐朝立国时唐太宗为表彰功臣而建的凌烟阁。

元代有位诗人阿里西瑛,写了一首打油似的《叹世》曲:"金乌玉兔走如梭,看看的老了人呵。有那等不识事的痴呆待怎么? 急回头迟了些儿个。你试看凌烟阁上,功名不在我。则不如对酒当歌,对酒当歌且快活,无忧愁,安乐窝。"[1](《商调·凉亭乐》)在安乐窝里,他又写了《双调·殿前欢》:

### 懒云窝[2]

懒云窝,醒时诗酒醉时歌。瑶琴不理抛书卧,无梦南柯。得清闲尽快活,日月似揎梭过,富贵比花开落。青春去也,不乐如何?

懒云窝，醒时诗酒醉时歌。瑶琴不理抛书卧，尽自磨陀。想人生待则么？富贵比花开落，日月似撺梭过。呵呵笑我，我笑呵呵。

懒云窝，客至待如何？懒云窝里和衣卧，尽自婆娑。想人生待则么？贵比我高些个，富比我惨些个。呵呵笑我，我笑呵呵。

这是典型的鸡汤段子，现在网络上聊天的"呵呵"也许就是打这儿来的吧。

元曲大家贯云石看了阿里西瑛的《懒云窝》后，和了一首：

## 和阿里西瑛懒云窝[3]

懒云窝，阳台谁与送巫娥？蟾光一任来穿破，遁迹由他。蔽一天星斗多，分半榻蒲团坐，尽万里鹏程挫。向烟霞笑傲，任世事蹉跎。

读这二位的这两首曲，猴王不禁想问一个特别俗的问题：一天到晚，安乐窝里对酒当歌，看来工资都挺高的哦！要不就是家里底子厚，不差钱吧。

话说这阿里西瑛和贯云石都是西域之人，本不是中原汉人。《全元散曲》里说阿里西瑛："躯干魁伟，故人咸曰长西瑛，久居吴城（今江苏苏州市）并自名其居所'懒云窝'，每于超然脱俗中逍遥自乐。擅交际，长音律，文友如云，曾作'殿前欢'调，以述其志。一时名流雅士如贯云石、乔吉、卫立中、吴西逸等皆有唱和。亦善吹筚篥，贯云石有《筚篥乐为西瑛公子》诗赞之。今存小令皆慵懒疏狂，寄情诗酒之作。风格素朴真率，语言洒脱畅达，诙谐风趣。"[4]

《元史》里说贯云石："年十二三，膂力绝人。使健儿驱三恶马疾驰，持槊立而待，马至腾上之，越二而跨三。运槊生风，观者辟易。或挽强射生，逐猛兽，上下峻阪如飞。诸将咸服其趫捷。稍长，折节读书，目五行下。吐辞为文,不蹈袭故常,其旨皆出人意表。"[5]

你看,这两位本是西域猛男,熟读了儒释道的书以后也会写一点无病呻吟的句子,也会熬点心灵鸡汤,也会"呵呵"了。不过,单说这贯云石,人家出身不简单,父亲是封疆大吏,他的官阶也不低,"拜翰林侍读学士、中奉大夫、知制诰同修国史"[6],与赵孟頫同朝,且官职一样,估计当时两人应该挺熟的吧!贯云石在二十八岁时就辞了官,之后十年时间啥也不干,饱览大好山河,成了专职"驴友";三十九岁那年就在杭州去世了,但他也玩够了。"狂放不羁爱自由"真是西域胡儿的真实写照啊!

## 剔银灯·与欧阳公席上分题

### 范仲淹

昨夜因看蜀志,笑曹操孙权刘备。用尽机关,徒劳心力,只得三分天地。屈指细寻思,争如共、刘伶一醉?

人世都无百岁。少痴騃、老成尫悴。只有中间,些子少年,忍把浮名牵系,一品与千金,问白发、如何回避?

四十岁前是孔孟,四十岁后是老庄,到了六十岁后就是弥勒佛了,这是我们中国人典型的心路历程。你看这位"不以物喜,不以己悲""先天下之忧而忧,后天下之乐而乐"的范仲淹也不免会发点牢骚。英雄不是每天都意气风发,打了鸡血似的,也有心灰意冷,撂挑子的时候。

辩证地看,很多看似与世无争、消极避世的诗都隐含着积极的道理,就像五代时期布袋和尚的这首诗:

手把青秧插满田

低头便见水中天

六根清净方为道

退步原来是向前

有时还是要学习一下阿里西瑛和贯云石,你怎知向前就真是向前,不会是南辕北辙? 你怎知退后就真是退后? 地球本来就是圆的嘛!

**注释:**

[1][2]隋树森《全元散曲》,阿里西瑛。

[3]隋树森《全元散曲》,贯云石。

[4]隋树森《全元散曲》,阿里西瑛。

[5][6]明·宋濂《元史》,卷一百四十三,列传第三十,小云石海涯传。

# 洪武大移民,朱元璋的"精准扶贫"

洪武二十五年是公元 1392 年,这年的十二月,后军都督府都督金事李恪和徐礼从山西回到北京。他们在山西办了一件大事。

先说这后军都督府金事究竟是个什么官。明朝初期,朱元璋设立了五军都督府,前、后、左、右、中五个都督府掌管天下兵马,相当于五大军区。都督金事是正二品,相当于我们现在的军级干部吧。

早在三年前,朱元璋就给他们俩派了个任务。《明实录》里记载如下:

> 上以河南彰德、卫辉、归德、山东临清、东昌诸处,土宜桑枣,民少而遗地利,山西民众而地狭,故多贫。乃命后军都督金事李恪等往谕其民,愿徙者验丁给田,其冒名多占者罪之,复令工部榜谕。[1]

啥任务呢?一言以蔽之,移民。

元末明初,天下大乱,战乱不止,中原和江淮流域是重灾区,人口锐减,十室九空,"白骨露于野,千里无鸡鸣"。而独独山西南部(今运城、临汾、长治和晋城地区)由于地势险要,襟山枕水,且土地肥沃,宜种粮棉,成了"世外桃源",难民纷纷投奔此地,久而久之,反而人满为患。据《明实录》[2] 记载,明洪武十四年(公元 1381 年)全国总人口为59873305 人,而山西人口达 4030454 人,多居于晋南一隅。晋南的人口密度可见一斑。

朱元璋考虑到河南、河北、山东"土宜桑枣,民少而遗地利,山西民众而地狭,故多贫",地域经济发展很不均衡,所以就派李恪和徐礼等赴山西办理移民事宜。一晃三年过去了,移民之事办得如何呢?此次回京,他们俩正是要专门向朱元璋汇报一下,汇报的内容在《明实录》里也有翔实记载:

> 后军都督府都督佥事李恪、徐礼还京。先是命恪等往谕山西民愿徙居彰德者听,至是还报:彰德、卫辉、广平、大名、东昌、开封、怀庆七府民徙居者凡五百九十八户,计今年所收谷、粟、麦三百余万石,绵花千一百八十万三千余斤,见种麦苗万二千一百八十余顷。上甚喜曰:"如此十年,吾民之贫者少矣!"[3]

李恪和徐礼这趟差事看来办得不错,从山西共迁出了五百九十八户,分别迁徙到彰德、卫辉、广平、大名、东昌、开封、怀庆七府,大约就是今天河南的安阳、卫辉、焦作,河北的邯郸及山东的聊城等地。1392年的收成也不错,谷、粟、麦、棉花都获得了丰收,播种面积也大大增加。朱元璋自然很高兴,他乐观地说:"如此十年,吾民之贫者少矣!"想想我们现在的扶贫攻坚战,何其相似乃尔。

从朝堂上来看,洪武大移民的成效的确显著,迅速恢复了各地的生产,改善了民生,王朝初立的大明政权也逐渐趋于稳固。那么民间呢?老百姓是如何看待这次人口大迁徙的?

> 问我祖先何处来,山西洪洞大槐树。
>
> 祖先故居叫什么,大槐树下老鸹窝。

这是流传甚广的关于明初大移民的民谣。据说当时有很多人不愿意走,官兵就用绳子把他们绑在一起,押送他们。一路上难免要上厕所,移民就会喊官兵解开绳子,久而久之,"解手"就成了上厕所的意思。

如果你有机会乘坐太原至运城的高铁,在路过洪洞县时,一定会看到路边的山上镌刻着四个大字:华人老家。据统计,从洪武三年(公元

1370 年)到永乐十五年(公元 1417 年)的五十年间里,山西共迁徙出了百万人口之多,可谓平均四个山西人里就走出了一个人。想想晋商为什么能在明清两季兴盛起来,猴王以为与此大规模的移民很有关系。到哪里都有熟人,岂不是生意好做?

都说故土难离,如果不是迫于灾荒,谁愿意背井离乡? 如此大规模的迁徙活动,不仅考验着基层组织的执行能力,也考验着朝廷的政策是否得当。明朝初立,百废待兴,如果光靠强制执行,酿成民变怎么办?

首倡移民的是谁? 户部郎中刘九皋,附议者有后军都督佥事朱荣。

> (洪武二十一年八月)户部郎中刘九皋言:"古者狭乡之民迁于宽乡,盖欲地不失利,民有恒业。今河北诸处,自兵后田多荒芜,居民鲜少,山东、西之民自入国朝,生齿日繁,宜令分丁徙居宽闲之地,开种田亩,如此则国赋增而民生遂矣。"上谕户部侍郎杨靖曰:"山东地广,民不必迁,山西民众,宜如其言。"于是迁山西泽、潞二州民之无田者,往彰德、真定、临清、归德、太康诸处闲旷之地,令自便置屯耕种,免其赋役三年,仍户给钞二十锭,以备农具。[4]

> 后军都督朱荣奏:山西贫民徙居大名、广平、东昌三府者,凡给田二万六千七十二顷。[5]

户部郎中刘九皋提出将山东和山西的农民迁往地广人稀之处。朱元璋认为山东地广,民不必迁出,而山西地狭民稠,遂下令将山西晋城和长治的无田的农民迁往今河南安阳、河北正定、山东临清、河南商丘、河南周口等地,分配田地,免税三年,每户给钞二十锭用于买农具。这样优厚的政策自然吸引了很多农民。重赏之下必有勇夫,自然有自告奋勇者。"(洪武二十二年)九月甲戌,山西沁州民张从整等一百一十六户告愿应募屯田,户部以闻,命赏从整等钞锭,送后军都督佥事徐礼分田给之,仍令回沁州召募居民。时上以山西地狭民稠,下令许其民分丁于北平、山东、河南旷土耕种,故从整等来应募也。"[6]

明朝初立,蒙古人虽然被赶往漠北,但是终明一代,最大的威胁还是来自北方的蒙古。朱元璋统一全国后,采纳谋士刘伯温的建议,在全国建立卫所制,控扼要害地带。中央设大都督府,然后设立中、左、右、前、后五都督府为统辖全国的军事机关,相当于现在的中央军委和各大战区。在地方,设都指挥使司,相当于军分区。都指挥使司之下设置卫,辖五个千户,共五千六百人;千户辖十个百户,百户辖两个总旗,总旗辖五个小旗。兵部负责征讨、镇戍和训练,相当于现在的国防部。这种统军权与调军权分离的制度安排,旨在保证皇帝对全国军队的绝对控制。在朱元璋任内,全国拥有近三百万的军队,其中的精锐之师基本镇戍在长城一线。如何解决兵源,就成了一件大事。

> (洪武二十五年八月)丁卯,上以山西大同等处宜立军卫,屯田守御,乃谕宋国公冯胜、颍国公傅友德等曰:"屯田守边,今之良法,而寓兵于农亦古之令制。与其养兵以困民,曷若使民力耕而自卫?尔等宜往山西布政司集有司者老谕以朕意。"乃分命开国公常昇,定远侯王弼,全宁侯孙恪,凤翔侯张龙,永平侯谢成,江阴侯吴高,会宁侯张温,宣宁侯曹泰,徽先伯桑敬,都督陈俊、蒋义、李胜、马鉴往平阳府。安庆侯仇正,怀远侯曹兴,安陆侯吴杰,西凉侯濮玙,都督孙彦、谢熊、袁洪、商嵩、徐礼、刘德,指挥李茂之往太原等府,阅民户四丁以上者,籍其一为军,蠲其徭役,分隶各卫,赴大同等处开耕屯田。东胜立五卫,大同在城立五卫,大同迤东立六卫,卫五千六百人,仍戒其各慎乃事,毋扰于民。[7]

为了屯垦戍边大计,1392 年,朱元璋派出了豪华的阵营来经略此事。你看这动用了多少王公大臣,就像我们今天"固定帮扶对象"一样,每一个王公大臣都对应着固定的州县来办理征兵事宜。

> (洪武二十五年十二月)壬申,宋国公冯胜等籍民兵还。先是上遣胜等往太原、平阳选民丁,立部伍,置卫屯田。至是还,以所籍

之数奏之。凤翔侯张龙、徽先伯桑敬籍平陆、夏县、芮城三县民丁为一卫。定远侯王弼籍临汾、襄陵、蒲县民丁为一卫。宣宁侯曹泰、都督马鑑籍洪峒、浮山二县民丁为一卫。会宁侯张温、都督李胜籍曲沃、翼城、绛县三县民丁为一卫。都督徐礼籍闻喜、安邑、猗氏三县民丁为一卫。开国公常昇籍霍州、灵石、赵城、汾西四州县民丁为一卫。东平侯韩勋、东莞伯何荣籍绛州及太平县民丁为一卫。江阴侯吴高、都督蒋义籍蒲州及稷山、万泉、临晋、荥河四县民丁为一卫。全宁侯孙恪籍隰、吉二州及石楼、永和、太宁、河津四县民丁为一卫。安陆侯吴杰、致仕指挥李茂之籍平遥、太谷、祁县三县民丁为一卫。永平侯谢成籍汾州及汾水、孝义二县民丁为一卫。西凉侯濮玙籍辽、沁、平定三州及乐平、和顺、榆社、武乡、沁源五县民丁为一卫。安庆侯仇正、都督孙彦籍石州、岢岚、保德三州及宁乡、临县、兴县、静乐、岚县、河曲、河津七县民丁为一卫。都督商嵩、袁洪籍忻、代二州及崞县、繁峙、五台三县民丁为一卫。怀远侯曹兴籍太原、清源、徐沟、交城、介休五县民丁为一卫。都督刘德籍阳曲、榆次、寿阳、盂县、定襄五县民丁为一卫。[8]

此次戍边的移民总共有十六卫，一卫有五千六百人，则总人数为八万九千六百人。"民户四丁以上者籍其一为军"，这么多山西青壮年去屯垦戍边，自然要生根发芽，开枝散叶。想想现在包头、鄂尔多斯一带有很多人都操山西口音，其原因可想而知。这次迁徙也催生了一个绵延四百多年的名词——走西口。

都说山西人恋家：老婆孩子热炕头，打死不出娘子关。我想这除了与山西封闭的地理环境有关外，还与这明初大移民密切相关。饱尝了背井离乡之苦，留下来的真是打死也不离窝啊！

如何来定位明初山西大移民的政策呢？我想，与其说它是一项移民政策，不如说是朱元璋实施的"精准扶贫"。效果如何？历史已做出了回答。当然朱元璋也只是开了一个头，他的儿子永乐帝朱棣一以贯之。由于朱棣与侄子建文帝朱允炆为争夺皇位打了三年的靖难战争，河北、山东及江淮一带生灵涂炭、民不聊生，他上位以后只能接着移民。

《明太宗实录》卷二十二载："（永乐）元年八月，定罪囚于北京为民种田例……北京、永平、遵化等处，壤地肥沃，人民稀少，今后有犯者，令于彼耕戍……礼部议奏，以山东、山西、陕西、河南四布政司就本部政司编成里甲，应给钞者人给钞三百贯，编成一甲、二甲，既先发遣。每甲先买牛五头……拨荒闲秋夏田地共五十亩，有力自愿多耕者听……上悉从之。"永乐元年是公元 1403 年。需要强调的是，这一年，北平改称北京。

《明史·成祖本纪》卷六记载："（永乐）二年九月丁卯，徙山西民万户实北京。"

《明史·成祖本纪》卷六记载："（永乐）三年九月丁巳，徙山西民万户实北京。"

《明太宗实录》卷五十记载："（永乐）四年正月，湖广、山西、山东等郡县吏李懋等二百十四人言愿为民北京，命户部给道里费遣之。"

《明太宗实录》卷五十九记载："（永乐）五年五月，命户部徙山西之平阳、泽、潞，山东之登、莱等府州五千户隶上林苑监，牧养栽种，户给道里费一百锭，口粮五斗。"

历史的底稿总是散落在你不注意的地方，正如一句诗：天空中没有留下我的影子，但是我已飞过。在今北京的大兴和顺义，有很多有趣的地名，一看就知与山西有关：大兴有解州营、蒲州营、绛县营、潞城营、霍州营、黎城营、石州营、孝义营、沁水营、屯留营、大同营，还有一个地方干脆就叫山西营；顺义有夏县营、河津营、稷山营、东绛州营、西绛州营、红铜营、赵全营、忻州营等，红铜营实为洪洞营，赵全营则系赵城营，时间长了，发音难免有所变化，可以理解。可以说，所谓的老北京人，其实有一部分就是山西人。

霍金说了,大约到公元 2600 年,地球就不适宜人类居住了,人类必须迁徙到其他的星球。我想,不管人类在未来的星际旅行中走了多远,总会记住我们这个蓝色的星球的,就好像五六百年来,很多人依然记着老家洪洞县的那棵大槐树,大槐树下的那个老鸹窝。

**注释:**

[1]《明太祖实录》,卷一百九十八。

[2]《明太祖实录》,卷一百四十。

是岁计天下人户10654362,口59873305,直隶应天、松江、常州、池州、庐州、安庆、淮安、凤阳、徽州、太平、镇江、扬州、苏州、宁国十四府,徐州、和州、广德州、滁州四州计户 1935046,口 10241002;浙江布政使司户 2150412,口 10550238;山西布政使司户 596240,口 4030454;陕西布政使司户 285355,口 2155001;河南布政使司户 314785,口 1891087;广西布政使司户 210267,口 1463139;山东布政使司户 752365,口 5196715;北平布政使司户 338517,口 1893403;四川布政使司户 214900,口 1464515;江西布政使司户 1553924,口 8982481;湖广布政使司户 785549,口 4593070;广东布政使司户 755633,口 3171950;福建布政使司户 811369,口 3840250。

[3]《明太祖实录》,卷二百二十三,洪武二十五年十二月。

[4][5]《明太祖实录》,卷一百九十三。

[6]《明太祖实录》,卷一百九十七。

[7]《明太祖实录》,卷二百二十。

[8]《明太祖实录》,卷二百二十三。

# 任性皇帝任性臣

1521 年 4 月 22 日,一队人马从大明帝国的首都出发,目的地是远在千里之外的湖北安陆(今钟祥市)。

这是一支由慈寿皇太后(明武宗的母亲)与内阁首辅大学士杨廷和钦定的豪华使团:太监谷大用、韦彬、张锦,大学士梁储,定国公徐光祚,驸马都尉崔元,礼部尚书毛澄。他们随身带着一份重要的"红头文件":明武宗(正德皇帝)的遗诏。

两天前,紫禁城发生了一件大事。

4 月 20 日,病榻上的正德皇帝下了最后一道御旨:"朕疾不可为矣。其以朕意达皇太后,天下事重,与阁臣审处之。前事皆由朕误,非汝曹所能预也。"[1]

同时他下令:"罢威武团营,遣还各边军,革京城内外皇店,放豹房番僧及教坊司乐人。戊辰,颁遗诏于天下,释系囚,还四方所献妇女,停不急工役,收宣府行宫金宝还内库。庚午,执江彬等下狱。"[2]

人之将死,其言也善。看来"人之初,性本善"是有一定道理的,只是走着走着就拐了不少弯路,最后才又回到善的原点。

正德皇帝度过了自己任性的十六年,也算是尽兴而归道山了,临走时幡然悔悟两句,再办上几件人人称道的善事,好为史官笔下留情找一个台阶下。

果不其然,关于正德皇帝,历史学家们吵成了一锅粥。有说他是荒诞不经的人,也有说他是不落窠臼的人。

《明史》对正德皇帝朱厚照的评价如下:

> 明自正统以来,国势浸弱。毅皇手除逆瑾,躬御边寇,奋然欲以武功自雄。然耽乐嬉游,暱近群小,至自署官号,冠履之分荡然矣。犹幸用人之柄躬自操持,而秉钧诸臣补苴匡救,是以朝纲紊乱,而不底于危亡。假使承孝宗之遗泽,制节谨度,有中主之操,则国泰而名完,岂至重后人之訾议哉![3]

这评价还算客观中肯。朱厚照之所以曰"武宗",看来是他有兴盛明朝武备的良好愿望,也想提振一下自明英宗始一再败给北方瓦剌的颓唐军力。他在任内,诛刘瑾,平安化王、宁王之乱,应州大败小王子,武功还是可以的;但他又任性,颇有点"新新人类"的个性,贪玩、贪杯、贪色,不按常理出牌,游龙戏凤。奈何其人命好,有一帮能干的大臣支撑着——内有能干的内阁首辅杨廷和,外有千古完人王阳明,当然还有孔孟之道教育下的一帮臣僚,所以,朝政还能有效运转,不至于玩完。

话说回来,正是这队人马带着正德皇帝的遗诏去迎立他的堂弟——兴献王的长子朱厚熜。那年朱厚熜才十三岁,皇帝的玉玺传给了他,他年龄虽小,却有老主意。

> 夏四月癸未,发安陆。癸卯,至京师,止于郊外。礼官具仪,请如皇太子即位礼。王顾长史袁宗皋曰:"遗诏以我嗣皇帝位,非皇子也。"大学士杨廷和等请如礼臣所具仪,由东安门入居文华殿,择日登极。不允。[4]

那时候还没有飞机,更没有高铁,走得比较慢,5月中旬,他们才从湖北安陆出发,下旬才到北京的郊区良乡。负责礼仪的官员要求比照皇太子的即位礼来进行,大学士杨廷和也支持这项安排,要求朱厚熜从东华门入,居文华殿,然后再择日登基。别看朱厚熜年龄小,礼仪还是很懂的。他问自己的亲信大臣袁宗皋:遗诏不是要我继承皇位吗? 没说是继承太子位啊? 他当然不愿意,索性不走了。

怎么办? 这时候太后出来打圆场。

> 会皇太后趣群臣上笺劝进,乃即郊外受笺。是日日中,入自大明门,遣官告宗庙社稷,谒大行皇帝几筵,朝皇太后,出御奉天殿,即皇帝位。以明年为嘉靖元年,大赦天下。[5]

太后让大臣们都上奏折劝进,朱厚熜在郊外接受劝进。如此这般才让新皇帝感觉有面子。这天中午,朱厚熜从大明门入,登上了皇帝宝座,这就是鼎鼎大名的嘉靖皇帝。

在与杨廷和等大臣的礼仪之争中,朱厚熜毫无疑问赢了第一回合。这只是小试牛刀,真正的礼仪之争还在后面。

朱厚熜继位不久就开始琢磨,我爹和我娘的地位如何摆呢?

杨廷和等人认为:你是明孝宗的侄子,明武宗的堂弟,根据汉代和宋代类似的成例,你应该认明孝宗为父皇,认你的亲爹为皇叔。朱厚熜不干了:什么? 让我亲爹变成皇叔,成何体统? 大臣张璁上奏说:汉代和宋代的例子都是先变为太子,然后再继位的;而皇上你是按照太祖的《皇明祖训》里的"兄终弟及"原则直接继承皇位的,当然是"继统不继嗣"了。皇上你说咋办就咋办吧。最后,嘉靖帝不顾大部分朝臣反对,追尊生父为兴献帝后又加封为献皇帝,生母为兴国皇太后,改称明孝宗敬皇帝曰"皇伯考"。

清朝人赵翼在《陔余丛考》里说得很有道理:"毋怪张璁等之伺间也。璁之论曰:汉成帝之于哀帝,宋仁宗之于英宗,皆预立为嗣,养之宫中,其为人后之义甚明。今武宗无嗣,大臣遵祖训,以伦序立陛下,何得与预立为嗣者同例而论哉?"[6]凡事要 case by case(具体问题具体分析),不能拘泥不变。杨廷和等人犯了教条主义的错误;另外,这本是皇帝家的家事,又不是关系国计民生的大事,爱谁谁,干吗那么较真?

不过,杨廷和很知趣,毕竟当了多年的内阁首辅,见多识广,心里盘算着:不能小看眼前这十三岁的娃娃,咱又不是霍光,人家霍光能废了昌邑王刘贺,咱能做到吗?显然不能。既然不能,还不赶快见好就收?遂挂冠而去。

可是他的儿子杨慎不这么认为,非要与新皇帝掰扯清楚不可。

杨慎有才,号称"明朝第一才子"。当时与他爹杨廷和同朝为官,任翰林修撰。有他爹罩着,杨慎自然敢作敢为。当年明武宗出居庸关游玩,他就反对。"(正德)十二年八月,武宗微行,始出居庸关,慎抗疏切谏。寻移疾归。"[7]正德皇帝玩得正高兴,听到这扫兴的话,当然特别生气,但看在杨廷和的面子上没有发脾气。你说你的,我玩我的。

与出身寒微的人不同,高官子弟或轻或重都有一个缺点:自命不凡,情商不高。

什么是情商?就是让别人高兴,自己更高兴。但高官子弟一般都是别人顺着他,捧着他,再加上如果有那么点才华的话,就更是眼里只有自己了。如果让他占着理,那定是要得理不饶人的。

> 嘉靖三年,帝纳桂萼、张璁言,召为翰林学士。慎偕同列三十六人上言:"臣等与萼辈学术不同,议论亦异。臣等所执者,程颐、朱熹之说也。萼等所执者,冷褒、段犹之余也。今陛下既超擢萼辈,不以臣等言为是,臣等不能与同列,愿赐罢斥。"帝怒,切责,停俸有差。[8]

因为与张璁等人在"大礼仪"中意见相左,杨慎就使起了小性子。他纠集了三十六位大臣上书嘉靖:我羞与桂萼和张璁之流同朝为官,我们学的都是圣贤程颐和朱熹的学说,而桂萼和张璁学的都是冷褒和段犹教的那些上不了台面的东西(冷褒和段犹在西汉汉哀帝时干了与桂萼和张璁类似的事情),皇上你就炒了我们鱿鱼吧!嘉靖皇帝当然生气了,但只是罚工资、扣奖金,没炒他们鱿鱼。

逾月，又偕学士丰熙等疏谏。不得命，偕廷臣伏左顺门力谏。帝震怒，命执首事八人下诏狱。于是慎及检讨王元正等撼门大哭，声彻殿庭。帝益怒，悉下诏狱，廷杖之。[9]

　　杨慎看罢工这招不灵，开始在左顺门力谏。嘉靖皇帝把领头的八人逮了，杨慎和王元正索性拍着左顺门大哭，声震殿庭。嘉靖一看，不跟这帮人玩真的看来是不行了，直接廷杖之。明朝的廷杖可是重刑，直打得皮开肉绽，非死即残。

　　慎、元正、济并谪戍，余削籍。慎得云南永昌卫。[10]

　　打完屁股不算，嘉靖皇帝把杨慎发配到云南永昌充军。这下可闹大了，杨慎直到死都没能回到朝廷。嘉靖皇帝当政四十五年，除非寿命够长能熬过他。杨慎活到 1559 年，而嘉靖皇帝呢？1566 年。

　　从公元 1511 年杨慎高中正德皇帝的状元算起，到公元 1524 年他得罪了嘉靖皇帝而被发配到云南充军止，一晃十三个年头过去，这十三年无疑是杨慎一生中的辉煌时期。中国的文人士大夫基本上是两部戏，上半部是为国为民立德立功，下半部是远走江湖立说立言，这算是一个定理吧。

　　传说这杨慎戴着枷锁，被军士押解到湖北江陵时，与妻子黄娥凄凉话别，心中离愁别绪，五味杂陈。此时他看到当地一个渔夫和一个樵夫正在江边煮鱼喝酒，谈笑风生。两厢对照，不禁感慨万千，于是他请军士找来纸笔，写下了这首著名的《临江仙》：

　　滚滚长江东逝水，浪花淘尽英雄。是非成败转头空。青山依旧在，几度夕阳红。白发渔樵江渚上，惯看秋月春风。一壶浊酒喜相逢。古今多少事，都付笑谈中。

　　这首词本是他的作品《廿一史弹词》里第三段《说秦汉》的定场词，后来被毛宗岗父子评点《三国演义》时用在了卷首作为开场词。别说，用得还真是恰到好处。这首词随着《三国演义》电视剧的热播传唱大江南北,以至于后人都误认为它是罗贯中的词作,而背后其真正作者的人生遭遇却鲜有人知。

除了《临江仙》,《廿一史弹词》的定场词里还有一首,也算是脍炙人口,就是第四段《说三分两晋》的定场词。

## 西江月

道德三皇五帝,功名夏后商周。英雄五霸闹春秋,秦汉兴亡过手。青史几行名姓,北邙无数荒丘。前人田地后人收,说甚龙争虎斗。

豪杰千年往事,渔樵一曲高歌。乌飞兔走疾如梭,眨眼风惊雨过。妙笔龙韬虎略,英雄铁马金戈。争名夺利竟如何,必有收因结果。

有明一代,如果用两个字来概括,那就是"任性"。任性皇帝任性臣。皇帝可以任性不上班,任性游玩,任性做个木匠;大臣们则以骂皇帝为荣,期盼被打屁股好青史留名。嘉靖一朝,杨慎还不是最任性的,最任性的当属海瑞了。

**注释:**

[1]－[3]清・张廷玉《明史》,卷十六,本纪第十六,武宗。
[4][5]清・张廷玉《明史》,卷十七,本纪第十七,世宗一。
[6]清・赵翼《陔余丛考》,卷十四。
[7]－[10]清・张廷玉《明史》,卷一百九十二,列传第八十。

# 拿下高育良书记的《万历十五年》

　　自古英雄难过美人关,如果这位美女还有那么点才华的话,那就更过不去了。

　　热播电视剧《人民的名义》里的高育良书记即是如此,他因为一本书与漂亮的女服务员高小凤擦出了火花。

　　这本书就是黄仁宇老先生的《万历十五年》。这本书起初是用英文写成的,然后才被翻译成中文。英文原名是 *1587, A Year of No Significance*,其实后面还有一个副书名:*The Ming Dynasty in Decline*。合起来就是《1587 年,无关紧要的一年:大厦将倾的明王朝》。在耶鲁大学出版社 1981 年版里,还有一段关于本书内容的描述如下:

　　In 1587, the Year of the Pig, nothing very special happened in China. Yet in the seemingly unspectacular events of this ordinary year, Ray Huang finds exemplified the roots of China's perennial inability to adapt to change. With fascinating accounts of the lives of seven prominent officials, he fashions a remarkably vivid portrayal of the court and the ruling class of late imperial China. In revealing the subtle but inexorable forces that brought about the paralysis and final collapse of the Ming dynasty, Huang offers the reader perspective into the problems China has faced through the centuries.

猴王略作翻译如下:

1587年,中国传统的猪年,这一年没有发生什么特别的事情。然而在这看似不起眼的普通年份里,Ray Huang（黄仁宇）从细微的例证中,发现了中国之所以常年无法适应变化的根源所在。通过对七名高级官员为政之道的梳理（实为六人）,他生动地还原了彼时的朝堂和帝国晚期统治阶级的生活。在揭示推动明王朝走向麻痹和最终崩溃的微妙而无情的力量中,黄为读者提供了一个独特的视角去观察中国是何以面对这长达数世纪的难题的。

在写《历史岂有底稿》之前,几乎所有黄仁宇老先生的书我都通读过,《十六世纪明代中国之财政与税收》《大历史不会萎缩》《赫逊河畔谈中国历史》《黄河青山》《资本主义与二十一世纪》《从大历史的角度读蒋介石日记》,当然也包括这本《万历十五年》。与其说高育良书记是被高小凤的美色拿下,不如说是被《万历十五年》与高小凤的美色"合谋"拿下的。单单一个美色是打动不了见多识广的高育良书记的。

高育良书记读懂《万历十五年》了吗? 也许是读懂了,觉得做张居正不容易,做海瑞太难,所以才那么及时行乐。

不唯官场,职场也如此。人一旦位高权重,难免开始"装",人之退步不前基本都是从"装"开始的:千方百计掩饰自己的缺点,挖空心思维护自己的面子。高育良书记如此,祁同伟厅长也如此。你看张居正"装"了十年,害得我们的优秀青年万历皇帝怠政了三十多年。

黄仁宇先生三十多岁开始研究历史,但出手不凡,《万历十五年》成了一部经典,翔实的史料加上优美流畅的文字,每次读之都有新解。黄仁宇的经历启示我们:兴趣＋悟性,啥时也不晚。

《万历十五年》说得通俗些就是明朝版的《纸牌屋》。只有大家族、大宅门、大国才有这样的游戏,小家、小户、小国怕是连打牌的人都凑不齐。很显然,我们是大户人家,人物够多,随便找个片段都是大片的底稿。

黄仁宇老先生说明朝的为政之失在于用道德代替法律，不是用数目字管理而是凭执政者的主观臆断。其实，这些都是表面现象。彼时的农耕文明社会理当如此，不能想当然地把现代工业文明的衣服硬穿到农耕文明的躯体上，就好比一位成年人总是斥责小孩子这不对、那不对，应该这样、应该那样。试想一下未来人工智能的时代，人类社会又会有一次飞跃，那时的社会会是怎样一个面貌呢？尽可以驰骋想象。但是人性的核心部分，我想大抵不会变化多少。

明朝到万历皇帝时已经延续了两百年，不可谓不成功。但一个好的制度的红利究竟能延续多少年呢？经济学里有一个边际效用递减理论，一个制度的边际效用也不能例外。

美国从 1776 年建国到如今也两百多年了，不是有很多饱含忧患的书籍出炉吗？比如保罗·肯尼迪的《大国的兴衰》，比如之前美国的鹰派人物白邦瑞（Michael Pillsbury）写的一本书：*The Hundred-Year Marathon: China's Secret Strategy to Replace America as the Global Superpower*（《百年马拉松——中国取代美国成为全球超级大国的隐秘战略》）。他预言中国将于 2049 年超越美国。我为此还写了一篇书评，详见拙文《〈论语〉还是〈孙子兵法〉？》（收录于《历史岂有底稿Ⅱ》）。

美国的精英们也在自问：我们的模式还能行之有效吗？还能放之四海皆准吗？我们被中国超越了怎么办？看看最近的另一部热播电视剧《大秦帝国之崛起》，是随随随便便演的吗？当然不是。当年大秦帝国的崛起多多少少会撩拨到今日崛起之中国的心弦。

中国能延续几千年不断绝，文化上一脉相承，疆域上也无太大变化。环顾全球，也算是孤例了吧。为什么？

因为早在秦始皇时就大一统了。

那么，中国为什么在两千年里没有多大变化？

还是因为早在秦始皇时就大一统了。

三十功名
179

"穷则变,变则通,通则久。"《周易》里这句话说得很清楚了。所以,别动不动就批判人家万历皇帝,要是我穿越到那个时代,兴许比他还懒。帝国疆域足够大了,还折腾什么劲呢?无为而治吧! 1587 年,西班牙无敌舰队正整装待发准备征伐英国,关我大明朝什么事?俺爷爷的爷爷的爷爷的爷爷不是已经派郑和七下西洋了,能怎么样?大明朝啥也不缺,要那么多土地作甚?再说到 1840 年还有几百年呢,我能管得了几百年后的事情?

所以我特别支持今天的"一带一路"倡议。凡事如逆水行舟,不进则退。不进取,就衰亡。

# 万历二十年的数学大师

　　黄仁宇先生在《万历十五年》一书里不止一次提到,中国古代王朝不是以数目字管理的,全凭感觉云云。且不说此论正确与否,他所描述的明朝万历年间,恰恰出现了一位数目字管理的大师。这位大师就是程大位(公元 1533—1606 年)。

　　在今天黄山市屯溪区,有一座普普通通的徽派宅子,两层小楼,马头山墙,青砖黛瓦,占地近六百平方米,这就是程大位的故居。故居匾额是数学家苏步青所题。在我的印象里,题匾额的多是书法家或政治家,数学家题匾额还是头一次见到。正堂中还有一副对联:尺寸纫伟业,锱铢铸丰碑。不知出自谁的笔下。

　　明朝嘉靖十二年(公元 1533 年),程大位降生于一个徽商家庭。徽商和晋商一样,上等资质者多经商,中等资质者考取功名,下等资质者当兵务农。程大位属于上等资质,自然从商。做商人追求的无非是多赚钱,有了钱再捐一个官,回到乡里建上一所大宅院,光宗耀祖,儿孙满堂,名利双收。程大位似乎有点例外,他一头钻进算账里,物我两忘。在视自然科学为"奇技淫巧"的时代,这多少显得有点"不务正业",而历史往往就是这些"不务正业"者推动的。试想牛顿当年如果被家庭作业搞得焦头烂额,哪里有闲心看苹果从枝头坠落?有句话说得真好:兴趣是最好的老师。

程大位的故居里展出了很多算盘，大者有近两米长，小者如戒指，目测也就两厘米长。为什么呢？因为程大位不仅是珠算口诀的发明人，还是将算盘标准化的第一人。俗话说：工欲善其事，必先利其器。当时商人用得最多的就是算盘了，这是吃饭的家伙。但当时的算盘并不统一，有三五珠、三四珠，还有四四珠的，打法上也不尽相同，所以才有俗语"各打各的算盘"。因为程大位的努力，才终于实现了算盘的标准化。

算盘算是中国人非常厉害的发明之一，有点像计算机的雏形。据说"两弹一星"在研制过程中有很多运算，当时买不起计算机，科研人员就靠算盘。想想一屋子的科学家，人手一把算盘噼里啪啦，"嘈嘈切切错杂弹，大珠小珠落玉盘"，多么壮观的场面。那程大位也应该算是"两弹一星"的元勋之一，没有他总结的珠算口诀，我们要研制"两弹一星"岂不是更难？

徽商立商有两大本事，一是书法，字要写得好看。这和晋商一样。你去平遥日升昌看晋商的账本，那是一种享受，一本本写得似字帖。猴王想，啥时候医生开的药方也能如此就好了。第二个本事就是算账，数学要好。

程大位生于徽商家庭，自然要学好这两件本事。他的书法作品不太能看到，不过他算账倒算成精了。他之后在数学界大名鼎鼎的江湖地位，当时人是无论如何都想不到的。

程大位四十岁时疏于经商，醉心研究数学，恰逢万历初期，当时是张居正主持朝政。张居正任内主要干了几件大事，财政上清丈田地，推行"一条鞭法"，总括赋、役，皆以银缴。一句话，算好经济账。

> 漕河通，居正以岁赋逾春，发水横溢，非决则涸，乃采漕臣议，督艘卒以孟冬月兑运，及岁初毕发，少罹水患。行之久，太仓粟充盈，可支十年。互市饶马，乃减太仆种马，而令民以价纳，太仆金亦

积四百余万。[1]

军事上任用戚继光、李成梁等镇守北疆,用殷正茂、凌云翼等平定西南,命张佳胤剿抚浙江叛乱。

> 居正喜建竖,能以智数驭下,人多乐为之尽。俺答款塞,久不为害。独小王子部众十余万,东北直辽左,以不获通互市,数入寇。居正用李成梁镇辽,戚继光镇蓟门。成梁力战却敌,功多至封伯,而继光守备甚设。居正皆右之,边境晏然。两广督抚殷正茂、凌云翼等亦数破贼有功。浙江兵民再作乱,用张佳胤往抚即定,故世称居正知人。[2]

吏治上实行综核名实,采取"考成法"考核各级官吏。所谓的 performance review(绩效考核)、KPI(关键绩效指标)等,张居正早就玩过了。

> 又为考成法以责吏治。初,部院覆奏行抚按勘者,尝稽不报。居正令以大小缓急为限,误者抵罪。自是,一切不敢饰非,政体为肃。[3]

> 然持法严。核驿递,省冗官,清庠序,多所澄汰。[4]

> 居正为政,以尊主权、课吏职、信赏罚、一号令为主。虽万里外,朝下而夕奉行。[5]

这一切都要建立在信息对称的基础上,也就是原始数据要准确,轨道不能偏离,施政效果才能彰显出来。

张居正在万历六年(公元 1578 年)下令清丈全国土地,清查溢额脱漏,并限三年完成。清丈土地,最关键的是要准确。要在三年内摸清楚整个帝国准确的田亩数量不是一件容易的事情,必须有新的测量工具。程大位发明了今日卷尺的雏形,使张居正的土地普查工作顺利开展。普查结果显示,国家掌握的田亩数达七百零一万三千九百七十六公顷,比弘治时征税田额增加了三百万公顷。

有了准确的田亩数字,张居正心里有数了,开始推行"一条鞭法"。新税制让很多地主再也不能逃税了,张居正自然得罪了不少人。

张居正的恩怨在很多文章里都有提及,我们在此不必赘述,还是说程大位。有需求就有供给,庞大的帝国管理不能只靠感觉,必须细致到一分一毫,所以算法很重要。看看我们现在的各种"云",其实也是各种算法。所谓人工智能的未来,其实就是各种算法的比拼。

将理论与实践相结合是科学家的必要素质之一。程大位在商海中算账算多了,发现了一些规律。万历二十年(公元 1592 年),数学专著《算法统宗》横空出世,惊艳后世。程大位为此书花了整整二十年。

《算法统宗》全称《新编直指算法统宗》,共十七卷,卷一和卷二介绍基础知识,主要是数学名词、大数、小数和度量衡单位,以及珠算盘式图、珠算口诀等;卷三至卷十二按"九章"次序列举各种应用题及解法;卷十三到卷十六为"难题"解法汇编;卷十七为"杂法",收录那些特殊的算法。程大位毕竟是数学家,治学严谨,不忘附上详细的参考书目,特意附录了"算经源流"一篇,收录了自北宋元丰七年(公元 1084 年)以来的数学书目共五十一种。

有趣的是,《算法统宗》集前人之大成,列有 595 个应用题,这些应用题大都摘自刘仕隆所著《九章通明算法》(公元 1424 年)和吴敬的《九章算法比类大全》(公元 1450 年)等。程大位在算这些应用题时一改传统的筹算方法,改以珠算演算,并运用他总结的珠算口诀,演算速度大大提高。其中有这么一道应用题,大伙不妨算一下:

一百馒头一百僧

大僧三个更无争

小僧三人分一个

大小和尚各几丁

这段话意思是：有 100 个和尚分 100 个馒头，正好分完，其中大和尚一人分 3 个，小和尚 3 人分一个，试问大、小和尚各有几人？

"礼、乐、射、御、书、数"中，"数"为"六艺"之末。数理计算在农耕文明社会里向来不受重视，难登大雅之堂。在此大背景下，程大位耗其积蓄，自费出版《算法统宗》和《算法纂要》，这是有情怀的人方能做到的啊。都说商人言利，商人中有情怀的也大有人在。

"珠算之于徽商"犹如"票号之于晋商"，都是中国人的一种创新。中国人从来就没闲着，要不怎能绵延几千年文化而不断绝呢？

如果你要去黄山旅游，不要只看黄山的云雾，也要去程大位的故居看一看，再做上几道算术题，那样才有意思。


**注释：**

[1]－[5]清·张廷玉《明史》，卷二百十三，列传第一百一，张居正传。

# 傅山的退和于成龙的进

　　冬日遇大雪,我一早去山西省政协拜会老朋友,在武警站岗处等待通报时,看到旁边有一座一米见方的碑。碑后曲径深处有一处园林式小院。碑上镌刻了几个大字:傅公祠。

　　这莫不是指傅山先生?

　　请教朋友后方得知,此处正是纪念傅山的祠堂。

　　要论山西人中古典文化集大成者是谁? 扳起手指头来数一数,古往今来,第一名非傅山莫属。

　　傅山其实是一个苏东坡式的人物,如果他生得再早一点或者再晚一点,名气或许会更大,肯定不限于山西一隅,而当为天下人所敬仰。中国人还是习惯于看一个人的官阶高低,建立了多大的功业,留下来多少诗篇。在农耕文明时代,做官最有可能建立功业,做隐士,至多留点传说而已。有才华要 visible(看得见)才行,这点没有错。如果苏东坡不做杭州太守,他能修苏堤吗? 他能造福一方吗? 当然,文章千古事,几篇雄文流传也是必需的。可惜的是,傅山留下来的墨宝很多,但流传下来的文章很少。

　　苏东坡于公元 1101 年仙逝,二十多年后北宋遭受"靖康之耻",亡了国。苏东坡算运气不错,虽命运多舛,但终究活在太平盛世里。傅山则不同,他生于 1607 年,明朝亡于 1644 年,那年傅山三十七岁,已是壮年,三观已立,家国情怀深入骨髓,如何是好?

反清复明还是顺应时势?

傅山选择了前者,毕竟他的青春已经给了大明。

崇祯九年(公元1636年),傅山二十九岁那年,他已经干了一件大事,《清史稿》里有记载:

> 提学袁继咸为巡按张孙振所诬,孙振,阉党也。山约同学曹良直等诣通政使,三上书讼之,巡抚吴甡亦直袁,遂得雪。山以此名闻天下。[1]

《明史》里也有记载:

> 巡抚吴甡荐其(袁继咸)廉能。而巡按御史张孙振以请属不应,疏诬继咸赃私事。帝怒,逮继咸,责甡回奏。甡贤继咸,斥孙振。诸生随至都,伏阙诉冤,继咸亦列上孙振请属状及其赃贿数事。诏逮孙振,坐谪戍,继咸得复官。[2]

山西提学,相当于山西教育厅厅长。袁继咸在提学任上主持三立书院,与傅山有师生之谊,老师蒙冤,学生理当为其申冤。傅山率领同学们与阉党势力张孙振及温体仁等周旋,不断“上访”,到处散发传单,甚至“伏阙诉冤”,最后胜出,老师得救,奸佞被惩。其人有胆有识,可见一斑。想想晚清时康有为发动“公车上书”要求变法的动议,是不是受到傅山的“伏阙诉冤”启发亦未可知。可惜这么个能人,明末乱世却不能给他提供一个尽情挥洒的舞台,旋即城头已经变换了大王旗。

傅山的青春都给了大明王朝,他的壮年则投身于“反清复明”。从1644年到1678年,他努力了三十四年,奔走南北,广结天下志士豪杰,三十七岁的小伙子变成了七十一岁的老头。可惜,他不是孙中山。

梁羽生先生的《七剑下天山》里有位绝世高手——傅青主,便是以傅山为原型的。傅山有拳法存世,看来颇有一身武艺。傅山的儿子傅眉也是文武全才。要反清复明,光有一腔热血不行,需要身体力行。傅山周游南北,风餐露宿于乱世之中,没有一身武艺,怎么能够?

这一年是康熙十七年,他又遇到了一件大事。

> 康熙十七年,诏举鸿博,给事中李宗孔荐,固辞。有司强迫,至令役夫舁其床以行。至京师二十里,誓死不入。大学士冯溥首过之,公卿毕至,山卧床不具迎送礼。魏象枢以老病上闻,诏免试,加内阁中书以宠之。冯溥强其入谢,使人舁以入,望见大清门,泪涔涔下,仆于地。魏象枢进曰:"止,止,是即谢矣!"翼日归,溥以下皆出城送之。[3]

康熙都知道了他的大名,特召他到京师,想亲自面试他。他架子倒很大,装病不去,阳曲县知县戴梦熊命人把他抬到北京。离北京二十里地时,他坚决不走了,宰相冯溥领着百官特意来看他,傅山还是躺在床上不理。山西老乡魏象枢(蔚州人,今属河北)报告康熙,傅山老且病,走不动了,康熙特意下诏,免试封了他个内阁中书的官职,让他直接进了皇帝的写作班子,地位不可谓不显赫。

皇帝封了官,总得言谢吧。冯溥强行把傅山带到紫禁城,傅山远远看到大清门(现已不存,原位于前门与天安门之间,毛主席纪念堂处),声泪俱下,倒地不行。魏象枢赶紧说:好,好,这就算下跪了。第二天,傅山打道回府,冯溥带着百官又出城相送。你说傅山这谱大不大? 要说尊重知识分子,还有比康熙做得更好的吗?

傅山不做官,气节使然;另外,也可能与他有一技之长,有经济来源有关。傅山是名医,对儿科、妇科颇有研究,远近闻名,其用药典籍传之后世,至今依然被中医视为经典来借鉴。他即使不卖书画,凭此技艺也能活得很好。《清史稿》里记载:"山常卖药四方,与(傅)眉共挽一车,暮抵逆旅,篝灯课经……"爷俩卖药四方,边走边读书,好不自在。所以你看,有一技之长是多么重要啊!

那一年,同为山西老乡的于成龙在做什么呢?

（康熙）十七年，迁福建按察使。时郑成功迭犯泉、漳诸郡，民以通海获罪，株连数千人，狱成，当骈戮。成龙白康亲王杰书，言所连引多平民，宜省释。王素重成龙，悉从其请。遇疑狱，辄令讯鞫。判决明允，狱无淹滞。军中多掠良民子女没为奴婢，成龙集资赎归之。巡抚吴兴祚疏荐廉能第一，迁布政使。师驻福建，月征垫夫数万，累民，成龙白王罢之。[4]

于成龙当时已经升任福建按察使，相当于省委常委，政法委书记。福建当时是清朝军队与郑成功作战的前线，又刚刚经历三藩之乱，势力胶着，难免敌我不分。清廷为了压缩郑成功的空间，实行严刑峻法，凡有通敌嫌疑者一律严惩。但于成龙不以为意，他敢于为民请命，顶撞当时位高权重的康亲王杰书，要求彻查"通海案"；同时要求与民休息，不可涸泽而渔，又要求罢征夫数万。于成龙命好，康亲王从善如流。

从顺治十八年（公元1661年）起，于成龙以四十四岁的年纪撇家舍业独赴广西罗城县任知县，开始了为政生涯，起步可谓有点晚。四十四岁才当了县处级，还是边远的蛮荒之地，且不带家眷。说是去做官，不如说是被流放了。但在随后的十七年里，他屡次升迁，1678年，他已经官至部级。其间有几位伯乐：第一位是两广总督金光祖，第二位是湖北巡抚张朝珍，第三位是福建巡抚吴兴祚，当然还有康亲王杰书。他们都在"年终绩效考核"中给了他个"卓异"的评价，算是最高评价了。你看，现在的跨国企业不就玩这套？其实，俺们先人早就玩过了。

假如没有这些伯乐，于成龙会怎样？当然，我相信他还会是海瑞一样的人物。海瑞算是中国有史以来最有名的县长了。有时官不在大小，做大事的往往出身草莽，位居高位的有可能瞻前顾后、畏首畏尾，反而无所作为。

福建按察使之后，于成龙继续官运亨通，最后做到了两省巡抚，成为管理江苏和安徽两省的封疆大吏，正儿八经的正部级干部。

（康熙）二十三年，江苏巡抚余国柱入为左都御史，安徽巡抚涂国相迁湖广总督，命成龙兼摄两巡抚事。未几，卒于官。[5]

于成龙生前两袖清风，赴任不带家眷，死后身边竟没有一样值钱的东西，老百姓"罢市聚哭"，康熙都感动地说他是"天下廉吏第一"，算是盖棺定论。

成龙历官未尝携家属，卒时，将军、都统及僚吏入视，惟笥中绨袍一袭、床头盐豉数器而已。民罢市聚哭，家绘像祀之。赐祭葬，谥清端。内阁学士锡住勘海疆还，上询成龙在官状，锡住奏甚清廉，但因轻信，或为属员欺罔。上曰："于成龙督江南，或言其变更素行，及卒后，始知其始终廉洁，为百姓所称。殆因素性鲠直，不肖挟仇谗害，造为此言耳。居官如成龙，能有几耶？"是年冬，上南巡至江宁，谕知府于成龙曰："尔务效前总督于成龙正直洁清，乃为不负。"又谕大学士等曰："朕博采舆评，咸称于成龙实天下廉吏第一。"加赠太子太保，荫一子入监，复制诗褒之。雍正中，祀贤良祠。[6]

这一年，傅山也走了。他们俩好像商量好了一样。

山工书画，谓："书宁拙毋巧，宁丑毋媚，宁支离毋轻滑，宁真率毋安排。"人谓此言非止言书也。[7]

说得再直白一点，就是活得真实点，别一天到晚虚头巴脑的。

北京故宫博物院藏有傅山书法长卷《草书孟浩然诗》纸本，纵 28.2 厘米，横 394.8 厘米，抄录了孟浩然诗十八首。孟浩然是唐朝时著名的隐士，李白都言："吾爱孟夫子，风流天下闻。红颜弃轩冕，白首卧松云。"傅山连抄其诗十八首，可见傅山的志趣所向。他何止"弃轩冕"，简直是隐士的最高境界。观傅山的书法，行云流水，一气呵成，字里行间颇有一股侠义之风，再看看毛泽东的字，是不是有点神似呢？

不管是傅山的"退"，还是于成龙的"进"，这两位山西人活得都很率真。

**注释：**

[1]民国·赵尔巽等《清史稿》，卷五百一，列传二百八十八，遗逸二。

[2]清·张廷玉《明史》，卷二百七十七，列传第一百六十五。

[3]民国·赵尔巽等《清史稿》，卷五百一，列传二百八十八，遗逸二。

[4]—[6]民国·赵尔巽等《清史稿》卷二百七十七，列传六十四。

[7]民国·赵尔巽等《清史稿》，卷五百一，列传二百八十八，遗逸二。

# 高薪养廉，火耗归公

雍正二年(公元 1724 年)，在山西的万泉县，也就是今天的万荣县地界，发生了一起群体性事件。清朝有一位文人汪景祺在其《读书堂西征随笔》里记录如下：

> 余今年过山西，吏治亦非昔比。然以逢迎为循卓，以刻薄为才能，耗羡尽归藩库，而养廉之所给甚少，不能糊其口。又启百姓告讦之，门有司皆重足而立，莫保旦夕之命。如万泉令瞿某，常熟人，以私派扰民，聚数千人围城斩关而入，焚其公堂。瞿某与幕客家奴逾垣遁，惟留妇女于署，乱民至署，尽褫其里衣并绣鞋罗袜去之，寸丝不挂，张其四肢，向外缚于树巅，手足皆寸寸缚之而散。次日，瞿令至署，始令吏人家奴升树解缚。树既高，门外行人聚观，有慨叹者，有嘲笑者，有诟骂者。巡抚诺岷立拜疏劾去，下檄平阳府，擒治乱民之为首者。太守董绅调守城参将兵及民壮二百人，往捕治之，乱民开堡门，以火器弓刀伤之几尽。太守自至其地，指天誓日，出印文如俗所谓伏辨者，乱民收其印文，出三人交太守，且约不得令之死，太守以三人归，毙其一，其二人则薄责纵去。[1]

万泉县县令瞿某因"耗羡尽归藩库，而养廉之所给甚少，不能糊其口"，所以私自向民摊派，结果引发民变。数千人围攻县衙，其妻女未得逃脱，被一丝不挂绑于树上。最后巡抚诺岷命令缉拿首犯，太守董绅率两百人去捉拿,奈何法不责众,最后只毙掉一人,另外两人轻罚而已,草草收场。

文中所言的耗羡即为火耗,原指朝廷在收税过程中因熔铸碎银难免有损耗而不得不征收的附加税,俗称火耗。这笔税银基本归地方支配,其实大部分归地方官员所支配。因为非正税,按道理应该为百分之一或二,但地方官多自作主张,自由裁量,有的地方征收的火耗甚至超过正税,搞得民怨沸腾,鸡犬不宁。

清初承明制,官员工资都比较低,一品大员年薪才一百八十两、禄米一百八十斛,七品知县年薪仅四十五两。如果仅靠这微薄的工资,肯定活不了,怎么办? 全靠火耗补贴。怪不得上文里的瞿某搞得万泉县鸡飞狗跳,肯定是他过于贪腐造成的。

那一年,雍正皇帝在山西巡抚诺岷和布政使高成龄的建议下,率先在山西实行"火耗归公"的政策,然后再由朝廷拨付这笔资金于地方,作为激励官员的养廉银。这样的安排一来可保证官员阶层有体面的收入,二来可杜绝贪腐。瞿某可能已经习惯吃拿卡要的日子了,一旦实行"八项规定"还有点不适应,依旧伸手盘剥老百姓,算是撞到枪口上了。这和我们现在所说的一些人在十八大后依旧不收敛,顶风作案的性质一样恶劣。

> 诺岷,自笔帖式授户部主事,再迁郎中。雍正元年,擢内阁学士,授山西巡抚。各直省徵赋,正供外旧有耗羡,数多寡无定。州县以此供上官,给地方公用而私其余;上官亦往往藉公用,檄州县提解因以自私。康熙间,有议归公者,圣祖虑官俸薄,有司失耗羡,虐取于民,地方公用无从取办,寝其议不行。诺岷至山西,值岁屡歉,仓库多亏空。诺岷察诸州县亏空尤甚者,疏劾夺官,离任勒追。余州县通行调任,互察仓库;并虑州县不得其人,请敕部选贤能官发山西补用。二年,诺岷疏请将通省一岁所得耗银提存司库,以二十万两留补无著亏空,余分给各官养廉。各官俸外复有养廉自

此起。

布政使高成龄奏言:"直省钱粮向有耗羡,百姓既以奉公,即属朝廷财赋。臣愚以为州县耗羡银两,自当提解司库,凭大吏酌量分给,均得养廉。且通省遇有不得已例外之费,即以是支应。至留补亏空,抚臣诺岷先经奏明,臣请敕下各直省督抚,俱如诺岷所奏,将通省一岁所得耗银约计数目先行奏明,岁终将给发养廉、支应公费、留补亏空各若干一一陈奏,则不肖上司不得借名提解,自便其私。"上命总理事务王大臣九卿集议,议略谓提解火耗,非经常可久之道,请先于山西试行。上谕曰:"州县火耗原非应有之项,因通省公费、各官养廉不得不取给于此。朕非不愿天下州县丝毫不取于民,而势有所不能。州县征收火耗分送上司,州县藉口而肆贪婪,上司瞻徇而为容隐,此从来之积弊所当削除者也。与其州县存火耗以养上司,何如上司拨火耗以养州县。至请先于山西试行,此言尤非。天下事惟有可行不可行两端。譬如治病,漫以药试之,鲜有能愈者。今以山西为试,朕不忍也。提解火耗,原一时权宜之计。将来亏空清楚,府库充裕,有司皆知自好,各省火耗自渐轻以至于尽革,此朕之深愿。各省能行者听,不行者亦不强也。"自后各直省督抚以次奏请视山西成例提解耗羡,上以诺岷首发议,谕奖其通权达变,于国计民生均有裨益。上屡饬各省督察有司,耗羡既归公,不得巧立名目,复有所取于民。给养廉,资公用,尚有所余,当留备地方公事。河南耗羡余款最多,特免地丁钱粮四十万,即以所余抵补。上谕谓此项出自民间,若公用充裕,仍当加恩本地官民,不令归入公帑也。[2]

好一个"与其州县存火耗以养上司,何如上司拨火耗以养州县"!

治国安邦真是件技术活,制度安排得当则事半功倍,不得当则事倍功半。火耗悉数归公,然后中央财政再统一拨付给地方,用于官员的养廉银及办公费用,此种安排从源头上杜绝了地方官的横征暴敛,同时加强了中央的权威,可谓一石二鸟。猴王在跨国公司就职多年,公司曾有一个规定,同事之间享用工作餐时,必须是级别最高者买单,决不允许下属买单。这个规定可以解决两个问题:一是下属请上级吃饭难免有阿谀之嫌;二是下属请上级吃饭的费用需上级签字才能报销,久了会助长下级多花费且乱花费之风,从而导致上级无法有效监督下级。

> 圣祖(康熙)在位六十年,政事务为宽大。不肖官吏,恒恃包荒,任意亏欠,上官亦曲相容隐,勒限追补,视为故事。世宗(雍正)在储宫时,即深悉其弊。即位后,谕户部、工部,嗣后奏销钱粮米石物价工料,必详查核实,造册具奏。以少作多、以贱作贵、数目不符、核估不实者,治罪。并令各督抚严行稽查所属亏空钱粮,限三年补足,毋得藉端掩饰,苛派民间。限满不完,从重治罪。濒江沿海地,定例十年一清丈。雍正元年,谕令随时清查,坍者豁免,涨者升科。[3]

康熙在位的时候,深知打江山不易,折腾了几十年:大伙跟着我都不容易,现在江山稳固,多花点银子享受一下可以理解。所以,他对于官员在火耗上动手脚睁一只眼闭一只眼,大伙当然额手相庆,夸康熙为"千古一帝"。但雍正上台后收紧了钱袋子,不仅在各省核查亏空,限三年补足,严令不能在火耗上打主意,而且釜底抽薪,实行"火耗归公"。这还不算,他还要求士绅一体当差,一体纳粮,不养不劳而获的懒汉。他得罪的全是既得利益阶层,且都是识文断字的人。你说,他的名声能好吗?

> 自山西提解火耗后,各直省次第举行。其后又酌定分数,各省文职养廉二百八十余万两,及各项公费,悉取诸此。及帝即位,廷臣多言其不便。帝亦虑多取累民,临轩试士,即以此发问,复令廷臣及督抚各抒所见。大学士鄂尔泰、刑部侍郎钱陈群、湖广总督孙家淦皆言:"耗羡之制,行之已久,征收有定,官吏不敢多取,计已定

之数，与未定以前相较，尚不逮其半，是迹近加赋而实减征也。且火耗归公，一切陋习悉皆革除，上官无勒索之弊，州县无科派之端，小民无重耗之累，法良意美，可以垂诸久远。"御史赵青藜亦言："耗羡归公，裒多益寡，宽一分则受一分之赐。且既存耗羡之名，自不得求多于正额之外，请无庸轻议变更。"惟御史柴潮生以为耗羡乃今日大弊。诏从鄂尔泰诸臣议。[4]

山西试点以后效果不错，火耗归公开始在全国推广，每一个省用于养廉的银两达二百八十余万两，还有一些"三公消费"也都出自其中。有些大臣有意见，雍正也觉得征得太多，在殿试时，还特意以此作为试题来考考生；又令各省督抚和大臣各抒己见，大多数大臣都认可此法，"火耗归公，一切陋习悉皆革除，上官无勒索之弊，州县无科派之端，小民无重耗之累，法良意美，可以垂诸久远"。

火耗归公难道就没有漏洞，没有反对意见吗？当然有了。

及耗羡归公议起，上意在必行，近思独争之，言："耗羡归公，即为正项，今日正项之外加正项，他日必至耗羡之外加耗羡。臣尝为县令，故知其必不可行。"上一再诘之，近思陈对侃侃，虽终不用其言，亦不以为忤也。[5]

大臣沈近思就有不同意见，他说：虽然火耗是归公了，由附加税变成了正税，但地方官员还是会巧立名目，在火耗之外再加火耗；我曾做过县令，所以知道这项政策是不可行的。

沈近思说的有道理吗？有道理。所以，雍正虽然没有听进去，但也没责备他。雍正深知，大凡政策，必须多管齐下，只改一项，难免压了葫芦起了瓢。沈近思的担忧不是多余，雍正之后，特别是晚清时期，战乱频仍，内忧外患，火耗归公的"好经"就被越念越歪了。正如沈近思预言的那样，火耗之外还有火耗。上有政策，下有对策，没辙。

论曰：世宗以综核名实督天下，肃吏治，严盗课，实仓库，清道赋,行勘丈,垦荒土,提耗羡,此其大端也。卫、文镜受上眷最厚,卫以敏集事,文镜以骄府怨;然当时谓卫、文镜所部无盗贼,斯亦甚难能矣。勘丈激乱,四川为最著;耗羡归公,山西为最先;田赋悬逋,江苏为最钜;开垦害民,河南为最剧。世宗亲决庶政,不归罪臣下,故诺岷蒙襃,而宪德不尸其咎;时夏才短,事未克竟,亦不深责也。士俊及高宗初政,绌而犹用,乃创翻案之说,欲以荧主听,箝朝议。心险而术浅,其得谴宜哉。[6]

好的政策必须有好的执行团队,看看雍正的班子,李卫在浙江,田文镜在河南,宪德在四川,诺岷在山西,时夏在江苏,都敢想敢干,颇有政绩。但锐意进取的人难免会犯错,不过"世宗亲决庶政,不归罪臣下"。当领导的要有勇于担当的精神,属下才能撸起袖子为你加油干啊!

**注释:**

[1]清·汪景祺《读书堂西征随笔》。

[2]民国·赵尔巽等《清史稿》,卷二百九十四,列传八十一。

[3][4]民国·赵尔巽等《清史稿》,卷一百二十一,志九十六,食货二,赋役、仓库。

[5]民国·赵尔巽等《清史稿》,卷二百九十,列传七十七,沈近思。

[6]民国·赵尔巽等《清史稿》,卷二百九十四,列传八十一。

# 拍马屁是件技术活

雍正二年(公元 1724 年),二月初的一天,史载"日月合璧,五星连珠"。所谓的"五星连珠"就是太阳系的五大行星出现在同一侧的天空,由低到高排成一条线(彼此有一定的角度,大约小于 30 度)。古人认为这是祥瑞之兆。有记载的第一次"五星连珠"发生在舜帝即位的时候,《宋书》记载:"(尧)在帝位七十年,景星出翼,凤凰在庭,朱草生,嘉禾秀,甘露润,醴泉出,日月如合璧,五星如连珠。"[1]《史记》记载:"尧曰:'嗟!四岳:朕在位七十载,汝能庸命,践朕位?'……尧立七十年得舜,二十年而老,令舜摄行天子之政,荐之于天。尧辟位凡二十八年而崩。"[2]这与其说是一种传说,不如说人们愿意把祥瑞之象与贤德的人联系在一起,顺天应人,天人合一。

后来据说还发生过几次"五星连珠"的天象。唐高祖武德二年就发生过一次,史官为了附会李渊即位是顺天应人,就改其为武德元年。另外还有武则天登基时发生过一次,她的儿媳妇韦后当政期间也发生过一次。韦后那么着急要做女王,天象的激励因素不可不察啊!

1995 年 10 月,新疆尼雅遗址发掘出土了大量精美的汉朝丝绸,其中一块织锦护膊,青底白色赫然织就八个汉隶文字:"五星出东方利中国"。西汉神爵元年(公元前 61 年)四月,汉宣帝派赵充国等领军出征西域,讨伐西羌。赵充国屯兵不进,准备待来年正月出击,汉宣帝下诏催促:"今五星出东方,中国大利,蛮夷大败。太白出高,用兵深入敢战者吉,弗敢战者凶。将军急装,因天时,诛不义,万下必全,勿复有疑。"[3]可见至少从汉朝开始,人们已经观测到五星连珠的天象,并且认为它是祥瑞之兆。

# 拍到马蹄子上的年羹尧

祥瑞之兆既出,察言观色的大臣们岂能放过这个歌功颂德的机会?

宠冠朝野的年羹尧也照例要进奏章一篇,可惜,这不奏还行,一奏却奏出了毛病。《清史稿》记载:

> 羹尧疏贺,用"夕惕朝乾"语,上怒,责羹尧有意倒置,谕曰:"羹尧不以朝乾夕惕许朕,则羹尧青海之功,亦在朕许不许之间而未定也。"会期恒至,入见,上以奏对悖谬,夺官。上命更定打箭炉外增汰官兵诸事,不用羹尧议。四月,上谕曰:"羹尧举劾失当,遣将士筑城南坪,不惜番民,致惊惶生事,反以降番复叛具奏。青海蒙古饥馑,匿不上闻。怠玩昏愦,不可复任总督,改授杭州将军。"而以钟琪署总督,命上抚远大将军印。羹尧既受代,疏言:"臣不敢久居陕西,亦不敢遽赴浙江,今于仪征水陆交通之处候旨。"上益怒,促羹尧赴任。山西巡抚伊都立、都统前山西巡抚范时捷、川陕总督岳钟琪、河南巡抚田文镜、侍郎黄炳、鸿胪少卿单畴书、原任直隶巡抚赵之垣交章发羹尧罪状,侍郎史贻直、高其佩赴山西按时捷劾羹尧遣兵围邻阳民堡杀戮无辜,亦以谳辞入奏,上命分案议罪。罢羹尧将军,授闲散章京,自二等公递降至拜他喇布勒哈番,乃尽削羹尧职。[4]

"朝乾夕惕"系语出《易经·乾》"君子终日乾乾,夕惕若厉,无咎"。乾表正大光明之意,"终日乾乾"就是说一个人整天都干光明正大的事;

夕是晚上,"夕惕若厉"即一个人每晚都要警惕反省自己,如临危境,正如《论语》里说的"一日三省吾身"。这样一天下来都坦坦荡荡。

这前后顺序一变,意思就变了吗?猴王看不出来。可是在雍正和年羹尧这对冤家主仆的关系发生微妙变化的档口,这顺序一变可就麻烦了。别说是鸡蛋里挑骨头,就是骨头里挑鸡蛋也是有的。脾气对劲,开个玩笑无伤大雅;脾气不对,一个眼神不妥都会大动干戈。

雍正可能是这么想的:你把乾坤颠倒了,意欲何为?你晚上战战兢兢,如临大敌,早上起来要大干一场?这难道不是要谋反吗?

> 十二月,逮至京师,下议政大臣、三法司、九卿会鞫。是月甲戌,具狱辞:羹尧大逆之罪五,欺罔之罪九,僭越之罪十六,狂悖之罪十三,专擅之罪六,忌刻之罪六,残忍之罪四,贪黩之罪十八,侵蚀之罪十五,凡九十二款,当大辟,亲属缘坐。上谕曰:"羹尧谋逆虽实,而事迹未著,朕念青海之功,不忍加极刑。"遣领侍卫内大臣马尔赛、步军统领阿齐图赍诏谕羹尧狱中令自裁。遐龄及羹尧兄希尧夺官,免其罪;斩其子富;诸子年十五以上皆戍极边。羹尧幕客邹鲁、汪景祺先后皆坐斩,亲属给披甲为奴。又有静一道人者,四川巡抚宪德捕送京师,亦诛死。[5]

要说年羹尧飞扬跋扈终有一祸,但祸起一次不成功的"拍马屁"实在是有点可惜。

当然他不只是把"朝乾夕惕"搞反了,雍正还认为他的奏折"字迹潦草"。《清稗类钞》里收录有雍正的御旨:

> 此本字体潦草,且将朝乾夕惕写作夕惕朝乾。年羹尧非粗心办事之人,直不欲以朝乾夕惕归之于朕耳。年羹尧既不以此四字许朕,则渠青海之功,亦在朕许与不许之间。今降旨诘责,年羹尧必推託患病他人代书。夫臣子事君,必诚必敬,陈奏本章,即他人代为,乌有不寓目之理?观此,年羹尧自恃己功,显露不臣之迹,其

乖谬之处，断非无心。着将原本发还，令其明白回奏。[6]

看来字迹工整是多么重要啊！那些参加考试的学生注意了，给你分和不给你分就在阅卷老师许与不许之间，字迹工整的确是会加分的。

# 有比年羹尧更倒霉的

要说年羹尧拍马屁拍到马蹄子上是倒霉，那么与他有关的一个文人更是倒霉，这位文人就是钱塘人氏汪景祺。上文出现过此人的名字："羹尧幕客邹鲁、汪景祺先后皆坐斩，亲属给披甲为奴。"

汪景祺是怎么得罪雍正的？只因他拍了年羹尧的马屁，而且拍得是惊天地泣鬼神。说他是天下第二，没有人敢说第一。

汪景祺投奔年羹尧之前写了一篇马屁文章：《上抚远大将军太保一等公川陕总督年公书》。出自汪景祺的《读书堂西征随笔》，文章有点长，择其要者抄录如下：

> 阁下乃词林之真君子，当代之大丈夫。仆之倾倒名贤而以不得望见颜色为恨者，非一朝一夕矣。
>
> ……
>
> 承闻阁下奉扬天讨，立不世之奇勋。抚士以惠，则挟纩投醪也；用兵如神，则星驰电掣也；犯顺者受不庭之殛，则灰飞烟灭也；归化者宽后至之诛，则云行雨施也；渠魁必歼，骈首而就显戮，疾风之卷秋箨也；胁从罔治，稽首而庆更生，膏泽之润春苗也；量才器以驾驭诸雄，偏裨皆卫、霍之亚也；授成算以驱策群力，荒徼在掌握之中也。藩落免虔刘之苦，旗檀安钟鼓之常，兵无再驾之劳，威行万里而外。昔郭汾阳于药葛罗，仅与沥酒为誓；裴晋公收复淮西，四年而始克之；元昊倔强灵夏间，韩、范之才不能恢拓寸土，而史册皆铺张扬厉，夸大其词，较之阁下，威名不啻萤光之于日月，勺水之于

沧溟。盖自有天地以来,制敌之奇,奏功之速,宁有盛于今日之大将军者哉?

卫青、霍去病、郭子仪、裴度、李元昊、韩琦、范仲淹等统统不如大将军你,他们与你相比简直就是荧光之于日月,勺水之于大海。乖乖,这马屁拍得,简直舒服极了。

要说这马屁拍到这份上就算差不多了,那你就错了。好戏还在后头呢。

今阁下勋名如此其大,功业如此其隆,振旅将旋,凯歌竞奏。当吾世而不一瞻仰宇宙之第一伟人,此身诚虚生于人世间耳。

至此,这马屁文算是达到了高潮。汪景祺还不过瘾,还写了六首律诗于后。猴王抄录最后一首,列位可以学学:

章句儒生草野臣,欣看喜气溢三秦。天河洗甲烽烟息,武库投戈宠命新。叠鼓鸣笳听凯奏,前歌后舞望车尘。芜词敬赋从军乐,欲谒千秋第一人。

好一个"千秋第一人",你将当今圣上雍正置于何位呢?年羹尧被抄家后,此信便被呈到了养心殿东暖阁雍正的案头。想想当时雍正看到这封信时的情景,估计气得想把汪景祺当手撕牛肉撕了。

拍马屁是件技术活,有风险,如果非发自肺腑,则难免会拍偏,拍到马蹄上。

## 发自内心的赞扬,怎么能说是拍马屁呢?

1837 年的清明时节,大清两江总督陶澍回湖南安化老家扫墓,途经醴陵,在下榻的馆舍看到一副对联:"春殿语从容,廿载家山,印心石在;大江流日夜,八州子弟,翘首公归。"这副对联写得很是工整,字字说到了陶澍的心坎上。

陶澍何许人也？如果他能再长寿一点，我想就不会有曾国藩的风光了。他是道光朝第一能干的大臣，在任职两江总督期间，管理江西、江苏和安徽三省军政事务，锐意革新，创"票盐法"，把由官商垄断的盐税制度逐渐推向市场，不仅涤清了吏治，而且为朝廷增加了税收，繁荣了江淮经济。这还不算，他又和江苏巡抚贺长龄等一起改革自元朝以来的漕运制度，发动和培育民间海运力量，改河运为海运，将江南的稻米源源不断地输往京师。做前人未能做到之事，即是一件壮举。想想看，这两项改革动了多少既得利益者的奶酪？遭遇到多么大的阻力，可想而知。1835年冬天，道光皇帝特意接见了陶澍十四次，问以军国大事，并且还特意为他少年时读书的地方书写了"印心石屋"四个大字，以示褒奖。这么厉害的一位成功人士要回家扫墓，湖湘子弟自然翘首以盼。

这副对联的拟稿人是谁呢？正是左宗棠。那年他刚刚二十五岁，虽然在二十岁那年就中举了，可是其后一直屡试不第。陶澍慧眼识英才，破例接见了他，彻夜长谈，据说聊了好几天，叹其为不可多得的治世之才，不仅纳其为幕僚，还要结为儿女亲家。想想看，那年陶澍已经五十九岁了，而左宗棠才二十五岁，礼贤下士若此，不得不服啊！就这样，左宗棠以一副对联与大清国当时最厉害的总督结缘。

陶澍于1839年辞世，第二年，鸦片战争爆发。如果他还健在的话，恐怕英国人就不会那么轻易地占便宜了，中国近代史里第一个不平等条约《南京条约》也恐怕不会在他治下的江宁签订了。为什么？看看他培养的几位人才你就知道了。

虎门销烟的林则徐是他的部下。陶澍重病时，特意上奏朝廷举荐林则徐为继任，赞他："林则徐才长心细，识力十倍于臣。"[7]陶澍去世后，林则徐挽有一联："大度领江淮，宠辱胥忘，美谥终凭公论定；前型重山斗，步趋靡及，遗章惭负替人期。"对陶澍当年的大力举荐心存感激之情。

近代中国睁眼看世界的第一人,《海国图志》的作者魏源是陶澍的师爷,两人共事达十几年之久。世人皆知魏源"师夷长技以制夷"的宏论,岂知他也是"实践是检验真理的唯一标准"的首倡者。他曾说过:"得之而后知,履之而后艰,乌有不行而知者乎? 披五岳之图,以为知山,不如樵夫之一足;谈沧溟之广,以为知海,不如估客之一瞥;疏八珍之谱,以为知味,不如庖丁之一啜。"[8]在陶澍累死于任上后,魏源也撰有两副挽联,其一曰:"知遇感殊深,石屋印心,牖北垂询商大计;施恩诚普及,灵车返里,江南遗爱念宏规。"

湘军将领,晚清中兴名臣之一胡林翼是陶澍的女婿。人们皆知毛泽东字润之,不知胡林翼号润芝。毛泽东承认胡林翼是他崇拜和效仿的人物之一。民国护国将军蔡锷曾编《曾胡治兵语录》,曾指的是曾国藩,胡指的即是胡林翼。

当然还有在晚清时期大放异彩的左宗棠。左宗棠不仅是陶澍的幕僚,还是他的儿女亲家。晚清仅有的两次获得胜利的对外战争都是由左宗棠领导的。世人皆知,左右中国近代时局的乃是湖湘子弟,陶澍无疑是他们的总教官。

"天下大事公可属,江南遗爱民不忘"[9],大学士卓秉恬的挽联对陶澍的评价可谓恰如其分。《清史稿》也有类似评价:"澍见义勇为,胸无城府。用人能尽其长,所拔取多至方面节钺有名。在江南治河、治漕、治盐,并赖王凤生、俞德源、姚莹、黄冕诸人之力。左宗棠、胡林翼皆识之未遇,结为婚姻,后俱为名臣。"[10]

有人说左宗棠是靠拍陶澍的马屁飞黄腾达的,我不这样认为。那副对联句句都是实情,不夸大,不做作,是发自内心的赞扬,怎么能说是拍马屁呢? 分清什么是拍马屁,什么是恰如其分的赞扬,也是一件技术活。

**注释:**

[1]梁·沈约《宋书》卷二十七,志第十七,符瑞上。

[2]西汉·司马迁《史记》,卷一,五帝本纪第一。

[3]东汉·班固《汉书》,卷六十九,赵充国辛庆忌传第三十九。

[4][5]民国·赵尔巽等《清史稿》,卷二百九十五,列传八十二,年羹尧。

[6]民国·徐珂《清稗类钞》,狱讼篇。

[7]清·陶澍《恭谢恩准开缺折子》。

[8]清·魏源《魏源集》,默觚上,学篇。

[9]清·梁章钜《楹联丛话全编》。

[10]民国·赵尔巽等《清史稿》,卷三百七十九,列传一百六十六,陶澍。

# 叶落归根,土尔扈特人东归

　　1771 年是乾隆三十六年,这一年,天下基本无事。正月里,乾隆照例免了一些地方的赋税;二月,调整了一下内阁班子,然后启程去封禅泰山,从泰山上下来又去曲阜拜谒了孔庙和孔林;四月,他公布了当年的状元及进士名单,"赐黄轩等一百六十一人进士及第出身有差"[1];六月的时候,虽然河北的北运河发生了决堤,但无伤大雅,因为有一件大喜事在等着他。

　　早在五个月之前的一月十七日,在寒风凛冽、白雪茫茫的中亚地区,一支近十七万人马的队伍在一名叫渥巴锡的首领的带领下,义无反顾地从遥远的伏尔加河下游出发,向东方的祖国而来。这就是震撼世界的土尔扈特人东归。

　　渥巴锡率领的队伍共三万三千三百六十一户,十六万八千零八十三人。其中渥巴锡所属两万余户,十一万余人;策伯克多尔济所属四千余户,两万一千人;巴木巴尔所属两千余户,一万一千余人;默门图所属一千余户,四千余人;达什敦多克所属一千余户,六千余人;恭格所属一千余户,六千人;舍楞所属三千余户,一万三千余人。[2]当他们出发时,远在万里之外的大清国却对此一无所知。

　　那么土尔扈特人为什么要东归? 他们又为什么会游牧于伏尔加河下游呢?

土尔扈特者，准噶尔四卫拉特之一，其详已见于准噶尔全部纪略之文。溯厥始牵，亦荒略弗可考。后因其汗阿玉奇与策旺不睦，窜归俄罗斯，俄罗斯居之额济勒之地。康熙年间，我皇祖圣祖仁皇帝，尝欲悉其领要，令侍读图丽琛等，假道俄罗斯以往。而俄罗斯故为纡绕其程，凡行三年又数月，始反命。今之汗渥巴锡者，即阿玉奇之曾孙也。以俄罗斯征调师旅不息，近且征其子入质。而俄罗斯又属别教，非黄教，故与合族台吉密谋，挈全部投中国兴黄教之地，以息肩焉。自去岁十一月启程，由额济勒历哈萨克，绕巴勒喀什诺尔戈壁，于今岁六月杪，始至伊犁之沙拉伯勒界，凡八阅月，历万有余里。

　　乾隆在《土尔扈特全部归顺记》一文里回答了以上两个问题，这是官方的正式回答。那么是不是还有其他原因呢？

　　明朝末年，曾经袭扰内地多年的瓦剌逐渐衰落，在今新疆北部逐渐形成西部蒙古一支，史称厄鲁特或卫拉特。其又分为四部：准噶尔、杜尔伯特、和硕特、土尔扈特。其中准噶尔居伊犁地区，自恃水草丰茂，物产富有，四处扩张，土尔扈特部不堪其扰，开始迁徙至今俄罗斯伏尔加河下游区域。

　　明朝被清朝取代后，康熙在平了"三藩之乱"后开始着手解决准噶尔问题。1690 年，清军在乌兰布通大败噶尔丹主力，又于 1696 年在今乌兰巴托附近的昭莫多再次大败噶尔丹，蒙古自此归顺大清。至乾隆朝时，1757—1759 年，清军在西域又平定了大小和卓叛乱，至此，西域也完全纳入了大清版图，万里长城成了内陆的一道风景线，不再有防御的功能。

　　在这一百多年的时间里，土尔扈特人不只是一味在伏尔加河下游默默放牧，两耳不闻窗外事，他们与大清国的联系从未中断。乾隆在《土尔扈特全部归顺记》里所说的康熙派人访问土尔扈特部一事，在清人笔记里也有记载：

# 图理琛异域录[3]

> 康熙五十一年,土尔扈特汗阿玉奇从子阿喇布珠尔请内属,诏封贝子,寻遣归。上命图理琛等赍敕往谕,假道俄罗斯,五十四年三月还京。是役也,往返三载余,经行数万里,盖土尔扈特为俄罗斯所隔,而俄罗斯又故导我使纡行故也。图理琛等归,撰《异域录》,首冠舆图,次为行记二卷,进呈,上甚嘉悦。

土尔扈特部的宿敌准噶尔已经不复存在,天山南北也一统于大清,这样的信息自然而然地传到伏尔加河下游流域,不能不让远方的游子们心旌摇曳。当然,如果伏尔加河下游流域像伊犁地区一样水草丰茂,物产富有,如果沙皇待他们更好一点,"埋骨何须桑梓地,人生无处不青山","此间乐,不思蜀"。要让已经离开故土一个半世纪的人突然做出回归故土的决定的确不是一件容易的事,这样的决定必有一个深思熟虑的过程。

1771 年正是第五次俄土战争的第四个年头(第五次俄土战争发生于 1768—1774 年)。沙俄不断征用土尔扈特人去做"炮灰",另外,又命令他们放弃藏传佛教而改为皈依东正教;为了进一步控制他们,还要求他们的主要首领把儿子送到彼得堡做人质。面临亡族灭种的土尔扈特人不得不思索求生之道,除了回归已经风平浪静的新疆伊犁地区,还有更好的选择吗?也许大清国不愿接纳,但果真接纳了呢?毕竟一直没有断绝联系呀!走总比待在此地坐以待毙要好吧?我想,一个民族的首领,一定是一位智商在及格线以上的人,不会做不出一个理性的判断。

乾隆难道不怀疑这一帮人的动机吗?我和我爷爷刚刚费了九牛二虎之力才平定了天山南北,你们莫不是又回来捣乱?要是我,也会犯嘀咕。害人之心不可有,防人之心不可无啊!清人笔记里对此有记载:

准噶尔本元太尉也速后（与徐达战于通州，见《明史》），以元纲不整，遂遁居伊犁，分四部落，曰卫拉特，曰都尔伯特，曰和硕特，曰土尔扈特，各立可汗以为辅车之计。后土尔扈特部落以噶尔丹不道，故率本部落迁入俄罗斯，彼国以其愚蠢，时加欺凌。大兵既定伊犁，咸布遐迩，土尔扈特部长闻之曰："吾侪本蒙古裔，今俄罗斯种类不同，嗜好殊异，又复苦调丁赋，席不暇暖。今闻大皇帝普兴黄教，奚不弃此就彼，亦良禽择木智也。"遂率其全部涉河而归，绕道行万余里，始达哈萨克。失道行入戈壁，复毙数万人，抵边者十之三。上闻之，命舒文襄公摄伊犁将军篆，往为安置。或疑其中有叛人，舍楞请上勿纳。上曰："远人来降，岂可拒绝？况俄罗斯亦大国，彼既弃彼而南，而又挑衅于此，进退无据，黠者必不为也。"舒既抵边，察其心实恭顺，乃受其降，厚加抚绥。彼既穷窘欲绝，今获意外之惠，乃诚心感化，然后四部落皆为我大清有也。[4]

乾隆毕竟脑瓜子好使，他说：俄罗斯是大国，土尔扈特部敢弃之而归，想想要有多大的决心；另外，他面对的是一个一统东方的强大的大清国，他会选择同时与两大强国为敌吗？岂不是以卵击石？当然前方具体负责招抚的大臣的意见也很关键，"三十六年，土尔扈特汗渥巴锡等自俄罗斯来归，众疑其伪降，舒赫德力白无他志"[5]。当时伊犁地区的最高长官舒赫德认为土尔扈特部是诚心归顺，并无二心，乾隆自然也就放心了。

当然我认为渥巴锡也不是没有自己的小算盘，他回归后当然想寻求比较好的待遇，比如土人治土、高度自治，比如能保持国中之国，那是再好不过了。但是，以当时的形势而论，乾隆会答应他吗？显然不会。好吃好喝好招待，至于主权问题，免谈。

于是为之口给以食，人授之衣，分地安居，使就米谷而资耕牧，……凡市得马牛羊九万五千五百，其自达里冈爱商都达布逊牧群运往者，又十有四万，而哈密辟展所市之三万不与焉。拨官茶二万余封，出屯庚米麦四万一千余石，而初至伊犁赈赡之茶米不与焉。甘肃边内外暨回部诸城，购羊裘五万一千余袭，布六万一千余匹，棉五万九千余斤，毡庐四百余具，而给库贮之毡棉衣什布幅不与焉。计诸用帑银二十万两。[6]

你看乾隆列的这个抚恤单子，够优厚的了，一点都不小气。乾隆朝虽是盛世，但也是农耕文明的盛世，哪能与工业文明的盛世相比呢？我们可以搞精准扶贫，一个都不能少，那时候可不行，一遇到水灾、旱灾、蝗灾，赈灾就是王朝的头等大事。民以食为天啊！

> 归降、归顺之不同既明，则归顺、归降之甲乙可定。盖战而胜人，不如不战而胜人之为尽美也。降而来归，不如顺而来归之为尽善也。然则归顺者较归降者之宜优恤，不亦宜乎？[7]

乾隆还说，归降和归顺，一字之差，意义差之千里，怎能一视同仁？抚恤当然要区别对待了。

土尔扈特人的东归之路当然不是"驴友"们玩徒步，是要冲破沙俄、哥萨克骑兵的一道道防线和围追堵截，是要战胜严寒、饥饿和疾病，是要在精神和意志层面做抗争。7月中旬，土尔扈特部终于踏上了祖国的领土——伊犁西南塔木哈卡伦附近，结束了大半年长达一万多里的征途，浩荡的大军仅剩下区区七万多人。他们风尘满面，形容枯槁，衣不蔽体，鞋靴全无。想想当年爬雪山，过草地，到达陕北的红军的情形吧！土尔扈特人的长征简直是红军长征的预演。

1771年7月20日（乾隆三十六年六月九日），策伯克多尔济率领的土尔扈特前锋部队在伊犁河流域的察林河畔与前来相迎的清军相遇。

7月27日（六月十六日），清军总管伊昌阿、硕通在伊犁河畔会见了刚刚抵达的渥巴锡。次日，渥巴锡即启程赴伊犁与参赞大臣舒赫德会见。

舒赫德向渥巴锡反复申述了乾隆的旨意：

> 闻厄鲁特等受朕重恩，带领妻子远来投顺，甚属可悯，理宜急加抚绥，遣大头人来京入觐。但念尔均未出痘，京城暑热，甚不相宜，避暑山庄凉爽，如九月中旬可到彼处，即带领前来，否则俟明年临幸时，再来入觐，朕务与策凌、车凌乌巴什一例施恩。[8]

乾隆真是一位体察入微的细心皇帝，还考虑到土尔扈特的首领们没有出过天花，缺乏免疫力，盛夏来到北京不太合适，要他们九月秋高气爽时再到承德避暑山庄见面。

舒赫德还将专从北京"六百里加急驰递"送来的《乾隆谕渥巴锡、策伯克多尔济、舍楞敕书》交给渥巴锡。敕书以满文所写，汉译文如下：

> 奉天承运，皇帝诏曰：土尔扈特台吉渥巴锡、策伯克多尔济、舍楞及众头目，吾驻伊犁将军大臣闻奏，尔等数万之众，不慕异教，眷念佛法，禀承朕恩，乞求前来。朕鉴于尔等不慕异教，眷念佛法而来者，殊为可嘉，明鉴施仁。
>
> 再，渥巴锡、策伯克多尔济，均系旧土尔扈特，昔时属于俄罗斯之际，尔汗敦罗布喇什曾于乾隆二十一年，遣使赴藏熬茶，行做善事等情，告俄罗斯代为转奏，乞求施恩，朕即仁慈鉴照施恩于彼，遣尔使吹札布等，赴藏诵经布施。今尔等诚心诚意，不忘佛经，既已归顺于朕，朕即睿照施恩尔等。尔后倘有赴藏叩拜熬茶，欲行善事，朕即施恩，照尔之愿准行。
>
> 另，舍楞者，乃为前与吾军争战而窜逃俄罗斯之人，今尔既怀念佛法，欲蒙朕恩，乞降前来，朕绝不究尔前罪，宽宥免罪，尚且施恩于尔。昔日讨伐尔时，倘被吾兵捕获，当要治罪，现既亲身来降，不仅无罪，尚与渥巴锡、策伯克多尔济同样施恩哉！
>
> 再有，尔等自俄罗斯脱出前来，途经哈萨克游牧之地，声称略

取哈萨克之粮食,此也非紧要之事。然自此之后,尔等不得再于哈萨克之地滋生事端,惟有好生保持和睦。即是尔等之间,亦勿行盗窃之事,只有相互关照,慈爱老幼,承蒙朕恩,遵照朕旨而行,则外无事端,内无贼盗,安宁居住,黾勉不怠。

又,尔等既自远道艰辛跋涉而来,故于安置尔等之时,朕业已降旨伊犁将军大臣等,指给良牧,安置水草丰美之地,歇身安居。当尔等来朝之际,定赏衔品,重施厚恩,著尔等蒙受存留之。特谕。

乾隆三十六年六月二十日[9]

1771 年 9 月,承德避暑山庄内,仿造拉萨布达拉宫的普陀宗乘之庙恰好落成,将举行盛大的法会,又适逢乾隆母亲的八十大寿和他本人的六十大寿,可谓喜上加喜。渥巴锡一行来到承德避暑山庄觐见乾隆皇帝,乾隆隆重地接待了他们,"乙巳,土尔扈特台吉渥巴锡等入觐,赏顶戴冠服有差……辛亥,封渥巴锡为乌纳恩素珠克图旧土尔扈特部卓哩克图汗,策伯克多尔济为乌纳恩素珠克图旧土尔扈特部布延图亲王,舍楞为青塞特奇勒图新土尔扈特部弼哩克图郡王,巴木巴尔为毕锡呼勒图郡王,余各锡爵有差"[10]。乾隆还下令在普陀宗乘之庙竖起两块巨大的石碑,用满、汉、蒙、藏四种文字铭刻他亲自撰写的《土尔扈特全部归顺记》和《优恤土尔扈特部众记》,这两块石碑至今依然矗立在承德避暑山庄里。

所有美妙的音乐都有余音。1771 年是一个暖冬,渥巴锡出发时,伏尔加河竟没有结冰,与渥巴锡隔河相望的另一批土尔扈特人没有接到东归的消息,没能踏上东归之路,这部分土尔扈特人就是今天俄罗斯卡尔梅克人的祖先。据说当地居民至今对中国还有一种天然的亲切感。不只是卡尔梅克共和国,今天俄罗斯联邦的图瓦共和国,即普京先生两次打猎兼秀肌肉的那个地方,以前是中国的唐努乌梁海。她脱离中国是二十世纪四十年代的事情,并不久远。就像蒲公英被风吹到了远方一样,有的会记得风吹来的方向,有的会认作他乡为故乡。

**注释：**

[1]民国·赵尔巽等《清史稿》，卷十三，本纪十三，高宗四。

[2]《清高宗实录》，卷八九二，乾隆三十六年九月辛亥条；中国第一历史档案馆《满文土尔扈特档》，乾隆三十六年九月十二日条。

[3]清·陈康祺《郎潜纪闻初笔》，卷五。

[4]清·昭梿《啸亭杂录》，卷一。

[5]民国·赵尔巽等《清史稿》，卷三百十三，列传一百。

[6][7]清·乾隆《优恤土尔扈特部众记碑》。

[8]《清高宗实录》，卷八八七，乾隆三十六年六月十八日。

[9]此件敕书系汪玉明据满文本汉译。在中国第一历史档案馆所藏的满文土尔扈特档中存有满文本抄件，而原件有满文和托忒文两种文本，一直珍藏在新疆维吾尔自治区和静县卓哩克图汗府。1979年与《康熙谕阿玉奇汗敕书》《雍正谕土尔扈特汗敕书》同时被发现，现存新疆维吾尔自治区档案馆。

[10]民国·赵尔巽等《清史稿》，卷十三，本纪十三，高宗四。

# 若有高铁，乾隆下江南还会坐船吗？

一周五座城市，纵横南北，风尘仆仆却毫无紧张之感，实乃拜高铁所赐。

想当年孔子周游列国，风餐露宿，前后好几年，猴王一周即实现。

乾隆当年下江南，行走了好几个月，劳民伤财，猴王一周则搞定。

真是"从前慢"啊！

猴王以为这个速度刚刚好，不必再快了，至于什么真空胶囊高铁，至于什么赶超飞机速度的高铁，没那个必要。凡事都有个度，过犹不及。科学家们尽可以不断刷新技术进步的纪录，而我们"吃瓜群众"则不必盲从。

高铁的妙处在于可以悠闲坐着边吃瓜边欣赏我神州大地东西南北的风景，如果都塞在一个封闭的胶囊里，旅行的妙处则荡然无存；那还不如坐飞机，毕竟飞机还有一扇小舷窗，小是小了点，但至少还能看到云海茫茫。旅行的意义不仅在于赶到目的地去见谁，还在于旅途中偶遇到什么风景或人。

高宗第五次南巡时，御舟将至镇江，相距约十余里，遥望岸上著大桃一枚，硕大无朋，颜色红翠可爱。御舟将近，忽烟火大发，光焰四射，蛇掣霞腾，几眩人目。俄顷之间，桃忽然开裂，则桃内剧场中峙，上有数百人，方演寿山福海新戏。彼时各处绅商，争炫奇巧，而两淮盐商为尤甚,凡有一技一艺之长者,莫不重值延致。又揣知上喜谈禅理,缁流迎谒,多荷垂询,然寺院中实无如许名僧,故文人稍通内典者,辄令髡剃,充作僧人迎驾。并与约,倘蒙恩旨,即永为僧人,当酬以万余金,否则任听还俗,亦可得数千金。故其时士子稍读书者,即可不忧贫矣。又南巡时须演新剧,而时已匆促,乃延名流数十辈,使撰《雷峰塔传奇》,然又恐伶人之不习也,乃即用旧曲腔拍,以取唱演之便利,若歌者偶忘曲文,亦可因依旧曲,含混歌之,不至与笛板相违。当御舟开行时,二舟前导,戏台即架于二舟之上,向御舟演唱,高宗辄顾而乐之。[1]

这是乾隆皇帝第五次南巡时的趣闻。在镇江段,他看了一出大戏。你看坐船也不错,慢是慢了点,但可饱览沿岸风光。

话说当年纪晓岚编纂《四库全书》时经常熬夜,回不了家,乾隆对他甚是体恤,还赐其宫女伴宿。要让马儿跑,就得让马儿吃草。

不是我瞎说,《栖霞阁野乘》中有记载如下:

河间纪文达公,为一代巨儒。幼时能于夜中见物,盖其秉赋有独绝常人者。一日不御女,则肤欲裂,筋欲抽。尝以编辑《四库全书》,值宿内庭,数日未御女,两睛暴赤,颧红如火。纯庙偶见之,大惊,询问何疾,公以实对。上大笑,遂命宫女二名伴宿。编辑既竟,返宅休沐,上即以二宫女赐之。文达欣然,辄以此夸于人,谓为"奉旨纳妾"云。[2]

另外,《竹叶亭杂记》中说:

公(纪晓岚)平生不食谷面或偶尔食之,米则未曾上口也。饮时只猪肉十盘,熬茶一壶耳。[3]

看来这位河北汉子好生了得,莫不是有胡人的血统?燕赵自古以来多慷慨悲歌之士,不像我们晋省人,爱吃醋,柔肠百结,不可一日无面。

如果有了高铁，乾隆还会继续扩建三山、五园吗？想江南山水，几个小时也就到了，何必多此一举。按理说，康熙也六下江南，但好像文人墨客对乾隆下江南更感兴趣，戏说的桥段层出不穷。风流韵事一箩筐，啥都往里面装，什么大明湖畔的夏雨荷，什么寻访亲生父亲，什么天地会陈近南，等等。野史中还说得有鼻子有眼：

> 浙江海宁陈氏，自明季衣冠雀起，渐闻于时。至之遴，始以降清，位至极品。厥后陈说、陈世倌、陈元龙，父子叔侄，并位极人臣，遭际最盛。康熙间，世宗时为皇子，与陈氏尤相善。会两家各生子，其岁月日时皆同，世宗闻悉，乃大喜，命抱以来。久之，始送归，则竟非己子，且易男为女矣。陈氏殊震怖，顾不敢剖辨，遂力秘之。未几，世宗即位，即特擢陈氏数人至显位。迨乾隆时，其优礼于陈者尤厚。尝南巡至海宁，即日幸陈氏家，升堂垂询家世。将出，至中门，命即封之，谓陈氏曰："厥后非天子临幸，此门毋轻开也。"由是陈氏遂永键其门。或曰："高宗实自疑，故欲亲加访问耳。"或曰："世宗之子实非男，入宫比视，妃窃易之，世宗亦不知也。"或又曰："高宗既自知非满人，在宫中尝屡屡穿汉服，欲竟易之。一日，冕旒袍服，召亲近曰：'朕似汉人否？'一老臣跪对曰：'皇上于汉诚似矣，而于满则非也。'高宗乃止。"[4]

不过客观来论，乾隆下江南不是游山玩水，首先便是效仿他的爷爷康熙。康熙曾六次造访江南。清朝初立，康熙下江南是深思熟虑之举，为的是江山稳定。江南是鱼米之乡，乃大清国的粮仓，又是人文荟萃之地，历代状元，江浙一地出了近一半。另外，明朝肇始于金陵，遗老遗少众多，意见领袖不少，不能不实地调研一下。与康熙南巡不同的是，乾隆的南巡还多了一条：考察河工。水能载舟，亦能覆舟，治水历来是大事。有史为证：

高宗南巡亦六次，始于乾隆辛未，终于甲辰，其间奉皇太后以行者四，仅率诸皇子以行者二，然辛未、丁丑两度，不过令河臣慎守修防，无多指示，至壬午，始有定清口水志之说。丙午，乃有改迁陶庄河流之为；庚子，遂有改筑浙江石塘之工；甲辰，更有接筑浙江石塘之谕。余如高堰之增卑易甃，徐州之接筑石隄，类皆迟之又久，始底于成者也。其时所过郡邑，恒减免租税，增广学额，优礼耆年，以志盛举。[5]

　　乾隆处处以爷爷康熙为榜样，执政六十年，六下江南。康熙文治武功，可谓全才，乾隆也号称"十全老人"。你还别说，中国历史上再也找不到这么一对爷孙俩了。

　　乾隆之后，嘉庆也想着要下下江南。不过，《清史稿》里记载了一段他与大臣吴熊光的对话，吴熊光的一番话让他打消了念头：

　　及东巡返，迎驾夷齐庙，与董诰、戴衢亨同对。（嘉庆）上曰："道路风景甚佳！"熊光越次言曰："皇上此行，欲稽祖宗创业艰难之迹，为万世子孙法，风景何足言耶？"上有顷又曰："汝苏州人，朕少扈跸过之，其风景诚无匹。"熊光曰："皇上所见，乃剪彩为花。苏州惟虎丘称名胜，实一坟堆之大者！城中河道逼仄，粪船拥挤，何足言风景？"上又曰："如汝言，皇考何为六度至彼？"熊光叩头曰："皇上至孝，臣从前侍皇上谒太上皇帝，蒙谕'朕临御六十年，并无失德。惟六次南巡，劳民伤财，作无益害有益。将来皇帝如南巡，而汝不阻止，必无以对朕'。仁圣之所悔，言犹在耳。"同列皆震悚，壮其敢言。后熊光告人，"坟堆""粪船"两语，乃乾隆初故相讷亲奏疏所言，重述之耳。[6]

　　嘉庆东巡返回，吴熊光是迎驾者之一。嘉庆对他说：这一路风景不错嘛！吴熊光说：皇上此行是为了工作，不是旅游啊！嘉庆又说：你是苏州人，朕年少时跟随太上皇路过那里，风景无敌啊！吴熊光说：皇上所见不过是点花花草草,苏州只有一个虎丘勉强可称为名胜,其实就是一座坟堆;苏州城里河道逼仄,载粪的船只互相拥挤,哪里有什么风景?嘉庆说:真如你所言,那么我爹乾隆皇帝为啥六下江南呢?吴熊光叩头说:当年我见到太上皇(乾隆)时,他亲口对我说:"朕临御六十年,并无失德。惟六次南巡,劳民伤财,作无益害有益。将来皇帝如南巡,而汝不阻止,必无以对朕。"

不知道这段话是吴熊光自己编的还是乾隆真这么说过。权当乾隆说过吧!

**注释:**

[1]清·徐珂《清稗类钞》,高宗南巡供应之盛。

[2]清·孙静庵《栖霞阁野乘》,卷上,纪文达奉旨纳妾。

[3]清·姚元之《竹叶亭杂记》,卷五。

[4]清·小横香室主人《清朝野史大观》,卷三,高宗之于海宁陈氏。

[5]清·徐珂《清稗类钞》,高宗六巡江浙。

[6]民国·赵尔巽等《清史稿》,卷三百五十七,列传一百四十四,吴熊光传。

# 《资本论》里提到的中国人

　　《资本论》第一卷第三章是《货币或商品流通》,在第三十六条注释里,马克思提到了一位中国人的名字,用的是拼音谐音:Wan-mao-in,这也是《资本论》里提到的总共六百八十位人物中唯一的中国人。那么,他究竟是何方神圣呢?

　　先看看这段英文原文:

The mandarin Wan-mao-in, the Chinese Chancellor of the Exchequer, took it into his head one day to lay before the Son of Heaven a proposal that secretly aimed at converting the assignats of the empire into convertible bank notes. The assignats Committee, in its report of April, 1854, gives him a severe snubbing. Whether he also received the traditional drubbing with bamboos is not stated. The concluding part of the report is as follows: — "The Committee has carefully examined his proposal and finds that it is entirely in favour of the merchants, and that no advantage will result to the crown." (Arbeiten der Kaiserlich Russischen Gesandtschaft zu Peking über China. Aus dem Russischen von Dr. K. Abel und F. A. Mecklenburg. Erster Band. Berlin, 1858, pp. 47,59) In his evidence before the Committee of the House of Lords on the Bank Acts, a governor of the Bank of England says with regard to the abrasion of gold coins during currency: "Every year a fresh class of sovereigns becomes too light. The class which one year passes with full weight, loses enough by wear and tear to draw the scales next year against it." (House of Lords' Committee, 1848, n. 429.) [1]

这段话是这么个意思:清朝"财政大臣"Wan-mao-in 向天子上了一个奏折,主张暗将官票和宝钞改为可兑现的钞票。在 1854 年 4 月的廷议中,他受到严厉的申斥。他是否因此受到笞刑,不得而知。审议报告最后说:"臣等详阅所奏,所论只利于商而不便于国。"[2] 英格兰银行的一位行长在上议院为《银行法》作证时说,关于货币中金币的磨损:"每年新的金币都变得太轻了,一个足够分量的金币经过一年的使用,由于磨损,已很难重新度量。"(1848 年上院委员会第 429 号)

据说当初《资本论》的翻译者在翻译 Wan-mao-in 这个名字时犯了难,谁是 Wan-mao-in? 可谓籍籍无名。最后只好以谐音翻译了事。后来郭沫若先生在查看清朝史稿《东华续录》里看到一段关于王茂荫的记载,才确认此 Wan-mao-in 是王茂荫。郭沫若看到的那段话在《清实录》里有更详细的记载:

> 咸丰四年三月甲辰(初五日)户部右侍郎王茂荫奏:钞法未善,酌拟章程四条,并以兵民怨恨,自请严议。得旨:王茂荫身任卿贰,顾专为商人指使,且有不便于国而利于商者,亦周虑而附于条款内,何漠不关心国事,至如此乎? 并自请严议,以谢天下。明系与祁隽藻等负气相争。读圣贤书,度量顾如是乎? 且谓废黜不敢怨悔,设是时故激朕怒,将伊罢斥。伊反得身后指使,百计阻挠。看伊奏折,似欲钞之通行,细审伊心,实欲钞之不行,且有挟而求必应。照伊所奏,如是欺罔,将谓朕看不出耶? 此折着军机大臣详阅后,专交与恭亲王、载铨,速行核议,以杜浮言。[3]

可见,因为官钞可否自由兑换一事,王茂荫和咸丰皇帝发生了分歧,惹得龙颜大怒。当然咸丰生气的原因有两层:一层是关于币制改革本身,咸丰嫌王茂荫站在商人的利益角度上而不是站在为朝廷着想的立场上;第二层则是因为王茂荫有情绪,与祁隽藻等人不睦,负气相争,耍小性子。咸丰说:你这小心思,我难道看不出来吗?马克思不无担心地说:不知道王茂荫是否因此而受到了笞刑。老马有所不知,清朝与明朝不同,已经不再随随便便打大臣的屁股了。

不得不承认,王茂荫是很专业的货币学家,对货币发行有很深的研究。关于咸丰年间的这场货币改革,《清史稿》里有比较详细的记载:

(咸丰三年)擢(王茂荫)户部侍郎,兼管钱法堂。户部奏铸当十、当五十大钱,王大臣又请增铸当百、当千,谓之四项大钱。当千者,以二两为率,余递减。茂荫上疏争之曰:"大钱之铸,意在节省,由汉讫明,行之屡矣。不久即废,未能有经久者。今行大钱,颇见便利,盖喜新厌故,人情一概。及不旋踵,弃如敝屣。稽诸往事,莫非如是。钱法过繁,市肆必扰,折当过重,废罢必速,此人事物理之自然。论者谓国家此制,当十则十,当千则千,孰敢有违?不知官能定钱直而不能定物直,钱当千,民不敢以为百;物直百,民不能以为千。自来大钱之废,多由私铸繁兴,物价腾踊。宋沈畸之言曰:'当十钱铸,召祸导奸,游手之徒,争先私铸。无故而有数倍之息,虽日斩之,势不可遏。'张方平之议曰:'奸人盗铸,大钱之用日轻。比年以来,虚高物估,增直于下,取偿于上,有折当之虚名,罹亏损之实害。'大观钱铸自蔡京,而其子绦作《国史补叙》:'始之得息流通,继之盗铸多弊,终之改当折阅。'事皆目睹,尤为详尽。古所不能行,而谓可通行于今乎?信者国之宝。大钱钞票,皆属权宜之计,全在持之以信,庶可冀数年之利。今大钱轻重程式,甫经颁行,未及数月,忽尽更变。商民惶恐,群疑朝廷为不可信,此非细故也。或虑铜短停铸,故须及时变通,顾变通欲其能行,不行则亦与不铸等。逆贼一平,不患无铜,若贼不能平,铜不能运,虽尽现有之铜,悉铸当千,恐亦无济,可虑者不仅停铸而已。"上命王大臣及户部秉公定议,王大臣终执原议。[4]

咸丰是个倒霉蛋,1851 年刚上台时就遭逢太平天国起义,江南半壁陷于失控状态。江南乃大清的粮仓和税源基地,太平天国这么一闹,自然税收锐减,引发了财政危机。为了转嫁危机,有大臣建议铸大钱和无限制发行不兑换银钞,用通货膨胀的方法来缓解财政危机。王茂荫上书反对。咸丰三年(公元 1853 年),肃顺等大臣又奏议铸"当百、当千"大钱,王茂荫又上《论行大钱折》,表示反对。

何谓铸大钱? 就是指铸造钱币时,钱币的体积和重量只需增加一点点,钱币的面额价值却增加很多的办法。这使得钱币的名义价值远远超过了本身金属材料的价值。

王茂荫指出:官能定钱之值,而不能限物之值。钱当千,民不敢以为百;物值百,民不能以为千。王茂荫可谓一语中的,直击要害。你官府可以定钱的价值,却不能定商品的价值;铸大钱的后果必然是物价飞涨,通货膨胀。他还指出:"自来大钱之废,多由私铸繁兴,物价腾踊。"更要命的是,如果民间有私铸铜钱者,则会以少换多,那么国家亏空的就更大了。他引用宋朝时沈畸的话说:"当十钱铸,召祸导奸,游手之徒,争先私铸。无故而有数倍之息,虽日斩之,势不可遏。"这真是应验了马克思的那段名句:如果有 20% 的利润,资本就会蠢蠢欲动;如果有 50% 的利润,资本就会铤而走险;如果有 100% 的利润,资本就敢于冒上断头台的风险;如果有 300% 的利润,资本就敢于践踏人间的一切法律。既然私铸铜钱有数倍的利润可赚,即使冒着被杀头的风险,作奸犯科者一样会前赴后继。王茂荫指出:宋徽宗当政时,蔡京铸了大观钱,正是由于民间假币的冲击,最后不得不废弃了。

王茂荫还天才地指出市场经济的基础乃是信用,"信者国之宝。大钱钞票,皆属权宜之计,全在持之以信,庶可冀数年之利。今大钱轻重程式,甫经颁行,未及数月,忽尽更变。商民惶恐,群疑朝廷为不可信"。一国的货币政策必须稳健,不能改弦更张得过快、过频,一旦信用缺失,经济自然会陷入混乱。

王茂荫的忠言逆耳,咸丰听不进去,一意孤行推行大钱,结果是通货膨胀愈演愈烈,财政危机非但没有缓解,还更加严重了。

四年,户部会奏推广大钱办法,茂荫复疏争曰:"臣疏陈大钱利弊,未奉谕旨,臣职司钱法,夙夜思维,实觉难行。当百以上大钱,与原行当五十者无甚分别,此何以贵,彼何以贱,难一;以易市物,则难分析,以易制钱,莫与兑换,难二;大钱虽准交官项,然准交五成者,已有宝钞官票,大钱何能并搭?难三。此犹其小者耳,最大之患,莫如私铸。奸人以铜四两铸大钱两枚,即抵交官银一两,是病国也。盖行制钱,每千重百二十两,镕之可得六十两,以铸当十钱可得三十千。设奸人日销制钱以铸大钱,民间将无制钱可用,是病民也。宝钞官票,其省远过大钱,果能推行尽利,裨益亦非浅鲜,大钱之行,似可已也。"疏入,仍不报。其后大钱终废,如茂荫言。

又疏论钞法利病,略曰:"上年初用银钞,虽未畅行,亦未滋累。及腊月行钱钞,至今已发百数十万,为累颇多。向来钞法,唐、宋之飞钱、交子、会子,皆有实以运之。元废银钱不用而专用钞,上下通行,为能以虚运实。明专以虚责民,以实归上,势遂不行。臣元年所奏,皆以实运虚之法。今时势所迫,前法不行,议者虽专于收钞时设法,然京师放多收少,军营有放无收,直省州县有收无放,非有商人运于其间,则皆不行。非与商人以可运之方、能运之利,亦仍不能行。"因拟上四事,务在通商情,利转运。奏入,上斥其为商人指使,不关心于国是,命恭亲王奕䜣、定郡王载铨核议。议上,谓茂荫所论,窒碍难行,严旨切责。寻调兵部。[5]

王茂荫关于币制改革的一道道奏疏鞭辟入里,咸丰皇帝都不为所动,最后烦他了,把他调离岗位——"寻调兵部",不让他管钱了,让他去管兵。马克思显然受到王茂荫货币与商品关系的论断之影响,特意在《资本论》里提到了他和他关于币制改革的奏议。

王茂荫是安徽歙县人,与晚清首富胡雪岩是徽州老乡,王比胡年长二十五岁。当王茂荫与咸丰皇帝在朝堂上据理力争币制改革的时候,胡雪岩正在江浙一带大发其财。凡事都有因果,徽商的班底孕育出了王茂荫这样的货币专家一点也不奇怪。

### 注释:

[1] *Capital, A Critique of Political Economy*, Volume I, Book One: The Process of Production of Capital, First published: in German in 1867, English edition first published in 1887; Source: First English edition of 1887 (4th German edition changes included as indicated) with some modernisation of spelling; Publisher: Progress Publishers, Moscow, USSR.

[2]《帝俄驻北京公使馆关于中国的著述》,卡·阿伯尔博士和弗·阿·梅克伦堡译自俄文,1858 年柏林版,第 1 卷第 47 页。

[3]《清文宗实录》,卷一百二十三。

[4][5]民国·赵尔巽等《清史稿》,卷四百二十二,列传二百九。

# 西太后的理想生活

有一次我应邀去人民日报社开会,会议间隙,独游其中的金台园。园子不大,但亭台楼榭,五脏俱全。"金台夕照"乃"燕京八景"之一,可惜现在钢筋水泥的森林黑压压一片。雾霾天里,不见金台,也难得见到夕照。

史载战国时燕昭王在此筑金台拜郭隗为师,招募天下豪杰,燕国重新崛起。明朝蒋一葵著《长安客话》中说:"都城黄金台出朝阳门循濠而南,至东南角,岿然一土阜也。日薄崦嵫,茫茫落落,吊古之士,登斯台者,辄低睇顾,有千秋灵气之想。京师八景有曰'金台夕照',即此。"党的喉舌选址此处莫非真有点讲究?

行至园中,人声鼎沸,很是热闹,原来是报社的员工们正在做义卖活动以支持贫困地区。我也上去凑热闹,没想到还真淘到了一本好书,日本人写的《西太后》。前一阵子看了英国人写的《李鸿章》,感觉写得一般,西洋人毕竟离东土太远,难免有文化隔膜。不知道这日本人写的西太后可有新的视角?果断出手,先睹为快。

作者是日本人 Kato Toru(加藤彻),不得不说其观察之细致,角度之独特,比西方人要强很多。东亚文化本儒家文化一脉相承,没有比邻居更了解邻居的了,譬如了解英国者必法国,了解法国者必德国。

日本人对中国之观察,犹如一个小户人家攀上屋檐窥视深宅大院里的情况一样,其细致之处不是院中人所能体会的,往往会有"只缘身在此山中"窥看不到的独到之处。比如咸丰去世时留给慈安和慈禧的两枚印章"御赏"和"同道堂",一般人不会看到这样的细节,作者发现这两枚印章很小,不是那种可见诸公文的公章。虽然是咸丰的私章,但私章也是有大小之分的,可能的原因是,这两枚印章是给妻子和幼子用的,考虑到他们的手都很小,印章就不必过大了。这个角度可谓细致入微。

以国人之角度,总是看到西太后跋扈嚣张的一面,影视作品多如此,比如刘晓庆的慈禧形象就很深入人心,以为凭此她才能统治四亿人的中国达四十多年之久,而很少以柔弱女性的角度去还原她的人生轨迹。

日本人的视角无疑是独特的。西太后二十六岁死了丈夫,成了寡妇,她作为皇太后不可能再嫁了。另外,男性野心家们环伺左右,她必须拥有自保的能力,否则只能如先帝的那些女人一样,默默待在后宫里的某个角落,了此一生。她不甘寂寞,所以她要有所作为。但她并非如男性皇族那样,追逐权力是为了开疆拓土,治国平天下,青史留名,她只希望做一名幸福的寡妇,就像先朝乾隆皇帝的生母崇庆太后(孝圣宪皇后,钮祜禄氏,公元 1692—1777 年)那样。

钮祜禄氏在雍正时只是贵妃,没能成为皇后。慈禧也一样,在咸丰朝时只是懿贵妃。1735 年,乾隆登基后,钮祜禄氏被尊为皇太后。咸丰死后,慈禧才被封为西太后。二人轨迹可谓雷同;不同的是,乾隆是位大孝子,且能干,倾其所有来孝顺母亲,崇庆太后活到八十六岁,差不多是清朝后宫妃嫔们的长寿冠军了吧?同治皇帝也很孝顺,就是能力差点。崇庆太后无疑就是慈禧的榜样,慈禧正想成为第二个崇庆太后,不想成为武则天。与男人们一比高下,太辛苦了。

猴王以为这个逻辑是对的。大臣们乐于见到这样一位胸无大志的女性领导人,在她的麾下干活肯定不累。如果遇到一位雄才大略的男性帝王,恐怕就没有这么容易混了,这或许就是西太后能独掌权柄四十多年的秘诀之一吧。有时示强不一定表示真强,有时示弱也不一定表示真弱。西太后经常在朝堂上一通梨花带雨就把事给办了,女人的眼泪有时也是一件强大的武器。

想想看,慈禧太后为什么那么看重自己的六十大寿,估计是当年崇庆太后的几场大寿办得都很风光,西太后自然也想把自己的几场大寿办成经典。就好比现在的某些明星,婚礼的架势直逼春晚。我想,西太后的生日也就像大清国的春晚,逢五逢十那就是国庆,举国同庆。诚所谓榜样的力量是无穷的,我们来看看乾隆的母亲是如何庆祝六十大寿的。

皇太后寿辰,在十一月二十五日。乾隆十六年,届六十慈寿,中外臣僚,纷集京师,举行大庆。自西华门至西直门外之高梁桥十余里中,各有分地,张设灯彩,结撰楼阁。天街本广阔,两旁遂不见市廛。锦绣山河,金银宫阙,剪彩为花,铺锦为屋;九华之灯,七宝之座,丹碧相映,不可名状。每数十步间一戏台,南腔北调,备四方之乐。伥童妙伎,歌扇舞衫,后部未歌,前部已迎;左顾方惊,右盼复眩。游者如入蓬莱仙岛,在琼楼玉宇中听霓裳曲,观羽衣舞也。其景物之工,亦有巧于点缀而不甚费者;或以色绢为山岳形,锡箔为波涛纹,甚至一蟠桃大数间屋,此皆粗略不足道。至如广东所构翡翠亭,广二三丈,全以孔雀尾作屋瓦,一亭不啻万眼。楚省之黄鹤楼,重檐三层,墙壁皆用玻璃,高七八尺者。浙省出湖镜,则为广榭,中以大圆镜嵌藻井之上,四旁则小镜数万,鳞砌成墙。人一入其中,即一身化千百亿身,如左慈之无处不在,真天地之奇观也。时街衢惟听妇女乘舆,士民则骑而过,否则步行。绣毂雕鞍,填溢终日。此等胜会,千百年不可一遇。京师长至月已多风雪,寒侵肌骨。而是年自初十日至二十五日,无一阵风,无一丝雨,晴和暄暖,如春三月光景,谓非天心协应,助此庆会乎?二十四日,皇太后銮舆自郊园进城,上亲骑而导,金根所过,纤尘不兴。文武千官以至大臣命妇、京师士女,簪缨冠帔,跪伏满途。皇太后见景色钜丽,殊嫌繁费。甫入宫,即命撤去,以是辛巳岁皇太后七十万寿,仪物稍减。后皇太后八十万寿,皇上八十万寿,闻京师钜典繁盛,均不减辛未云。[1]

北宋时,历仁宗、英宗、神宗三朝的慈圣光献曹皇后也算是一位女中豪杰,和慈禧历咸丰、同治、光绪三朝相似。《宋史》记载如下:

> 性慈俭,重稼穑,常于禁苑种谷、亲蚕,善飞帛书。
>
> ……
>
> 初,王安石当国,变乱旧章,后乘间语神宗,谓祖宗法度不宜轻改。熙宁宗祀前数日,帝至后所,后曰:"吾昔闻民间疾苦,必以告仁宗,因敕行之,今亦当尔。"帝曰:"今无他事。"后曰:"吾闻民间甚苦青苗、助役,宜罢之。安石诚有才学,然怨之者甚众,帝欲爱惜保全之,不若暂出之于外。"帝悚听,垂欲止,复为安石所持,遂不果。
>
> 帝尝有意于燕蓟,已与大臣定议,乃诣庆寿宫白其事。后曰:"储蓄赐予备乎?铠仗士卒精乎?"帝曰:"固已办之矣。"后曰:"事体至大,吉凶悔吝生乎动,得之不过南面受贺而已;万一不谐,则生灵所系,未易以言。苟可取之,太祖、太宗收复久矣,何待今日。"帝曰:"敢不受教。"
>
> 苏轼以诗得罪,下御史狱,人以为必死。后违豫中闻之,谓帝曰:"尝忆仁宗以制科得轼兄弟,喜曰:'吾为子孙得两宰相。'今闻轼以作诗系狱,得非仇人中伤之乎?据至于诗,其过微矣。吾疾势已笃,不可以冤滥致伤中和,宜熟察之。"帝涕泣,轼由此得免。[2]

到宋神宗时,曹皇后已经变成太皇太后。她之所以反对王安石变法,表面原因是祖宗之法不可轻改,其实是妇人求稳的心理使然,一切以不出事为原则,更别说要打仗了。当宋神宗向她汇报想要收回北方的燕云十六州时,她说:如果成了,不过南面受贺而已,不成则是生灵涂炭;当年宋太祖和宋太宗难道不想要收复失地吗? 办不到啊! 你掂量掂量自己的本事再决定吧! 宋神宗遂打消了念头。想想看,1900 年,不是万不得已,西太后怎么会发动对列强的战争呢? 那也是被逼无奈啊。

**注释:**

[1]清·小横香室主人《清朝野史大观》,卷一,庆典。

[2]元·脱脱《宋史》,卷二百四十二,列传第一,后妃上。

# 1861—1869 年,中美的第一次蜜月期

在美国波士顿的卫星城剑桥(Cambridge),有一处人文景点,美国诗人亨利·沃兹沃斯·朗费罗(Henry Wadsworth Longfellow,公元1807—1882 年)的故居,他的《人生颂》[*A Psalm of Life* (*What the Heart of the Young Man Said to the Psalmist*)]一诗,据钱锺书先生在《七缀集》里考证,应该是"最早译成汉语的英语诗歌"。

来波士顿旅游的中国人大多都会直奔哈佛大学和麻省理工学院而去,只有少量从事中美文化交流或"骨灰级"的文艺青年才会来到剑桥一睹朗费罗的故居。

那么是谁翻译了朗费罗的这首《人生颂》呢?是清末重臣,官至总理各国事务衙门全权大臣之职的扬州人董恂。全权大臣就相当于晚清时期的外交部部长。那么是谁将这首诗介绍给董恂的呢?据说是英国汉学家威妥玛(Thomas Francis Wade)。当时威妥玛任英国驻北京公使馆秘书,为了练习中文而用《人生颂》练手,将翻译的初稿拿给董恂看,请其指正。董恂二话不说,把它翻译成了七言绝句。清朝人方浚师在《蕉轩随录》里有记载:

> 英吉利使臣威妥玛尝译欧罗巴人长友诗九首,句数或多或少,大约古人长短篇耳。然译以汉字,有章无韵,请于甘泉尚书,就长友底本,裁以七言绝。[1]

董恂是扬州甘泉人,又位居尚书之职,故曰"甘泉尚书"。那时候国人分不清西人属哪国,统统都称作"欧罗巴"。现抄录董恂翻译的此诗如下:

# 人生颂[2]

一

莫将烦恼著诗篇
百岁原如一觉眠
梦短梦长同是梦
独留真气满坤乾

二

天地生材总不虚
由来豹死尚留皮
纵然出土仍归土
灵性常存无绝期

三

无端忧乐日相循
天命斯人自有真
人法天行强不息
一时功业一时新

四

无术挥戈学鲁阳
枉谈肝胆异寻常
一从薤露歌声起
邱陇无人宿草荒

五

扰扰红尘听鼓鼙

风吹大漠草萋萋

驽骀甘待鞭笞下

骐骥谁能辔勒羁

六

休道将来乐有时

可怜往事不堪思

只今有力均须努

人力殚时天佑之

七

千秋万代远蜚声

学步金鳌顶上行

已去冥鸿犹有迹

雪泥爪印认分明

八

茫茫尘世海中沤

才过来舟又去舟

欲问失帆谁挽救

沙洲遗迹可追求

九

一鞭从此跃征鞍

不到峰头心不甘

日进日高还日上

肯教中道偶停骖

董恂不仅翻译了此诗,还将其题写在一把扇面上,托付时任美国驻华公使蒲安臣(Anson Burlingame,公元 1820—1870 年)回国带给朗费罗。据说这把扇子至今仍然藏于剑桥朗费罗故居里。据看过此扇面的人描述,这是一把竹骨折扇,上面有用毛笔书写的楷书译文,没有标题,七言诗,计 36 行,共 252 个字。上款处盖有一闲章,已经模糊难辨,毕竟过去了一个半世纪,应该是董恂手笔,因为署名为"扬州董恂"且有时间"同治乙丑仲春之月"。名下还有两枚印章,白文印"董",朱文印"恂"。

蒲安臣不仅推荐朗费罗的诗作给中国官员,还向马克·吐温介绍中国,因此马克·吐温总是同情和欣赏中国,坚决站在中国人的立场。在 1900 年八国联军进北京时,马克·吐温发表了著名的演讲《我也是义和团》。这对于作为一个公使的蒲安臣来说,似乎已经超出了他的职能范围,至少他已经把文化参赞的活也练了。但蒲安臣的贡献还不仅于此,他的另一个贡献是将《万国公法》(Elements of International Law)引入中国。《万国公法》的作者也是一位美国人,名字叫惠顿(Henry Wheaton),将此书翻译成中文的也是一位美国人——丁韪良(W. A. P. Martin),而为中文版作序的,恰恰是署理总理衙门事务的董恂。

> 《万国公法》,美国丁韪良所译,予与陈子敬、李叔彦、毛升甫三君竭年余之力,为之删削考订,其中于中外交涉事宜,颇多可采。惟以钩辀格磔之谈,律以中华文字,不无勉强牵就,并有语气不合处。有心者分别体会,未始不可据理论辩,因势利导也。全书具在,披览可知。[3]

虽然是来了一群强盗,但强盗之间也有规矩,这种规矩就是所谓的国际法,彼时曰《万国公法》。就好像一群猎豹扑杀角马,也得守规矩,有配合,各司其职。角马要免于杀戮,要么变得与猎豹一样强悍,要么懂得一点猎豹之间的规矩,在夹缝中求生存,赢得喘息之机。彼时的中国大概就是后一种心理状态。

> (光绪)六年七月,纪泽抵俄,侍郎郭嵩焘疏请准万国公法,宽免崇厚罪名,纪泽亦请释崇厚,许之。[4]

三十功名

233

《万国公法》还是派上用场了。1864 年,《万国公法》刚刚翻译完毕,清政府就据此迫使普鲁士公使释放了一艘被扣留在中国领海的丹麦船只。1875 年解决马嘉理案件,光绪六年(1880 年)与沙俄就伊犁进行交涉,关于外交人员的豁免等,都援引了《万国公法》。

蒲安臣是 1861 年被林肯派到中国的,担任美国第十三任驻华公使,任期六年。1862 年 7 月 20 日,蒲安臣到达盛夏时节的北京,成为第一批入驻北京的外国公使之一。这也是第二次鸦片战争中列强的"战利品"之一。中国有句古语:卧榻之侧,岂容他人鼾睡?但这次是个例外,闭关锁国的大清王朝不得不门洞大开,接受外国公使驻在北京的事实;而且英国的大使馆与紫禁城近在咫尺,据说有一门大炮还时刻瞄着太和殿。你看,不仅要容许别人在卧榻之侧鼾睡,而且还要允许人家带着刀。说多了都是泪啊!

在列强环伺中国的背景下,蒲安臣为什么要采取对华相对友好的姿态呢?需要交代一下彼时中美两国的时局。

中国:1861 年,刚刚经历了第二次鸦片战争,圆明园的大火尚有余烬,湘军和淮军与太平天国还在江南进行着拉锯厮杀。年末,咸丰皇帝驾崩于承德避暑山庄,慈禧太后联合恭亲王奕訢发动了辛酉政变,幼小的同治皇帝被扶上皇位,慈禧太后开始垂帘听政,一同垂帘听政的慈安太后渐成摆设,中华帝国进入慈禧太后摄政的时代。

美国:1861 年,共和党人林肯就职美国总统。林肯代表着北方工业资产阶级的利益,主张废除奴隶制,南方蓄奴州纷纷表示反对。1861 年 2 月,南方 7 个州退出了联邦,组成"美利坚诸州联盟",定都里士满,选举戴维斯任总统。1861 年 4 月 12 日,南方邦联军先发制人,攻占了萨姆特要塞,美国内战爆发。战争初期,南方势如破竹,北方节节失利。前宗主国英国也在背后支持南方联盟,美国不仅面临着分裂的危险,而且还有再次沦为殖民地的可能。

就在这样"烽火连三月"的背景下,蒲安臣来到了中国。与英、法、德、俄诸列强不同，美国与中国一样，当时正处于一个相对弱势的地位，所以，当时的美国对华外交政策呈现出对等和友好的特点。蒲安臣秉承当时国务卿西华德提出的对华"合作政策"，只做生意，不谋求租借地和领土，并且联合中国对抗英国。所以，蒲安臣与恭亲王奕訢及总理衙门诸大臣都相处融洽，于是才有了与董恂诗书唱酬的一幕。

1867年10月21日，蒲安臣将一幅华盛顿的画像赠送给时任总理衙门大臣的徐继畬。该画像是美国政府特意请著名画家普拉特按照白宫里的华盛顿画像复制的。为什么呢？因为徐继畬在其所著的《瀛寰志略》一书中盛赞了华盛顿，这段话至今还镌刻在华盛顿纪念碑的一面碑石上：

钦命福建巡抚部院大中丞徐继畬所著《瀛寰志略》曰：按，华盛顿，异人也。起事勇于胜广，割据雄于曹刘。既已提三尺剑，开疆万里，乃不僭位号，不传子孙，而创为推举之法，几于天下为公，骎骎乎三代之遗意。其治国崇让善俗，不尚武功，亦迥与诸国异。余尝见其画像，气貌雄毅绝伦。呜呼！可不谓人杰矣哉。米利坚合众国以为国，幅员万里，不设王侯之号，不循世及之规，公器付之公论，创古今未有之局，一何奇也！泰西古今人物，能不以华盛顿为称首哉！

大清国浙江宁波府镌　　耶稣教信辈立石

咸丰三年六月初七日　　合众国传教士识

徐继畬是山西五台人，也算是猴王老乡。他为什么对华盛顿有如此多溢美之词呢？说他勇于陈胜和吴广，雄于曹操和刘备，虽然打下了天下，却不传子孙，而创推举之法，有点我们尧舜禹三代天下为公的气象。猴王以为，这固然是一种价值观的认同，但还须考虑到一点：这与当时中美两国相对融洽的关系有关。华盛顿指挥独立战争反对的是谁？是英国。中国遭逢三千年未有之变局是因为谁？是英国。有共同的敌人必然会产生友谊。

1867 年 11 月 27 日,蒲安臣届满即将回国,照例总理衙门为他举办了一场饯行宴会。也许是美酒下肚,也许是与中国有了感情,蒲安臣有点依依不舍,说了一段话:"嗣后遇有与各国不平之事,伊必十分出力,即如中国派伊为使相同。"[5]或许这只是一句客套话,但说者无意,听者有心,恭亲王正为派使团出洋犯愁。当时大清国虽然连吃败仗,但天朝大国的面子还是端着的,出使西洋,没人愿意揽这活。试想 1876 年,中国派出第一位驻外大使郭嵩焘去英国,有人还写了一副对联讽刺他:"出乎其类,拔乎其萃,不见容尧舜之世;未能事人,焉能事鬼,何必去父母之邦。"可见阻力有多大。当下有这么一位友邦人士愿意效劳,何不让他代表大清国走一趟呢? 恭亲王随即上折子给慈禧太后,很快就获得了批准。

> 六年十月,以美卸任使臣蒲安臣权充办理中外交涉事务使臣。时外洋诸国公使、领事等先后来华,于是特派蒲安臣,以英人柏卓安、法人德善为左右,协理志刚、孙家谷二员同往会办。缘蒲安臣充美公使最久,中外交涉,总署深相倚任,故特派往。特与议定条款,凡事须咨总署核定,准驳试办,以一年为期。又以中外仪节不同,呈递国书,须存国体。又虑各国因蒲安臣系西人,以西例优待,当告以中国体制,使各国了解,不致疑中国将来无报施之礼。迭咨蒲安臣,蒲安臣遂西。[6]

1868 年 2 月 25 日,清政府派往西方的第一个外交使团从上海虹口黄浦江码头出发了,他们乘坐"格斯达哥里"号轮船前往第一站:美国旧金山。除了蒲安臣,随同出访的还有两名中国官员:海关道志刚和礼部郎中孙家谷。志刚回国后著有《初使泰西记》一书,记述比较详细,算是此次外交活动的第一手资料;孙家谷则有一短文《使西书略》存世。蒲安臣还有两名副手:左协理是英国使馆翻译柏卓安(John M.

Brown),右协理是海关税务司法籍职员德善(E. de Champs)。按照惯例,外交使团应该有国旗,中国的第一面国旗应运而生:黄底蓝镶边,中绘一龙,长三尺,宽两尺。

> 是月,蒲安臣等至美递国书,并增定条约,其要目有八:一,美国与他国失和,不得在中国洋面夺货劫人;二,除原定贸易章程外,与美商另开贸易之路,皆由中国作主;三,中国派领事驻美通商各口;四,中、美奉教各异,两国不得稍有屈抑;五,两国人民互相往来游历,不得用法勉强招致;六,两国人民互相居住,照相待最优之国利益均沾;七,两国人民往来游学,照最优之国优待,并指定外国所居之地,互设学堂;八,美国声明并无干预中国内治之权。其时曾国藩等鉴于道、咸间条约失利,特建议遣使往订此约,于领海申明公法,于租界争管理权,于出洋华工谋保护,且预防干涉内治云。九月,美使劳文罗斯来华递国书,并呈书籍及五谷各种,请换中国书籍、谷种,许之。[7]

蒲安臣老家之行还算顺利,中美两国签署了一个比较平等的条约,史称《蒲安臣条约》。请看这第七条,正是此条开了中国人去美国留学的先河。

从 1872 年到 1875 年,清政府陆续选派十岁到十六岁的幼童一百二十名到美国留学。虽然这批留学生因种种原因在 1881 年被提前遣回,但是他们中的很多人都成了近代中国各行各业的翘楚。

他们中,有为国捐躯的民族英雄沈寿昌,有修了中国人第一条铁路的工程师詹天佑,有开平煤矿矿冶工程师吴仰曾,有北洋大学校长蔡绍基,有清华大学校长唐国安,有民国第一任国务总理唐绍仪,有清末交通总长梁敦彦,都是近代中国历史上赫赫有名的人物。还有宋氏三姐妹的姨父温秉忠,是他把宋氏姐妹带到美国留学,宋氏三姐妹在近现代中国的分量和影响力不言而喻。

九年三月,美遣镂斐迪充出使中国大臣,递国书,前使劳文罗斯回国。四月,中国出使大臣蒲安臣在俄病卒,特予一品衔,给恤银万两。[8]

蒲安臣此行可谓尽心尽力,可惜弱国无外交,虽然顶着一张洋人的脸,背后却是积贫积弱的晚清。可想而知,蒲安臣此行肯定不怎么顺利,到处看人脸色。他在俄国不幸患了肺炎,死在任上。鞠躬尽瘁至此,蒲安臣实在够意思。

中国第一次派出的外交使节竟然是一位美国人,还是刚刚卸任的美国公使,还累死在任上,不了解背景的人肯定会觉得不可思议,了解背景的人就心领神会了。

都说外交是"没有永远的朋友,只有永远的利益",大抵如此。彼此抱团取暖、惺惺相惜促成了中美外交的第一次蜜月期,后来呢?也大抵如此吧。

**注释:**

[1]清·方浚师《蕉轩随录》,卷十二。

英吉利使臣威妥玛尝译欧罗巴人长友诗九首,句数或多或少,大约古人长短篇耳。然译以汉字,有章无韵,请于甘泉尚书,就长友底本,裁以七言绝。尚书阅其语皆有策励意,无碍理者,乃允所请。兹录之,以长友作分注句下,仿注范书式也。微外好文,或可为他日史乘之采择欤?诗曰:"莫将烦恼著诗篇(勿以忧时言),百岁原如一觉眠(人生若虚梦)。梦短梦长同是梦(性灵睡即与死无异),独留真气满坤乾(不仅形骸,尚有灵在)。天地生材总不虚(人生世上,行走非虚生也,总期有用),由来豹死尚留皮(何谓死埋方至极处)。纵然出土仍归土(圣书所云人身原土,终当归土),灵性常存无绝期(此言人身,非谓灵也)。无端忧乐日相循(其乐其忧,均不可专务),天命斯人自有真(天之生人,别有所命)。人法天行强不息(所命者作为专图,日日长进),一时功业一时新(明日尤要更有进步)。无术挥戈学鲁阳(作事需时,惜时飞去),枉谈肝胆异寻常(人心纵有壮胆定志)。一从薤露歌声起(仍如丧鼓之敲),丘陇无人宿草荒(皆系向墓道去)。扰扰红尘听鼓鼙(人世如大战场),风吹大漠草萋萋(如众军林下野盘)。驽骀甘待鞭笞下(莫如牛羊无言,待人驱策),骐骥谁能辔勒羁(争宜勉力作英雄)。休道将来乐有时(勿言异日有可乐之时),可怜往事不堪思(既往日亦由己埋己),只今有力均须努(目下努力切切),人力殚时天佑之(中尽己心,上赖天佑)。千秋万代远蜚声(著名人传,看则系念),学步金鳌顶上行(想我们在世,亦可置身高处)。已去冥鸿犹有迹(去世时尚有痕迹),雪泥爪印认分明(势如留在海边沙面)。茫茫尘世海中汇(盖人世如同大海),才过来舟又去舟(果有他人过海)。欲问失帆谁挽救(船只搁浅,受难失望),沙洲遗迹可追求(见海边有迹,才知有可解免)。一鞭从此跃征鞍(顾此即应奋起动身),不到峰头心不甘(心中预定,无论如何,总期有济)。日进日高还日上(日有成功,愈求进功),肯教中道偶停骖(习其用工坚忍,不可中止)。"

[2]A Psalm of Life(What the Heart of the Young Man Said to the Psalmist)
by Henry Wadsworth Longfellow

Ⅰ

Tell me not, in mournful numbers,

Life is but an empty dream!

For the soul is dead that slumbers,

And things are not what they seem.

Ⅱ

Life is real! Life is earnest!

And the grave is not its goal;

Dust thou art, to dust returnest,

Was not spoken of the soul.

Ⅲ

Not enjoyment, and not sorrow,

Is our destined end or way;

But to act, that each to-morrow

Find us farther than to-day.

Ⅳ

Art is long, and time is fleeting,

And our hearts, though stout and brave,

Still, like muffled drums, are beating

Funeral marches to the grave.

Ⅴ

In the world's broad field of battle,

In the bivouac of Life,

Be not like dumb, driven cattle!

Be a hero in the strife!

Ⅵ

Trust no Future, howe'er pleasant!

Let the dead Past bury its dead!

Act,-act in the living Present!

Heart within, and God o'erhead!

Ⅶ

Lives of great men all remind us

We can make our lives sublime,

And, departing, leave behind us

Footprints on the sands of time.

Ⅷ

Footprints, that perhaps another,

Sailing o'er life's solemn main,

A forlorn and shipwrecked brother,

Seeing, shall take heart again.

Ⅸ

Let us then be up and doing,

With a heart for any fate;

Still achieving, still pursuing,

Learn to labor and to wait.

[3]清·方浚师《蕉轩随录》,卷八。

[4]民国·赵尔巽等《清史稿》,卷一百五十三,志一百二十八,邦交一。

[5]清·志刚《初使泰西记》,湖南人民出版社,1981年版,附录2:恭亲王等奏请派蒲安臣权充办理中外交涉事物使臣折,同治六年十一月初二日。

[6]—[8]民国·赵尔巽等《清史稿》,卷一百五十六,志一百三十一,邦交四,美利坚。

# 1885 年乙酉科山西乡试试题卷

　　应北京八中素质班的邀请,我在中国国家博物馆为同学们做了一场关于"复兴之路"的专题讲解。八中的素质一班诞生了 2017 年北京高考理科状元,能为未来的状元们上一堂课,猴王感到很是荣幸。

　　说到高考,每年都是热议话题,尤其是语文作文题,更是热点中的热点,每次都能掀起全民作文的热潮。在这个"学好数理化,走遍天下都不怕"的年代尚且如此,过去的时代,一生功名全凭一支笔,其重视程度就更可想而知了。

　　有趣的是,"复兴之路"的展览中正好展出了一份光绪十一年(公元1885 年)山西乡试的试题。仔细观瞧,我发现四书考题里有三段话,段段都具匠心。

　　第一段如下:

　　　　子华使于齐,冉子为其母请粟。子曰:"与之釜。"请益,曰:"与之庾。"冉子与之粟五秉。子曰:"赤之适齐也,乘肥马,衣轻裘。吾闻之也,君子周急不继富。"原思为之宰,与之粟九百,辞。子曰:"毋!以与尔邻里乡党乎?"

　　此段出于《论语·雍也》。猴王翻译如下:

　　孔子的学生子华出使齐国,冉求担心他走后没人照料他的母亲,就向孔子求助要点粮食,孔子答应给一釜(六斗四升),够子华母亲一个月的口粮。冉求觉得少了点,要求再给些,孔子又给了一庾(二斗四升),增得不多。最后,冉求给了子华母亲五秉,一秉相当于十六斛,一斛是十斗,相当于八百斗,相当多了。孔子说:子华在齐国骑着肥壮的骏马,穿着华丽的衣服,我早就知道了,君子救急不济富啊!孔子的另一位学生原思在孔子府上当管家,孔子给了他九百斗粮食。原思觉得太多了,拒绝了,孔子说:别忙着拒绝,你何不把吃不了的粮食周济给四邻百姓呢?

《道德经》有云:"天之道,损有余而补不足。人之道,则不然,损不足以奉有余。"孔子行的是"天之道","君子周急不继富",而冉求行的是"人之道"。你看,我们现在搞的"精准扶贫",行的其实就是"天之道"。政府就应该扶危济困,不能嫌贫爱富。

第二段:"子曰:父母其顺矣乎。"

此段语出《中庸》第十五章,原文如下:

> 君子之道,辟如行远必自迩,辟如登高必自卑。《诗》曰:妻子好合,如鼓瑟琴。兄弟既翕,和乐且耽。宜尔室家,乐尔妻帑。子曰:父母其顺矣乎。

这段的意思是:君子之道,千里之行必始于足下,要想登高就要从低处开始。《诗经》里说:妻儿和睦相处,如琴瑟和鸣,兄弟齐心,没有矛盾,家和万事兴。孔子说:这样的话,父母就能顺心了吧。

第三段:"入其疆,土地辟,田野治,养老尊贤,俊杰在位,则有庆。"

这段出自《孟子·告子章句下》第七章:

> 天子适诸侯曰巡狩,诸侯朝于天子曰述职。春省耕而补不足,秋省敛而助不给。入其疆,土地辟,田野治,养老尊贤,俊杰在位,则有庆,庆以地。入其疆,土地荒芜,遗老失贤,掊克在位,则有让。

意思如下:天子到诸侯那里去叫作巡狩,诸侯朝见天子叫作述职。所谓天子巡狩就是春天视察耕种情况,补助种子或劳力不足的农户;秋天视察收获情况,救济缺粮的农户。进入某个诸侯国,如果那里土地开垦得多,田野整治得好,老人得到赡养,贤人受到尊敬,有才能的人在位做官,那就有奖赏。拿什么奖赏? 拿土地奖赏。进入某个诸侯国,如果那里土地荒芜,老人被弃,贤人受到排斥,贪官污吏在位,那就给予责罚。

科举制度除了不考数理化(当时尚没有工业文明)这个缺点外,没什么不好。你看这题目出得多好,看材料写议论文,够考生发挥一下子了。但是自从南宋朱熹搞了《四书章句集注》以后,考生就必须按照朱熹的标准答案来答,特别是到明清,更是以八股文的行文标准为规范,这就限制了考生的发挥,也限制了考生的想象力。像阅读理解这样的试题,标准答案掌握在出题的少数老师手里,主观性是难免的,再好玩的题目也会变得不好玩了。不唯古人如此,今人又何尝不是? 你看每年的高考阅读题,常常会出现连作者都做不对的尴尬局面。

既然知道弊端,如何改进呢? 古人不是傻子,也知道变通。康熙二年就废过八股文,但试行了没几年,又恢复了,为啥? 没有可替代的新办法。看看我们的高考,也是吵了很多年,但找到新的更好的办法了吗?

> 康熙二年,废制义,以三场策第五道移第一场,二场增论一篇,表、判如故。行止两科而罢。四年,礼部侍郎黄机言:"制科向系三场,先用经书,使阐发圣贤之微旨,以观其心术。次用策论,使通达古今之事变,以察其才猷。今止用策论,减去一场,似太简易。且不用经书为文,人将置圣贤之学于不讲,请复三场旧制。"报可。七年,复初制,仍用八股文。[1]

1898 年 6 月 23 日(农历五月五日),光绪皇帝在康有为的建议下发了一道上谕,下令废除八股文,这是戊戌变法里唯一一项获得慈禧的同意而下发执行的建议。慈禧是实用主义者,当时是坚船利炮的时代,

八股文没啥用,说废就废了吧。我们来看看这道谕旨:

> 我朝沿宋明旧制,以四书文取士。康熙年间,曾经停止八股,考试策论,未久旋复旧制。一时文运昌明,儒生稽古穷经,类能推究本原,阐明义理,制科所得,实不乏通经致用之才。乃近来风尚日漓,文体日敝,试场献艺,大都循题敷衍,于经义罕有发明。而浅陋空疏者,每获滥竽充选。若不因时通变,何以励实学而拔真才?著自下科为始,乡、会试及生童岁科各试,向用四书文者,一律改试策论。其如何分场命题考试,一切详细章程,该部即妥议具奏。此次特降谕旨,实因时文积弊太深,不得不改弦更张,以破拘墟之习。至于士子为学,自当以四子、六经为根柢。策论与制艺,殊流同源,仍不外通经史以达时务。总期体用兼备,人皆勉为通儒,毋得竞逞辩博,复蹈空言,致负朝廷破格求才至意。[2]

但是好景不长,电光石火的"百日维新"梦很快破灭。10月9日,慈禧太后又下谕旨恢复了八股取士的旧制。你看,一项改革政策的执行是多么峰回路转。八股取士还要待1904年科举制度被废才最终废止。

客观来论,在农耕文明的时代背景下,1885年的考题出得不错。不过,对于1885年的时局呢?无足轻重。在坚船利炮已经击碎了田园牧歌,在强盗已经破门而入,恶霸已然环伺的大背景下,首要之务是御敌于国门之外,至于扶危济困、儿女孝顺和赏罚分明的话题,显然过于遥远。

那1885年的中国是怎样的一个时局呢?这一年最著名的事件莫过于中法之战。近七十岁的已退休将领冯子材在镇南关大败法军。《清史稿》冯子材传里有记载:

> 闻谅山警,亟赴镇南关,而法军已焚关退。龙州危棘,子材以关前隘跨东西两岭,备险奥,乃令筑长墙,萃所部扼守,遣王孝祺勤

军军其后为犄角。敌声某日攻关，子材逆料其先期至，乃决先发制敌。潘鼎新止之，群议亦不欲战。子材力争，亲率勤军袭文渊，于是三至关外矣。宵薄敌垒，斩馘多。

法悉众分三路入，子材语将士曰："法军再入关，何颜见粤民？必死拒之！"士气皆奋。法军攻长墙巫，次黑兵，次教匪，炮声震山谷，枪弹积阵前厚寸许。与诸军痛击，敌稍却。越日复涌至，子材居中，元春为承，孝祺将右，陈嘉、蒋宗汉将左。子材指麾诸将使屹立，遇退后者刃之。自开壁持矛大呼，率二子相荣、相华跃出搏战。诸军以子材年七十，奋身陷阵，皆感奋，殊死斗。关外游勇客民亦助战，斩法将数十人，追至关外二十里而还。越二日，克文渊，被赏赍。连复谅城、长庆，擒斩三画、五画兵总各一，乘胜规拉木，悉返侵地。[3]

在中法之战中，冯子材亲率两位儿子，手持长矛，身先士卒，且战法得当，连克数城，重创法军，逼得法国茹费里内阁都倒台了。虽战后签订的《中法条约》将附属国越南让给了法国，但终没有酿成类似于甲午海战倭寇长驱直入的窘境，冯子材可谓厥功至伟。镇南关大捷算是晚清时期少有的以弱胜强的精彩战例。可惜，冯子材不是科考生。

"（八月）乙酉，左宗棠卒，赠太傅。"[4] 1885 年 9 月，还有一件影响深远的大事，一代名臣左宗棠去世了。这位在朝堂上与李鸿章辩论塞防优先还是海防优先的湘军将领带着湖湘子弟自筹军饷，劳师远征，一举剿灭了阿古柏叛军，平定了天山南北，实现了晚清时期绝无仅有的辉煌战绩。要不是因为他的先见之明，或许今日东突厥斯坦的势力早已经逼近西安了，所以，左宗棠收复新疆的历史意义再怎么夸都不为过。传教士威廉·麦士尼编著的《华英会通》(*Mesny's Chinese Miscellany*) 中评价他是中国十九世纪最进步和最爱国的政治家 (The most progressive and patriotic Chinese statesmen in nineteenth century)。没有之一，只有唯一。可惜左宗棠也没有考取功名。

晚清仅有的获胜的两场战争都是非科考生指挥的。榜上可以无名,脚下依然有路。纸上得来终觉浅,绝知此事要躬行,这真是放之四海皆准的真理啊!

清朝满人福格在其笔记《听雨丛谈》里有如下感慨:

> 数百年来,士夫非科目不能进身,非八股文不能科目。苟有班马之才,孙吴之略,不由八股之学,则群相诋讪,斥为粗官,转成终身之辱。是以士自束发讫于成名,只须习熟讲章,摹拟墨套,此外不须一涉。

> 康熙年间人文最盛,如朱彝尊、潘耒、冯勖、严绳孙、李因笃、法若真、田雯、高层云、戴王纶诸人,皆为海内知名之士。朱、潘、冯、李能中制科,而不能中一八比生员,法、田、高、戴能中八比进士入翰林,而不能中制科之选,足见人各有能,未可相强也。今取士之科,专用八比,舍此则为士夫之所不齿,得无遗珠之感耶!

我们再来看一看 1904 年甲辰恩科会试的考题[5],这是清代最后一场开科取士。

第一场,史论五篇:

1. "周唐外重内轻,秦魏外轻内重各有得论。"

2. "贾谊五饵三表[6]之说,班固讥其疏。然秦穆尝用之以霸西戎,中行说亦以戒单于,其说未尝不效论。"

3. "诸葛亮无申商[7]之心而用其术,王安石用申商之实而讳其名论。"

4. "裴度奏宰相宜招延四方贤才与参谋,请于私第见客论。"

5. "北宋结金以图燕赵,南宋助元以攻蔡论。"

第二场,考各国政治,艺学策五道

1. "学堂之设,其旨有三,所以陶铸国民,造就人才,振兴实业。

国民不能自立,必立学以教之,使皆有善良之德,忠爱之心,自养之技能,必需之知识,盖东西各国所同,日本则尤注重尚武之精神,此陶铸国民之教育也。讲求政治、法律、理财、外交诸专门,以备任使,此造就人才之教育也。分设农、工、商、矿诸学,以期富国利民,此振兴实业之教育也。三者孰为最急策。"

2."泰西外交政策往往借保全土地之名而收利益之实。盍缕举近百年来历史以证明其事策。"

3."日本变法之初,聘用西人而国以日强,埃及用外国人至千余员,遂至失财政裁判之权而国以不振。试详言其得失利弊策。"

4."周礼言农政最详,诸子有农家之学。近时各国研究农务,多以人事转移气候,其要曰土地,曰资本,曰劳力,而能善用此三者,实资智识。方今修明学制,列为专科,冀存要术之遗。试陈教农之策。"

5."美国禁止华工,久成苛例,今届十年期满,亟宜援引公法,驳正原约,以期保护侨民策。"[8]

第三场,考《四书》《五经》义

1."大学之道,在明明德,在亲民,在止于至善"义。

2."中立而不倚强哉矫"义。

3."致天下之民,聚天下自货,交易而退,各得其所"义。

话题涉及藩镇割据(中央与地方关系)、平戎(国防)、变法之道、选贤任能、以夷治夷(外交),另外还涉及教育、实业、土地、资本、劳力等话题。要猴王说,这考题出得可真好,比 1885 年山西乙酉乡试试题全面多了(当然,1885 年乙酉科前两场考题尚未知)。可惜来不及了,谁能想到,这一年科举的帷幕轰然落下,已成绝响。

**注释：**

[1]民国·赵尔巽等《清史稿》，卷一百八，志八十三，选举三，文科武科。

[2]清·宋玉卿《戊壬录》，改政之变。

[3]民国·赵尔巽等《清史稿》，卷四百五十九，列传二百四十六。

[4]民国·赵尔巽等《清史稿》，卷二十三，本纪二十三，德宗本纪一。

[5]《评选癸卯甲辰恩科闱艺大全》，光绪乙巳仲春上海书局石印，豫闱文明堂原刻。

[6]西汉·贾谊《新书·匈奴篇》。三表：立信义、爱人之状、好人之技。五饵：赐之盛服车乘、盛食珍味、音乐妇人、高堂邃宇府库奴婢、亲近安抚。贾谊建议西汉王朝采用恩威并施的方法来解决匈奴问题，一树立威信，二以利诱之。

[7]战国时韩国的申不害和秦国的商鞅，都是变法图强的代表。

[8]《排华法案》是美国于1882年5月6日签署的一项法案。背景是美国要修建横贯大陆的铁路，大量华工参与建设，"威胁"到当地人就业，美国因此做出反应。第二次世界大战期间，中美两国结成反法西斯同盟，经罗斯福总统提议，美国国会于1943年12月17日通过了《麦诺森法案》（Magnuson Act），废除了《排华法案》。2012年6月18日，美国众议院全票表决通过，美国正式以立法形式就1882年通过的《排华法案》向华人道歉。

# 过河卒子亦能将军

汉将赵破奴率属国骑（谓诸外国属汉者）及郡兵击之，虏楼兰王，遂破姑师。于是列亭障至玉门矣。楼兰既降服贡献，匈奴闻，发兵击之。于是楼兰遣一子质匈奴，一子质汉。后贰师将军击大宛，便道引兵捕楼兰王。将诣阙，薄责王，对曰："小国在大国间，不两属无以自安。愿徙国入于汉地。"上直其言，遣归国。[1]

汉朝时，楼兰夹在匈奴与大汉之间，汉将赵破奴和贰师将军李广利两次征伐之，都俘获了楼兰王，楼兰不得不向大汉称臣纳贡。匈奴听说了，也发兵讨伐楼兰，楼兰王一看这两个大国谁也得罪不起，就把两个儿子分别送到匈奴和大汉做人质。历来小国在大国之间，不是左右逢源，而是左右为难。

不要以为楼兰古国就像歌曲《楼兰新娘》那样富有诗意，那都是后人的一厢情愿罢了。有人说：你看瑞士就不错，二战时安然无恙。殊不知，要是它不与纳粹暗通款曲，岂能独善其身？

小国要么励精图治变成大国，要么"择木而栖"，"背靠大树好乘凉"。

我们的邻居朝鲜是小国，但"核爆"已经不是一次两次了，自 2006 年起持续了好些年。可有确凿的证据显示朝鲜拥有核武器？中朝边境我方环保部门每次都有检测数据，似乎每次都安然无恙，那么"核爆"上空呢？无人机可有监测？美国的"全球鹰"呢？当然，有人说：美国连MH370和章莹颖都找不到，你们都是《007》和《碟中谍》看多了。

照目前局势来看，朝鲜的核辐射还没有日本福岛核电站的核辐射"厉害"，毕竟后者是被证实的辐射源，并且还在不断扩散中。但猜测终归是猜测，找不到答案总会让人不踏实，毕竟不是小事一桩。

香港"古惑仔"系列影片里，黑社会老大很少是被警察或者更厉害的老大干掉的，往往是被一个不起眼的小马仔干掉的。小人物被逼急了更狠。

回顾朝鲜半岛的历史，近代以来，基本身不由己，充满了悲剧性。

历史上，中国对朝鲜还算不错，视其为附属国但并不谋其国土，只要每年定期朝贡，回赠的礼物往往比送来的礼物还多。

日本则不然，饿得不行了，只想吞下朝鲜。众所周知，1894 年中日甲午之战是因为朝鲜。战争经过和结局不必赘述，要说的是战后朝鲜的命运。

中国这个靠山倒了，面对咄咄逼人的东瀛狼，朝鲜很无奈，要找新的靠山。这个新的靠山就是沙俄。想想看，1904 年发生的日俄战争不是偶然。世上哪里有无缘无故的爱和恨。

当时执掌朝鲜政局的是高宗和他的"野蛮女友"——明成王后。明成王后极力推行亲俄排日政策，而他的公公大院君却执行亲日政策。公媳关系势如水火。

1895 年是朝鲜高宗三十二年，农历乙未年。10 月 8 日这一天是朝鲜历史上非常悲惨的一天。这天凌晨，在日本驻朝公使三浦梧楼的策划下，日本陆军中佐楠濑幸彦、浪人冈本柳之助等率领五十多名日本浪人，还有四百多人的日军守备队和八百人的朝鲜训练队冲进朝鲜皇宫景福宫，见人就杀。他们在乾清宫挟持了高宗，在坤宁阁抓住了明成王后。日本作家角田房子的著作《闵妃暗杀——朝鲜王朝末期的国母》详细记载了这次暴行。日本人不仅杀死了明成王后，还侮辱了她，最后焚尸灭迹,手段极其残忍。

日本人以为自己做得天衣无缝,可惜有两位外国人正好在现场,一位是当时在宫中的美国军事教官戴伊,另一位是俄罗斯技师谢尔盖·萨巴廷。美国历史学家约瑟夫·卡明斯(Joseph Cummins)在他的著作 *History's Forgotten Milestones*: *Spotlights on the Past*(《历史被遗忘的里程碑:聚焦过去》)中也记载了这次暴行。日本人将此行动命名为"猎狐行动",事后为了遮掩,谎称这是大院君雇用无知日本浪人干的。其实,杀人者中不乏日本的精英人物,他们中有的曾在美国哈佛大学留过学,有的毕业于东京大学,有的后来进入日本内阁,有的十次当选日本国会议员,还有的担任驻外大使。真是应了那句话:天不怕,地不怕,就怕流氓有文化。

为了应付国际舆论,日本人草草地把包括三浦梧楼公使在内的五十六名凶手"逮捕",但只是做了形式上的审判,凶手们最终被判无罪。这些罪犯最后都"衣锦还乡",被日本国民当英雄来欢迎。想来,"乙未事变"不过是"南京大屠杀"的一个小小的预演而已。

韩国的景福宫基本是仿照北京故宫而建的,乾清宫、坤宁阁、交泰殿、勤政殿这些名字,是不是感觉很熟悉?是的,在故宫里都能看到。只不过故宫里叫坤宁宫罢了。

1907 年,朝鲜的皇太子李垠正好十岁。这一年,他父亲高宗被迫退位,三十三岁的长兄李坧即位,封李垠为皇太子。日本朝鲜统监是伊藤博文,他以"皇太子需要摆脱宫人影响,跟从帝师学习帝王之道"为名,将其带到日本,送入贵族学校——学习院读书。伊藤博文可算是名副其实的朝鲜"太上皇"。

1909 年 10 月 26 日,伊藤博文在哈尔滨与沙俄代表会谈时,被朝鲜义士安重根刺死。

伊藤博文在世时,还会用怀柔方法对待朝鲜,有耐心,并不着急吞并朝鲜。伊藤博文之后,日本没有战略家,只有赌徒,只知用刀剑来解决问题。一年后的 1910 年,朝鲜彻底被日本吞并,直到二战后才获得新生。

然而新生是短暂的。朝鲜战争爆发,朝鲜半岛分裂为两个国家,直到今天。

在世纪之交的克林顿时期,解决朝鲜问题的钥匙无疑是在美国手上。朝鲜问题本来可以解决,也临近解决。协议已经在案上,只待签字。随着小布什政府的上台,单边"牛仔"主义冒进,妄言邪恶轴心,朝鲜走向了拥核道路。当然这也可能是美国的算盘,这样可以把难题一直摆在中国的家门口,日韩盟国会继续对美国俯首帖耳。试想朝鲜问题解决了,驻韩美军还有必要存在吗?

1999 年还发生了一件突发事件,美国误炸我国驻南斯拉夫大使馆。在这样的氛围中,解决朝鲜问题的钥匙当然不会装在中国的口袋里。

于 1392 年建立,到 1910 年被日本吞并,朝鲜的李氏王朝共传王二十七代,建国五百一十九年,横跨了中国的明、清两个朝代。明朝万历年间(公元 1572—1598 年),日本的丰臣秀吉曾打过吞并朝鲜的算盘,但经过万历朝鲜战争,日本军队不堪一击,全军覆没,没有得逞。(详见《倭寇是怎样炼成的》一文,收录于《历史岂有底稿Ⅱ》)

环顾今日之世界,朝鲜半岛的出路何在呢?

**注释:**

[1]宋元·马端临《文献通考》,卷三百三十六,四裔考十三,西域总序。

旧时王谢

# 万里长城永不倒

## 满庭芳

　　山抹微云，天连衰草，画角声断谯门。暂停征棹，聊共引离尊。多少蓬莱旧事，空回首、烟霭纷纷。斜阳外，寒鸦万点，流水绕孤村。

　　销魂。当此际，香囊暗解，罗带轻分。谩赢得、青楼薄幸名存。此去何时见也，襟袖上、空惹啼痕。伤情处，高城望断，灯火已黄昏。

　　古北水镇的夜色很美，站在山顶教堂，回望灯火阑珊处，不禁想起秦观的名句。美的夜色与美的诗句，简直是绝配。好比登临黄鹤楼的李白，有心写上一首诗，无奈崔颢的题诗在上头。今有秦少游的名句在此，猴王也不必狗尾续貂了，真正的高手就是应该有坦诚不如人的气量。

　　不过，类似的诗句貌似已有人写过，秦观不过演绎了一下而已。

　　寒鸦飞数点，流水绕孤村。

　　斜阳欲落处，一望黯消魂。

　　这是谁的诗句？请猜猜看。

　　要是我告诉你这是隋炀帝杨广的诗，你会信吗？

其实,杨广也是一位文艺青年,他没有史书上写的那么坏,一条京杭大运河足以彪炳史册,就像秦始皇修了万里长城,时人骂骂他可以,我们跟着骂就有点不知好歹了。

像秦始皇、曹操、杨广、雍正这样的人,当政没有多少年,但做了不少大事,彼时的人们不甚理解,我们则应该客观一点。大秦帝国与其说是亡于暴政,不如说是六国贵族成功复辟。古往今来,掌握话语权的人说谁好不见得全好,说谁坏也不见得全坏。人物评价如此,王朝评价也一样。在南北朝时期,也有一个短命王朝——北齐王朝,历史上评价也不高,但是细细梳理,不得不刮目相看。

从公元 550 年开始,南北朝后期,北齐王朝崛起于中原。它的都城在邺,也就是今天的河北邯郸市临漳县境内。这个王朝虽延续了仅二十七年,却是其后隋唐帝国的序篇。

短短二十七年能做什么?貌似什么也做不了,但是想做也能做很多,比如东征,比如西讨,比如北伐,比如修长城。

# 雄才大略

(北齐文宣帝天保)三年春正月丙申,帝亲讨库莫奚于代郡,大破之,获杂畜十余万,分赉将士各有差。以奚口付山东为民。[1]

天保三年(公元 552 年),北齐开国皇帝高洋讨伐库莫奚,大破之,俘获甚众。

(天保四年)九月,契丹犯塞。壬午,帝北巡冀、定、幽、安,仍北讨契丹。冬十月丁酉,帝至平州,遂从西道趣长堑。诏司徒潘相乐率精骑五千自东道趣青山。辛丑,至白狼城。壬寅,经昌黎城。复诏安德王韩轨率精骑四千东趣,断契丹走路。癸卯,至阳师水,倍道兼行,掩袭契丹。甲辰,帝亲逾山岭,为士卒先,指麾奋击,大破之,虏获十万余口、杂畜数十万头。乐又于青山大破契丹别部。所虏生口皆分置诸州。是行也,帝露头袒膊,昼夜不息,行千余里,唯食肉饮水,壮气弥厉。丁未,至营州。丁巳,登碣石山,临沧海。[2]

天保四年,北齐大败契丹,俘获十余万口,杂畜数十万头,高洋身先士卒,袒胸露背,与士兵同甘共苦。他也效仿曹操到秦皇岛,登碣石,观沧海,好一派雄才大略的帝王风范。遥想建安十二年(公元207年),曹操北征乌桓,得胜回师,途中登碣石,写下了千古名篇《观沧海》。

五年春正月癸巳,帝讨山胡,从离石道。遣太师、咸阳王斛律金从显州道,常山王演从晋州道,掎角夹攻,大破之,斩首数万,获杂畜十余万,遂平石楼。石楼绝险,自魏世所不能至。于是远近山胡莫不慑服。[3]

天保五年,北齐击败山胡,平定石楼。北魏及东魏以来,此地一直为山胡的势力范围,北齐则改写了历史。

(天保五年)三月,茹茹庵罗辰叛,帝亲讨,大破之,辰父子北遁……夏四月,茹茹寇肆州。丁巳,帝自晋阳讨之,至恒州黄瓜堆,虏骑走。时大军已还,帝率麾下千余骑,遇茹茹别部数万,四面围逼。帝神色自若,指画形势,虏众披靡,遂纵兵溃围而出。虏乃退走,追击之,伏尸二十里,获庵罗辰妻子及生口三万余人。五月丁亥,地豆干、契丹等国并遣使朝贡。丁未,北讨茹茹,大破之。六月,茹茹率部众东徙,将南侵。帝率轻骑于金山下邀击之,茹茹闻而远遁。

(天保六年)秋七月己卯,帝顿白道,留辎重,亲率轻骑五千追茹茹。壬午,及于怀朔镇。帝躬当矢石,频大破之。[4]

天保五年至六年,高洋率军连续大败柔然。这样的连年御驾亲征,遍览史书,也是罕见。

所谓茹茹,即是柔然族,乃公元四世纪崛起于草原的少数民族。茹茹和柔然这两个名字是不是很富有诗意呢？可是《北史》却记载如下：

> 蠕蠕姓郁久闾氏。始神元之末，掠骑有得一奴，发始齐眉，忘
> 本姓名，其主字之曰木骨闾。"木骨闾"者，首秃也。"木骨闾"与
> "郁久闾"声相近，故后子孙因以为氏。木骨闾既壮，免奴为骑卒。
> 穆帝时，坐后期当斩，亡匿广漠溪谷间，收合逋逃，得百余人，依纯
> 突邻部。木骨闾死，子车鹿会雄健，始有部众，自号柔然。后太武
> 以其无知，状类于虫，故改其号为蠕蠕。[5]

"蠕蠕"竟是这般来历，颇有贬低之意，怪不得也作"茹茹"，的确好
听一点。

# 茹茹公主

史书曾记载过一段茹茹与北齐通婚的历史：

> （兴和）四年（公元 542 年），阿那瑰请以其孙女号邻和公主妻
> 齐神武第九子长广公湛，静帝诏为婚焉。[6]

> 世祖武成皇帝讳湛，神武皇帝第九子，孝昭皇帝之母弟也。仪
> 表瑰杰，神武尤所钟爱。神武方招怀荒远，乃为帝娉蠕蠕太子庵罗
> 辰女，号邻和公主。帝时年八岁，冠服端严，神情闲远，华戎
> 叹异。[7]

年仅五岁的茹茹邻和公主远嫁中原，配于高欢的第九个儿子高湛，
高湛当时仅八岁，明显是娃娃亲。一晃八年后，也就是茹茹公主刚刚十
三岁，高湛十六岁时，两个孩子青梅竹马，正是怀春和钟情的最好年龄，
茹茹公主却不幸病死了。史书未记载因何病而死，只是记载葬礼如何
隆重、规格如何之高等，可怜这位来自大草原的小姑娘是如何度过这八
年时光的？一个小小姑娘来极力维系两国的友好关系，也是难为她了。

猴王斗胆臆测，茹茹公主有可能是遭逢难产而死。当然也不排除

其他疾病,毕竟在那个年代,还没有抗生素,区区一场感冒发烧也会要了人命。

## 鹰疲倦了,飞得比鸡还低

北齐刚建国即打遍天下无敌手,这本该是一统天下的节奏,也是造就千古一帝的机遇。可惜,是人就有倦怠的时候,做帝王也一样,胜利多了,就开启无节制休假的模式了。那时还不流行坐在海滩上晒太阳,无非是歌之蹈之,酒色助兴。凡事过犹不及,乐极生悲,高洋只活了区区三十四岁。他真要长寿,天下可能就一统了,那么今天我们就不是"梦回大唐"了,很可能是"梦回大齐"了。

只能说他的人生是一个浓缩版的人生,没有他作嫁衣,隋唐帝国也许是个遥远的神话。

鹰疲倦了,的确有可能飞得比鸡还低。

## 北齐长城

北齐王朝干的第二件大事就是修长城。《北齐书》中记载:"(斛律)羡以北虏屡犯边,须备不虞,自库堆戍东拒于海,随山屈曲二千余里,其间二百里中凡有险要,或斩山筑城,或断谷起障,并置立戍逻五十余所。又导高梁水北合易京,东会于潞,因以灌田。边储岁积,转漕用省,公私获利焉。"[8]

此处"羡"指北齐名臣斛律羡,字丰乐。有人考证库堆戍即为今日之古北口。北齐长城是继秦汉之后修筑得最远的长城,后来的明长城也多是沿北齐长城而筑。古北水镇所处的司马台长城算是硕果仅存的一段北齐长城,而且是最险要的一段长城,最高的烽火台海拔近千米,登此楼可远眺北京城。望京,望京,看来由此而来啊!

《北史》中记载:"天保六年(公元 555 年)是月,发寡妇以配军士筑长城……诏发夫一百八十万人筑城,自幽州北夏口,西至恒州,九百余里。"[9] 夏口乃今日之北京南口,恒州乃今日之大同。

《北齐书》记载:"天保三年(公元 552 年)(六月)乙卯,帝如晋阳。九月辛卯,帝自并州幸离石。冬十月乙未,至黄栌岭,仍起长城,北至社干戍四百余里,立三十六戍。"[10] 此段长城起自今日山西吕梁离石境内,沿吕梁山北向绵延至朔州境内。

雄关漫道真如铁。长城不仅帮助北齐政权抵御了柔然、突厥、山胡、契丹和库莫奚等北方异族侵袭,同时也抵御了西边咄咄逼人的北周王朝。

# 自毁长城

"其兴也勃焉,其亡也忽焉",北齐立国不过短短二十七年,和长城的初建者秦帝国一样,令人扼腕叹息。

人常说:幸福的家庭都是一样的,不幸的家庭各有各的不幸。国家也一样。强盛的国家都是一样的,衰败的国家各有各的衰败。

北齐亡国是有多种原因的。首先在于高纬昏庸,重用陆令萱、和士开、高阿那肱、穆提婆、朝长鸾等一班奸佞之徒。重用奸佞就罢了,但至少请善待忠良,可惜,这二者是不可能并存的。

斛律家族是北齐的显赫家族,出了一位宰相斛律金,还有两位大将军。斛律金的大儿子斛律光字明月,二儿子就是前文提到的修筑长城的斛律羡,字丰乐。

史载斛律光"尝从世宗于洹桥校猎,见一大鸟,云表飞飏,光引弓射之,正中其颈。此鸟形如车轮,旋转而下,至地,乃大雕也。世宗取而观之,深壮异焉。丞相属邢子高见而叹曰:'此射雕手也。'当时传号落雕都督"。[11] 看来"弯弓射大雕"不是成吉思汗的专利啊。

斛律家族的男人厉害，女人们也不示弱。"一门一皇后、二太子妃、三公主，尊宠之盛，当时莫比。"[12]

斛律家与皇家深度联姻，可谓宠遇一时无两。都说和珅与乾隆关系好，那也只是儿女亲家的关系，斛律家与北齐皇帝高氏可是三代深度联姻，亲上加亲啊。

可惜正如斛律金担心的那样："我虽不读书，闻古来外戚梁冀等无不倾灭。女若有宠，诸贵人妒；女若无宠，天子嫌之。我家直以立勋抱忠致富贵，岂可藉女也？"[13]

斛律金对儿子斛律光说的这一番话，值得细细琢磨：我斛律家族是靠赫赫战功发家致富的，不是靠女人啊！斛律金真是个明白人。

斛律家族最后覆灭还真不是因为女人，虽然历史上往往会把男人之错嫁祸给女人，比如安史之乱。要说斛律家族有错的话，他们的错就在于他们不仅仅与皇家走得过近，而且权势显赫，功高震主。

> 周将军韦孝宽忌（斛律）光英勇，乃作谣言，令间谍漏其文于邺，曰"百升飞上天，明月照长安"，又曰"高山不推自崩，槲树不扶自竖"……以谣言启帝曰："斛律累世大将，明月声震关西，丰乐威行突厥，女为皇后，男尚公主，谣言甚可畏也。"[14]

这可能是"间谍"一词最早的表述吧！所谓"百升飞上天，明月照长安"，古代一斛等于百升，而斛律光的字恰为"明月"；所谓"高山不推自崩，槲树不扶自竖"，北齐王朝乃高氏王朝，槲树不言而喻影射的即是斛律家。这种谣言往往最可怕，也最有杀伤力。

北周政权利用北齐末帝高纬的昏庸和不自信使出了反间计，借高纬之手除了斛律家族。

> 周武帝闻光死，大喜，赦其境内。后入邺，追赠上柱国、崇国公。指诏书曰："此人若在，朕岂能至邺！"[15]

北周武帝听到斛律光被杀，大喜，大赦天下。当攻破北齐首都邺时，他追封斛律光为上柱国、崇国公，还说：如果有斛律光在，我们能这么容易到这儿吗？

《北齐书》的作者李百药不禁感叹："昔李牧之为赵将也，北翦胡寇，西却秦军，郭开谮之，牧死赵灭。其议诛光者，岂秦之反间欤，何同术而同亡也！内令诸将解体，外为强邻报仇。呜呼！后之君子，可为深戒。"[16]

飞鸟尚未尽，良弓却被藏。李牧死后，赵国便灭亡了；斛律光死后，北齐王朝也紧跟着陪葬了。

一千多年后的 1683 年，康熙皇帝在路过古北口时写了一首诗：

> 断山逾古北，石壁开峻远。形胜固难凭，在德不在险。

1697 年，康熙第三次亲征噶尔丹，在距离今天乌兰巴托不远的昭莫多彻底击败了噶尔丹，班师回朝。路过居庸关长城，他又写了一首诗：

> 始和羽骑出重关，风动南熏整旆还。
>
> 凯奏捷书传朔塞，欢声喜气满人寰。
>
> 悬崖壁立垣墉固，古峡泉流昼夜间。
>
> 须识成城惟众志，称雄不独峙群山。

万里长城永不倒，除非自毁长城。

**注释：**

[1]－[4]唐·李百药《北齐书》，卷四，帝纪第四，文宣，

[5][6]唐·李延寿《北史》，卷九十八，列传第八十六。

[7]唐·李延寿《北史》，卷八，齐本纪下，第八。

[8]唐·李百药《北齐书》，卷十七，列传第九，斛律金(子光、羡)。

[9]唐·李延寿《北史》，卷七，齐本纪中，第七。

[10]唐·李百药《北齐书》，卷四，帝纪第四，文宣。

[11]－[16]唐·李百药《北齐书》，卷十七，列传第九，斛律金(子光、羡)。

# 紫禁城为什么要修那么高？

我喜欢进故宫摄影，虽然进了很多次，但每次还是觉得很震撼，阅完故宫后发现天下已无宫殿可阅。记得有一部纪录片，名字是《当卢浮宫遇见紫禁城》，我来加上一句：那就是小孩子见到了他大爷。

看这红墙，目测有多高？至少有十来米高吧！相当于三层楼。巍巍然，游人在侧，不免会发出渺小之感。帝王为什么要修这么高的墙？为了防盗？为了隐私？当然这是最基本的功能。紫禁城历史上除了改朝换代、皇室内部纷争外，只遇过一次小规模的邪教骚乱。

这场骚乱发生在清朝嘉庆当政时期，确切的时间是嘉庆十八年九月十五日（公元 1813 年 10 月 8 日）。清朝王爷昭梿在《啸亭杂录》中有详细记载，称之为"癸酉之变"。

有林清者，本籍浙江人，久居京邸，住京南宋家庄。幼为王提督（柄）弄童，随王于苗疆久，颇解武伎，遂为彼教所推，尊为法祖。其人顾身戁面，嚣张如猾，自以智谋过人，其实愚鲁异常。因掌教久，积募银米，家业颇丰，遂蓄不逞之志。大内太监多河间诸县人，有刘金、刘得才等，其家即素习邪教者，选入禁中，遂与茶房太监杨进忠等传教，羽翼颇众，因与林清交结。会辛未秋，彗星出西北方，钦天监又奏改癸酉闰八月于次春二月，诸贼乃以为预兆。又其经有"八月中秋黄花落地"语，遂附会其说，以为本朝不宜闰八月，故钦天监改之,而不知康熙戊戌久有之也。[1]

林清起事的理由很简单,也很荒谬,因为 1813 年是"闰八月",天象是"彗星出西北方"。星相和占卜学讲究"彗孛紫微,天下易主",他们的经书里又说"八月中秋黄花落地",看来八月有大事要发生。偏偏此时,清廷的钦天监又把 1813 年的闰八月给废了,林清以为清廷也意识到闰八月对己不利,所以,他就更笃定此时举事定能成功。

他们也不完全是鲁莽行事,还是做了一些准备,比如他们培养了一批太监内应。事情比预想的要顺利,他们果然由东华门和西华门混进了紫禁城。但是紫禁城太大了,墙实在是太高了,他们如同一群小鱼苗进了大海,找不到北了。

> 贼由门外诸廊房得逾墙窥大内,皇次子立养心殿阶下,以鸟枪击毙二贼,贝勒绵志亦趋入,随皇次子捕贼。复有二贼潜入内膳房屋中,众内监击杀之。

> 时诸王大臣闻变,皆由神武门入,余在邸方与僮手弈,闻变,骋马入。至神武门,庄亲王(绵课)、贝子(奕绍)亦先后趋至,闻贼已聚攻隆宗门。……须臾,奕灏率火器营官兵入,凡千余人,鱼贯横枪,意甚踊跃,实祖宗百年涵养之功也……官兵之势愈盛。贼有自投御河死者,有匿于城堞草中者,有匿于五凤楼者,如鸟兽散。时天殆黑,与今礼部尚书穆公(克登阿)遇,穆骤曰:"天已昏黑,奈何?"余曰:"今十五夜,有月光照曜。"盖安众心也。穆固长者,不解余意,因曰:"月光终不及日。"余急指心以示,穆乃改曰:"月光固皎如昼也。"[2]

在这场骚乱中,表现最抢眼的是皇次子旻宁,即后来的道光皇帝。他在养心殿台阶下,用鸟枪干掉了两名贼人。当时的嘉庆皇帝正好不在宫里,正在今天津蓟县的白涧行宫,皇次子的表现自然会传到他的耳朵里。这次骚乱发生的当夜月白如昼,叛乱分子无处躲藏,或毙或俘,很快就被平息了。据说,现在故宫隆宗门的门额上还残留着当时的箭镞,细心的游客不妨留心一下。

宫墙巍峨,自然有防盗功能,但以皇家卫队的力量,即使没有宫墙,一样能保证安全。猴王以为,宫墙还承载着更重要的功能,那就是建立"信用":通过实力告诉臣民,我是有实力践行"契约"的。契约本是一纸空文,做不到怎么办?凭什么我做天子,你们做臣民?你们看我住在如此气魄雄伟的宫殿里,难道还不相信我吗?说实话,当我站在这样的红墙下,我信了。

当年刘邦入长安,看到萧何为他修了恢宏的未央宫,也很生气。

> 萧丞相营作未央宫,立东阙、北阙、前殿、武库、太仓。高祖还,见宫阙壮甚,怒,谓萧何曰:"天下匈匈,苦战数岁,成败未可知,是何治宫室过度也?"萧何曰:"天下方未定,故可因遂就宫室。且夫天子以四海为家,非壮丽无以重威,且无令后世有以加也。"高祖乃说。[3]

但是听了萧何的一番解释后,刘邦转而大悦。萧何说:正因为天下人心未定,才要修这么宏伟的宫殿,非此不能立重威,非此不能让天下人信服,而且后世的人也无法超越。从目前未央宫的遗址来看,未央宫的占地面积是紫禁城的六倍,可见真是空前绝后了。秦始皇的阿房宫只是一个传说,仅存于杜牧的《阿房宫赋》里,真正的第一宫殿非未央宫莫属啊!

实力是信用的基础,所以,人们找工作会倾向于进大企业、大单位。原因很简单,为了找安全感。但是大企业、大单位都不是凭空出现的,都是从小企业、小单位一步步成长起来的。为什么只有少数能变大、变强,而大部分都中途夭折了呢?原因也很简单:看谁从一开始就能提供信用。

> 汉元年十月,沛公兵遂先诸侯至霸上。秦王子婴素车白马,系

颈以组,封皇帝玺符节,降轵道旁。诸将或言诛秦王。沛公曰:"始怀王遣我,固以能宽容;且人已服降,又杀之,不祥。"乃以秦王属吏,遂西入咸阳。欲止宫休舍,樊哙、张良谏,乃封秦重宝财物府库,还军霸上。召诸县父老豪桀曰:"父老苦秦苛法久矣,诽谤者族,偶语者弃市。吾与诸侯约,先入关者王之,吾当王关中。与父老约,法三章耳:杀人者死,伤人及盗抵罪。余悉除去秦法。诸吏人皆案堵如故。凡吾所以来,为父老除害,非有所侵暴,无恐!且吾所以还军霸上,待诸侯至而定约束耳。"乃使人与秦吏行县乡邑,告谕之。秦人大喜,争持牛羊酒食献飨军士。沛公又让不受,曰:"仓粟多,非乏,不欲费人。"人又益喜,唯恐沛公不为秦王。[4]

假如刘邦入了咸阳,不是这般仁义,而如项羽那般"屠烧咸阳秦宫室,所过无不残破。秦人大失望,然恐,不敢不服耳"[5],估计所谓的大汉王朝早就如过眼云烟了。你看红军长征时,虽是"亡命天涯",但很注意形象,所到之处皆留下了"好口碑",所以才能以区区三万人马变成席卷中国的燎原之势。信用是一国一家一团体一个人安身立命的根基。要我说,"约法三章"可谓是中国最早的"契约论",比之英国的所谓"大宪章"不知道要早多少年。中华文明之所以能绵延无断绝,刘邦开了一个好头。

商鞅当年如果不徙木立信,秦国何以能以西北小国统一中原六国?所谓的"女为悦己者容,士为知己者死",一言以蔽之:我信了你,干什么都成。

高祖置酒雒阳南宫。高祖曰:"列侯诸将无敢隐朕,皆言其情。吾所以有天下者何?项氏之所以失天下者何?"高起、王陵对曰:"陛下慢而侮人,项羽仁而爱人。然陛下使人攻城略地,所降下者因以予之,与天下同利也。项羽妒贤嫉能,有功者害之,贤者疑之,战胜而不予人功,得地而不予人利,此所以失天下也。"高祖曰:"公知其一,未知其二。夫运筹策帷帐之中,决胜于千里之外,吾不如子房。镇国家,抚百姓,给馈饟,不绝粮道,吾不如萧何。连百万之军,战必胜,攻必取,吾不如韩信。此三者,皆人杰也,吾能用之,此吾所以取天下也。项羽有一范增而不能用,此其所以为我擒也。"[6]

刘邦自己也承认其运筹帷幄不如张良,治国理政不如萧何,将兵打仗不如韩信,那他何以能战胜项羽呢?因为这三位能人都信他。所以,不论干什么,首先要想想自己的信用建立起来了吗?如果没有建立起来,那就赶快建立,否则,肯定走不远。

**注释:**

[1][2]清·昭梿《啸亭杂录》,卷六,癸酉之变。

[3]—[6]西汉·司马迁《史记》,卷八,高祖本纪第八。

# 是晋商博物馆，还是督军府？

在山西博物院参观时，恰好遇到两个主题展："帝国之路"和"古建情怀"。与钢铁侠颇有几分相像的彼得大帝，雍容华贵的叶卡捷琳娜，悲情的尼古拉二世，勾勒出近代俄罗斯的帝国之路。在东西方左顾右盼的俄罗斯，恰似其国徽中的那只双头鹰。

过渡地带的文明都是如此，土耳其也是如此，可以博采众长，也可能不伦不类。不像中国，即使近代西风东渐刮了百年，传统的力量还是很强大，譬如展出的一幅壁画——《钟离权度吕洞宾》。画中汉钟离正给吕洞宾讲经布道，汉钟离信心满满，两眼炯炯有神，吕洞宾则若有所思，似有疑惑。

心中自有一杆秤，在东西方之间考量，这可能就是中国现代化之路的独特之处。

山西在中国的位置被人戏言"不南不北，不是东西"，千百年来，山西扮演着"民族熔炉"的角色。山西也是一只左顾右盼的"双头鹰"，要么博采众长，要么不伦不类，这取决于谁来打这副牌。

近来听说山西省政府要搬出阎锡山的前督军府，此地要改造成晋商博物馆。猴王以为晋商的精气神早已经体现在祁县、太谷、平遥等的明清宅院里，平遥古城、乔家大院、王家大院、常家庄园、孔祥熙故居……那是一组组凝固的历史，很厚重了，不必非在督军府里体现。这就好比南京的总统府不必变成江南盐商博物馆。政治的就是政治的，商业的就是商业的，没必要混在一起。

辛亥革命时，二十八岁的阎锡山率新军攻入此地，杀掉了山西末代巡抚陆钟琦，在北方首先建立起了民国政府。至1930年中原大战前，将近二十年，阎锡山治下的最大区域至京、津、冀、晋、蒙等地，他也算是"华北王"了。区域最小时他也牢牢拥有山西全域。阎锡山在域内实行"保境安民"之策，颁布"六政宣言"，推行水利、蚕桑、植树、禁烟、天足、剪发，后来又增加种棉、造林、畜牧，合称"六政三事"。现在来看，都是善事，特别是他还主持修了贯穿山西南北的同蒲铁路。先别说是宽轨还是窄轨，试问二十世纪三十年代，中国哪个省能靠自己的力量修筑贯穿全省的铁路呢？

为了发展经济，阎锡山基本不参加军阀混战。他效法吴越王钱镠，总是与"中央"保持一致，提出"三不二要主义"：不入党、不问外省事、不为个人利益用兵；要服从中央、要保卫地方，专心搞经济建设。

从1922年起，阎锡山在山西实行"村本政治"，基本内容包括：

(1)设立编村，全省组成四万多个编村。每一编村管百户人家，每村设村长、村副和村公所，村以下设闾、邻组织，以五家为邻，设邻长，五邻为闾，设闾长；

(2)设村级组织息讼会、监察会和村民会议，并成立由适龄男丁组成的保卫团；

(3)制定村"宪法"，规范村政；

(4)在伦理观念上提出"村公道"和"村仁化"。

关于"公道化"，猴王的大爷爷，抗日英雄侯仰光的档案里有类似记述：

> 1936年侯仰光参加了全县招收小学教员的考试，以甲等优良成绩考中，取得了教员合格证。此时，省牺盟村政协助员来村通告西安事变情况，宣传党的统一战线，发动群众抗日救亡，动员进步

青年报考国民兵军官教导团。侯仰光受到鼓舞,放弃了教书的机会,准备报考。这期间,长处村成立了主张公道团,他被推选为公道团团长。侯仰光利用这一合法身份宣传抗日救亡,组织"民团"进行训练,推动了抗日救亡运动的开展。时隔不久,侯仰光考取了国民兵军官教导团。1937年参加了薄一波领导的山西青年抗敌决死队。曾参加过百团大战等战役,英勇杀敌。在晋东南担任八路军敌后武工队时舍生忘死,一直战斗在晋冀豫抗日前线。

凡此种种,山西才有了休养生息的时间,才有了民国"模范省"的称号。所以当年多见河南、山东、河北的人纷纷奔山西逃难,鲜见山西人背井离乡。黄仁宇先生曾感叹蒋介石政府只是垒起了上层建筑,乡村社会还是一盘散沙。历史学家都承认,民国时,乡村治理最完善者无非两个地方,一个是共产党治下的苏区,一个是阎锡山治下的山西。

有人说,阎锡山才修一条窄轨铁路,封闭,小气,抠门。于乱世中,阎长官修条窄轨搞点闭关是完全可以理解的,譬如今天美国的特朗普要在美墨边界修"长城"一样。不能苛求阎长官,他毕竟是将相之才,非帝王之器,将相多取"中庸之道",要的是"经天纬地",帝王多取"激进之法",要的是"开天辟地"。

> 阎氏以为欧美民主、苏联党治,各有其制度,吾人今皆不取,而必求其所谓中国者,然则其制度当云何? 索愚为规划。[1]

梁漱溟在《记十八年秋季太原之行》一文中记录了1929年应阎锡山邀请访问山西时与他的一席谈话。阎锡山要求走中国之道路,特嘱咐梁漱溟代为筹划。今天观之,莫不是如此。中国正在走中国特色的社会主义道路,既非欧美,亦非苏联,阎锡山也算是先知先觉了。

回过头来看,不管阎锡山是反清还是不反清,挺袁(袁世凯)还是讨袁,倒蒋(蒋介石)还是拥蒋,抗日还是不抗日,反共还是联共,善变的表面之下还是有一条主线的,即是"保境安民"。山西是山西人的山西,一亩三分地,山西人说了算。北有燕山余脉和长城做屏障,南有中条山与河南相望,西有黄河和吕梁山比邻陕西,东有太行山与河北相隔,山西的确像一个温暖的襁褓。

回看阎锡山,大的失误只有一项:发动中原大战,火中取栗。此役一开,不仅中原生灵涂炭,且为日寇窃取东三省进而谋取华北造成了客观便利条件。如果没有蒋冯阎中原大战,或可延缓日寇谋取东北的计划,更勿论觊觎华北了。覆巢之下岂有完卵,山西亦难苟全于战乱。假以十年计,山西乃至全中国之工业化会更好一些,中国的抗战会更容易一些。

不只阎锡山,山西首开巡抚以来,明清两朝出了很多著名的巡抚。比如首任巡抚于谦,不仅以兵部侍郎巡抚山西,而且巡抚河南,其大名和功绩不必赘述,一句"粉身碎骨浑不怕,要留清白在人间"足以彪炳史册。《明史》赞曰:"于谦为巡抚时,声绩表著,卓然负经世之才。"[2]除了《石灰吟》,我们且看看他在山西写的另外几首诗:

## 平阳道中

杨柳阴浓水鸟啼,豆花初放麦苗齐。

相逢尽道今年好,四月平阳米价低。

## 到泽州

跃马天将暮,离山路转平。

川萦太行驿,树绕泽州城。

落日翻旗影,长风送鼓声。

孤云在天际,回首若为情。

## 除夜太原寒甚

寄语天涯客,轻寒底用愁。

春风来不远，只在屋东头。

平阳是今山西临汾市，泽州是今山西晋城市。这位杭州人，除夕夜都不能回杭州与家人团聚，依然坚守在山西巡抚的岗位上，令人感动啊！

到了清朝，更是星光熠熠，平定太平天国的曾国藩的九弟曾国荃曾主政山西，史载：

> （光绪）二年，（曾国荃）复调山西巡抚。比年大旱，灾连数省。国荃力行赈恤，官帑之外，告贷诸行省，劝捐协济，分别灾情轻重、赈期久暂，先后赈银一千三百万两、米二百万石，活饥民六百万。善后蠲徭役，岁省民钱钜万。同时荒政，山西为各省之冠，民德之，为立生祠。[3]

1877—1878 年的"丁戊奇荒"波及北方多省，哀鸿遍野。曾国荃赈灾得力，泽被三晋父老乡亲，应该被大书一笔。

洋务派主将张之洞亦曾主政山西。《清史稿》记载：

> 之洞以文儒致清要，遇事敢为大言。俄人议归伊犁，与使俄大臣崇厚订新约十八条。之洞论奏其失，请斩崇厚，毁俄约。疏上，乃褫崇厚职治罪，以侍郎曾纪泽为使俄大臣，议改约。六年，授侍讲，再迁庶子。复论纪泽定约执成见，但论界务，不争商务，并附陈设防、练兵之策。疏凡七八上。往者词臣率雍容养望，自之洞喜言事，同时宝廷、陈宝琛、张佩纶辈崛起，纠弹时政，号为清流。七年，由侍讲学士擢阁学。俄授山西巡抚。[4]

张之洞敢于讲真话，不怕得罪人，这是当前官场和职场稀缺的品质。

"南岑北袁"之岑春煊也曾主政山西，为山西的工业化出力良多。岑春煊于 1902 年与李提摩太设立了山西大学堂，与当时仅有的京师大学堂和北洋大学堂呈三足鼎立之势,算是山西乃至中国教育的先驱。

八国联军进北京,慈禧仓皇西逃时,大臣皆作鸟兽散,唯有岑春煊横刀立马,护驾左右。

> 是时,西后因仓皇出走,惊悸殊甚。会甘肃布政使岑春煊,率兵来勤王,至昌平,入谒,西后对之泣,然心稍安。盖春煊扈从之勤,有人所不易及者。如一夕,西后宿于破庙,春煊缳刃立庙门外,彻夜。太后梦中忽惊呼,春煊则朗应曰:"臣春煊在此保驾。"春煊于危难之中,竭诚扈从,以达西安,西后深感之,泣谓春煊,若得复国,必无敢忘德也。[5]

> 至代州阳明堡。太后过雁门,临关门,北望凄然,意甚不乐。岑春煊进黄花,太后曰"塞上早寒,得花迟,京师今盛矣。"泣下沾衣,顾左右取乳茶赐春煊,乃去[6]。

另外八卦一下,岑春煊的外孙女于立群是郭沫若的夫人。当然,严格说是夫人之一。

需要特别介绍的是有中国近代工业鼻祖之一美名的胡聘之。他曾在山西任巡抚近八年,任上兴办了太原火柴厂、山西商务局、太原纺织厂等,最大的亮点是修了正太铁路,1904 年开修,1907 年通车,距今百余年。这百年来,从河北正定到太原,山西的煤铁跨出了娘子关,山西也在全国率先实现了近代化和现代化。

> (光绪)二十四年,山西巡抚胡聘之以山西省向无机器制造局,亟宜筹办。因派员赴天津向洋商定购制造枪炮各种机件,并酌建厂屋,雇集工匠,仿洋式自行制造。在省城北关外择地建厂。因山西僻在内地,非通商口岸,凡办料募匠等事,用费极昂,即以归化城关税盈余之款拨用。各机器运到晋省,开厂兴工。[7]

此机器局即后来的山西机床厂。

光绪二十八年(公元 1902 年)十一月,赵尔巽奉命署理山西巡抚,算是代省长吧,干不到一年即奉调任湖南巡抚。赵尔巽最后官至东三省总督,对张作霖有知遇之恩。1914 年,袁世凯委任其为清史馆馆长,主编《清史稿》;1927 年,《清史稿》完稿,赵尔巽逝世于北京。蜡炬成灰泪始干。欣慰的是,今天研究清史者必绕不开《清史稿》。

晋商不是平白无故发展起来的。一地经济之繁荣,不仅取决于地域之利和资源禀赋,还在于有一批开明且能干的地方官。好的政商关系是经济繁荣的前提。

明清两朝的巡抚衙门,民国的督军府,再加上新中国的省政府,这六百多年的历史是足以支撑这座历史建筑的。把她当作晋商博物馆有点大材小用了,这是猴王的一管之见。

**注释:**

[1]梁漱溟《忆往谈旧录》,《记十八年秋季太原之行》。

[2]清·张廷玉《明史》,卷一百七十,列传第五十八。

[3]民国·赵尔巽等《清史稿》,卷四百十三,列传二百。

[4]民国·赵尔巽等《清史稿》,卷四百三十七,列传二百二十四。

[5]清·宋玉卿《戊壬录》。

[6]清·李希圣《庚子国变记》。

[7]民国·赵尔巽等《清史稿》,卷一百四十,志一百十五,兵十一,制造。

# 金台夕照

　　北京的地铁十号线有一站"金台夕照",位于京广桥与光华桥之间。有一次我在商务中心区开完会,去金台夕照站乘地铁,行到财富中心的庭院时,看见水池中有一块石碑,到近处端详,发现上书"金台夕照"四个大字,落款是"乾隆辛未初秋御笔"。乾隆辛未年是乾隆十六年,公元1751年。石碑背面还有一首七律诗,据说也是乾隆御笔:"九龙妙笔写空蒙,疑似荒台西或东。要在好贤传以久,何妨存古托其中。豪词赋鹜谁过客,博辩方盂任小童。遗迹明昌重校检,睾然高望想流风。"

　　乾隆的诗大多平庸,虽然他很高产,号称中国第一高产诗人,一生写了四万多首诗。他也很高寿,活了八十八岁。按照每年365天来算,一共32120天。这么算来,他平均每天要写诗一首多,但很遗憾,貌似没有一首脍炙人口。

　　金台,金台,莫非此地就是传说中燕昭王的黄金台?就是陈子昂留下《登幽州台歌》诗句的地方?

> 前不见古人,后不见来者。
>
> 念天地之悠悠,独怆然而涕下。

猴王带着狐疑匆匆而过。

　　有一次去人民日报社开会,会议间隙到报社大院里闲逛,大院中间有一处园林,名字叫金台园,亭台水榭,有点江南园林的景致。金台园的正中央有一座几米高的台子,上面镌刻有一个铭牌,铭牌上赫然写道:"燕昭王为郭隗筑黄金台遗址。"

明朝万历年间的蒋一葵在其所著的《长安客话》中专门提到了黄金台,算是众多史料里最为翔实的一篇。《长安客话》有点像我们今天的"驴友"攻略,若是想了解彼时北京的名胜古迹和风土人情,一卷《长安客话》在手,足矣。中国文人不仅有写"到此一游"的习惯,还有个好习惯,那就是记笔记。这是介于日记和散文之间的一种文体,你看《水经注》《徐霞客游记》《洛阳伽蓝记》《东京梦华录》等,不仅文笔优美,而且记述翔实,让历史一下子就丰满起来。

> 台固燕昭王所筑,置千金于上以延天下士,后人因以名台,按昭王时燕人郭隗谓王:"昔有以千金买骏骨者,期年而千里马至者三,王必欲致士,先从隗始。"昭王乃改筑宫师事之。未几,乐毅、邹衍之传归燕,遂并强齐,至今燕地借是为重,故并以金台称,亦称燕台。黄金台有二,故燕昭王所为乐、郭筑而礼之者,其胜迹皆在定兴。今都城亦有二,是后人所筑……都城黄金台,出朝阳门循濠而南,至东南角,岿然一土阜是也。日薄崦嵫,茫茫落落,吊古之士,登斯台者,辄低回瞻顾,有千秋灵气之想。京师八景有曰"金台夕照",即此。[1]

蒋一葵所描述的黄金台之方位貌似与如今的金台园方位吻合。

说起燕昭王的黄金台,追本溯源,还要从《战国策·燕策一》说起。

> 燕昭王收破燕后即位,卑身厚币以招贤者,欲将以报仇。故往见郭隗先生曰:"齐因孤国之乱而袭破燕,孤极知燕小力少,不足以报。然得贤士与共国,以雪先王之耻,孤之愿也。敢问以国报仇者奈何?"郭隗先生对曰:"帝者与师处,王者与友处,霸者与臣处,亡国者与役处。诎指而事之,北面而受学,则百己者至。先趋而后息,先问而后嘿,则什己者至。人趋己趋,则若己者至。冯几据杖,

眄视指使,则厮役之人至。若恣睢奋击,呴藉叱咄,则徒隶之人至矣。此古服道致士之法也。王诚博选国中之贤者,而朝其门下,天下闻王朝其贤臣,天下之士必趋于燕矣。"

　　昭王曰:"寡人将谁朝而可?"郭隗先生曰:"臣闻古之君人,有以千金求千里马者,三年不能得。涓人言于君曰:'请求之。'君遣之。三月得千里马,马已死,买其首五百金,反以报君。君大怒曰:'所求者生马,安事死马而捐五百金?'涓人对曰:'死马且买之五百金,况生马乎? 天下必以王为能市马,马今至矣。'于是不能期年,千里之马至者三。今王诚欲致士,先从隗始;隗且见事,况贤于隗者乎? 岂远千里哉?"于是昭王为隗筑宫而师之。乐毅自魏往,邹衍自齐往,剧辛自赵往,士争凑燕。燕王吊死问生,与百姓同甘共苦。二十八年,燕国殷富,士卒乐佚轻战。于是遂以乐毅为上将军,与秦、楚、三晋合谋以伐齐,齐兵败,闵王出走于外。燕兵独追北入至临淄,尽取齐宝,烧其宫室宗庙。齐城之不下者,唯独莒、即墨。[2]

　　燕昭王于公元前312年即位,至公元前279年,共执政三十三年,算是燕国历史上最有作为的君主。他的前任当政时,燕国遭齐国暴揍,几欲亡国,所以燕昭王欲励精图治,一雪前耻。但治国非有贤臣良将不可,求贤若渴的燕昭王问计于郭隗,君臣之间才有了以上这段对话。猴王粗略翻译如下:

　　燕昭王收复了残破的燕国之后即位为王,想招揽人才以图东山再起,报仇雪恨,为此前去拜见郭隗。燕昭王说:"齐国趁着燕国内乱,袭击了燕国。我很清楚燕国目前弱小,要报仇非靠贤能的人不可。你说我该怎么办?"郭隗回答说:"帝者待臣子如老师,王者待臣子如朋友,霸者待臣子如下属,亡国之君待臣子如仆役。能够屈尊受教,那么才能高于自己百倍的人就会到来;勤而好学,那么才能高于自己十倍的人就会到来;人云亦云,那么和自己相似的人就会到来;颐指气使,那么仆役这类人就会到来;暴虐无常,那么奴隶这类人就会到来。大王如果广纳天下贤人,并且亲自去拜见,那么天下贤人必然会应者云集。"

昭王说:"我将要拜访哪位贤人呢?"郭隗说:"我听说古时有一位君主,想用千金买千里马,但三年也没买到。身边一位侍卫太监说:'我来试一试。'国君就派遣他去了。三个月后他果然寻到一匹千里马,却是一匹死马,侍卫就用五百金买了死马的头。国君很生气,说:'我要的是活马,不是死马,你怎么能用五百金买死马呢?'侍卫答道:'大王尚且用五百金买死马,传扬出去,天下必定认为大王您是真的要买千里马,千里马自然就会到来了。'果然如侍卫所言,不到一年,千里马来了好几匹。"郭隗以此事例教导燕昭王:您要是真想招揽贤士,就先从我开始吧!像郭隗我这样的人尚且被重用,何况比我更贤能的人呢?他们难道会嫌路远而不来燕国吗?于是昭王为郭隗专门建造房屋,并拜他为师。自此之后,乐毅从魏国投奔燕国,邹衍从齐国投奔燕国,剧辛从赵国投奔燕国,各路人才争相投奔燕国。燕昭王二十八年(公元前284年),燕国以乐毅为上将军,与秦、楚、韩、赵、魏五国结成联盟,六国联军攻打齐国,齐军大败。齐闵王外逃至莒,不久被杀。燕军攻下齐都临淄,齐国只剩下了莒和即墨两座孤城。

关于燕昭王礼遇郭隗的事,其他文献也多有记载,戴德在《大戴礼记》里也有一段话如下:

> 燕昭王得郭隗,而邹衍、乐毅以齐至,于是举兵而攻齐,栖闵王于莒。燕支地计众,不与齐均也,然如所以能申意至于此者,由得士也。故无常安之国,无宜治之民,得贤者安存,失贤者危亡,自古及今,未有不然者也。[3]

戴德和刘向是同时代的人,也不知道他们俩是谁借鉴的谁。不过,刘向在西汉末年任职国家图书馆的秘书,是为数不多的有机会查阅历代典籍的人,因此,刘向的著述更权威一点。

刘向在他的另一著作《说苑》里也有类似的一段话：

> 燕昭王问于郭隗曰："寡人地狭人寡，齐人取蓟八城，匈奴驱驰楼烦之下，以孤之不肖，得承宗庙，恐危社稷，存之有道乎？"郭隗曰："有，然恐王之不能用也。"昭王避席："愿请闻之。"郭隗曰："帝者之臣，其名，臣也，其实，师也；王者之臣，其名，臣也，其实，友也；霸者之臣，其名，臣也，其实，宾也；危国之臣，其名，臣也，其实，虏也。今王将东面，目指气使以求臣，则厮役之材至矣；南面听朝，不失揖让之礼以求臣，则人臣之材至矣；西面等礼相亢，下之以色，不乘势以求臣，则朋友之材至矣；北面拘指，逡巡而退以求臣，则师傅之材至矣。如此，则上可以王，下可以霸，唯王择焉。"燕王曰："寡人愿学而无师。"郭隗曰："王诚欲兴道，隗请为天下之士开路。"于是燕王常置郭隗上坐南面。居三年，苏子闻之，从周归燕；邹衍闻之，从齐归燕；乐毅闻之，从赵归燕；屈景闻之，从楚归燕。四子毕至，果以弱燕并强齐；夫燕齐非均权敌战之国也，所以然者，四子之力也。诗曰："济济多士，文王以宁。"此之谓也。[4]

《说苑》成书于鸿嘉四年，公元前17年，与刘向编纂《战国策》时间重叠。孰前孰后已不重要，重要的话说两遍也不为过嘛。

"帝者与师处，王者与友处，霸者与臣处，亡国者与役处。"郭隗如是总结。"得贤者安存，失贤者危亡"，《大戴礼记》如是总结。重视人才，始于战国，盛于两汉，臻于唐宋。战国时，迫于形势，求才可谓不拘一格；两汉时，皇帝身边开始有了制度化的智囊班子；唐宋时则有了专门的举贤制度——科举。中国的人才制度循此脉络。

关于燕昭王是否为郭隗筑黄金台，黄金台究竟在什么地方，并不是确凿无疑的，历来就有很多疑问。宋朝的周密在《齐东野语》里说：司马迁在《史记》里并没有记载，《战国策》里也只是说"昭王为隗筑宫而师之"，不知黄金台出处何在。周密的引述比较齐备，算是黄金台来龙去脉的绝佳备注。

## 《史记》无燕昭筑台事

　　王文公诗云："功谢萧规惭汉第,恩从隗使愧燕台。"然《史记》止云："为隗改筑宫而师事之。"初无"台"字。而李白诗有"何人为筑黄金台"之语,吴虎臣《漫录》,以此为据。按《新序》《通鉴》亦皆云"筑宫",不言"台"也。然李白屡惯用黄金台事,如"谁人更扫黄金台","燕昭延郭隗,遂筑黄金台","扫洒黄金台,招邀广平客","如登黄金台,遥谒紫霞仙","侍宴黄金台,传觞青玉案"。杜甫亦有"杨梅结义黄金台","黄金台贮贤俊多"。柳子厚亦云:"燕有黄金台,远致望诸君。"《白氏六帖》有:"燕昭王置千金于台上,以延天下士,谓之黄金台。"此语唐人相承用者甚多,不特本于白也。

　　又按《唐文粹》,有皇甫松《登郭隗台》诗。又梁任昉《述异记》:"燕昭为郭隗筑台,今在幽州燕王故城中。士人呼贤士台,亦为招贤台。"然则必有所谓台矣。后汉孔文举《论盛孝章书》曰:"昭筑台以延郭隗。"然皆无"黄金"字。宋鲍照《放歌行》云:"岂伊白屋赐,将起黄金台。"然则黄金台之名,始见于此。李善注引王隐《晋书》:"段匹磾讨石勒,屯故燕太子丹黄金台。"又引《上谷郡图经》曰:"黄金台在易水东南十八里,昭王置千金台上,以延天下士。"且燕台事多以为昭王,而王隐以为燕丹,何也? 余后见《水经注》云"固安县有黄金台,耆旧言昭王礼贤,广延方士,故修建下都,馆之南陲。燕昭创于前,子丹踵于后"云云,以此知王隐以为燕丹者,盖如此也。[5]

燕昭王有没有为郭隗筑黄金台,现在看来已不是那么重要,筑宫和筑台都只是形式,重要的是内容——燕昭王礼贤郭隗让燕国雄起。得一人而兴天下看起来有点夸张,但在决定历史走向的关键时刻,往往就是如此。你看现在推行的"千人计划""百人计划"等,其实就是一座座黄金台。

**注释：**

[1]明·蒋一葵《长安客话》,卷之一,皇都杂记,黄金台。

[2]西汉·刘向《战国策》,燕策一。

[3]西汉·戴德《大戴礼记》,保傅第四十八。

[4]西汉·刘向《说苑》,卷第一。

[5]南宋·周密《齐东野语》,卷十七。

# 庐山三章

一

北宋元丰七年(公元 1084 年)五月中旬,苏轼由筠州(今江西高安)赴汝州任团练副使。团练副使是多大的官?充其量就是副县级的干部吧,还是虚职,无实权。所以,苏轼闲得无事,在江州(今江西九江)停留了一个月。他第二次登上庐山,寄情山水之间,写下了千古名句《题西林壁》,诗中道:"不识庐山真面目,只缘身在此山中。"庐山紧靠着鄱阳湖和长江,一年中大半时间云雾缭绕,当然看不清全貌了。不过,这次猴王造访庐山,山神似乎提前知晓一样,难得现出蓝天白云。这番美意,岂有不照单全收之理?

庐山上月色很亮,牯岭镇海拔超过了一千米,号称云中山城,也许是离月亮更近一点的缘故吧。当年陶渊明在此"采菊东篱下,悠然见南山"。这里夏天还可以,凉爽宜人,冬天呢?司机师傅告诉我,大部分居民都是山下九江一套房,山上牯岭一套房,冬天都搬到山下去住,只因山上太冷了。

在暑热难耐的长江下游地区,庐山好似上苍的馈赠,引无数英雄竞折腰。晚清、民国、新中国,这里很是热闹,各路英雄纷纷上山。如今,这座政治名山已经远离政治了,遗留在山中的众多名人别墅基本也都沉默了。李白有诗:"今人不见古时月,今月曾经照古人。"坐在酒店的露台上,抬头望月,不知这轮明月,可是当年那些风云人物们抬头观望的那轮?

1937年6月4日和7月14日,周恩来曾两上庐山,在美庐与蒋介石谈判,促成了抗日民族统一战线的形成。周恩来两上庐山并没有白跑,1937年7月17日,蒋介石在庐山传习学舍(1946年更名为庐山大厦)发表抗战宣言:"如果战端一开,那就是地无分南北,年无分老幼,无论何人,皆有守土抗战之责任,皆应抱定牺牲一切之决心。"

何谓"传习"?王阳明曾著有《传习录》一书。蒋介石一生都崇拜王阳明,故把培养国民党高级干部的党校命名为传习学舍。蒋介石并不是心血来潮,因为王阳明建功立业就在山下不远处的南昌城。明正德十四年(公元1519年),时宁王朱宸濠在南昌谋反,在赣州任职的王阳明早有准备,调兵遣将,一举平叛,拨乱反正。第二年正月,他还特意上了庐山,刻了一面《纪功碑》,记录了平叛过程。

庐山三叠泉下有一间茶馆,简单得不能再简单的桌椅板凳,不过位置奇佳,开轩面流泉,满耳璞玉之声。用瀑布水来泡茶,只此庐山一家,别无分店了吧。猴王我找了一个靠窗的座位,面对飞瀑流泉。只见一帘瀑布飞流直下,落差竟超过一百五十米,其撞击岩石声犹如一场音乐会。仰头见山头云霞飘过,忽明忽暗,侧耳听山风拂过,水声忽大忽小,突然想起李白的诗句:"蜀僧抱绿绮,西下峨眉峰。为我一挥手,如听万壑松。客心洗流水,余响入霜钟。不觉碧山暮,秋云暗几重。"虽写的是峨眉山,但天下名山大抵如此,都在伯仲之间。

茶馆老板姓彭,经营此间茶馆已经是第十六个年头了,只卖两样东西:茶水和茶叶蛋。这里的茶叶蛋是我迄今吃到最香的茶叶蛋了;他泡的庐山云雾茶纯天然,毫无添加,更是清冽甘甜。此水泡此茶,也只有此地才有啊!想想看,这世间最美妙的事情莫过于在大汗淋漓之后,于瀑布之下品一杯甘甜的云雾茶了。猴王与老彭交谈甚欢,猴王戏言他才是庐山的彭大将军,他盛情邀请猴王明年再来,只是爬山实在辛苦。猴王说:无限风光在险峰,能随随便便看到的岂是美景?想品最好的茶,就要爬最陡的山。

下山上山,全程五个小时,全靠一人三颗茶叶蛋还有这醇厚的茶香。五岳归来不嫌远,一生好入名山游。夫人说我祖上一定是李白或苏轼式的人物,寄情于山水之胜,心地纯净,到哪里都能与白发渔樵找到共同话题。

## 二

庐山是一座特别的山。大多数的天下名山,游客基本都住在山脚下或山腰处,晨起爬山,黄昏下山。庐山则不同,牯岭街就位于山顶上,游客是晨起下山,黄昏再上山。一到晚上,山顶上灯火闪耀,与山下的九江城交相辉映,从九江城望牯岭街,犹如郭沫若笔下的诗句——天上的街市。

牯岭其实是英文 cooling 的谐音,意为凉爽。据说是九江开埠时,洋人们率先发现此地,纷纷在此建避暑山庄。十九世纪末到二十世纪初,洋人们在中国开辟了好几个避暑胜地,除了庐山,还有青岛、北戴河、山西汾阳峪道河,前三者都"发扬光大"了,最后一个销声匿迹了。

盛夏时节,九江市是有名的"火炉",平均温度在 37℃以上。庐山上的牯岭街则平均温度在 22℃左右,晚上是绝对不用开空调的。

司机载着我们沿着盘山公路行驶了大约一个钟头,翻过一座又一座山梁,才到达了牯岭街。猴王不禁思量,既然从汉唐以来,吟咏庐山的佳句比比皆是,那么牯岭街是不是早就存在了?我们都知道,东晋时的陶渊明曾隐居于庐山,还写了一篇《桃花源记》,说的是一群因避秦乱而躲进世外桃源的人,他们过着黄发垂髫、怡然自得的生活,不知有汉,更无论魏晋。好比抗战年代,一些老百姓为躲日寇而遁入深山之中,新中国成立后,架设电网的工人进入深山偶遇他们,他们好奇地问:日本人走了吗?

据说陶渊明笔下的世外桃源是以庐山的康王谷为原型的,但猴王以为其原型很可能是牯岭街。如果陶渊明的桃花源那么美,那么宜居,岂能长久飘然于世外?如果没有铺设盘山公路,没有现代的交通工具,古人要找到牯岭街估计少说也要十几天吧。可谓百分之百的世外桃源了。

我住的酒店就在牯岭街的大林路上。唐朝元和十年(公元815年),白居易被贬为江州(九江)司马时就曾游历过此处,在大林寺看到了绽放的桃花,喜出望外,赋诗一首:

> 人间四月芳菲尽,
>
> 山寺桃花始盛开。
>
> 长恨春归无觅处,
>
> 不知转入此中来。

白居易非常敬仰陶渊明。虽然陶渊明在世时并没有"红",他写的那些田园诗,东晋人还消受不了,但是文字这东西就像酒,不开瓶谁也闻不到,一开瓶则香气四溢,挡也挡不住。到了唐朝,陶渊明"红"了。

白居易在江州司马任上不忘去拜访了陶渊明的故居,还写下了一首诗——《访陶公旧宅》。

> 垢尘不污玉,灵凤不啄膻。
>
> 呜呼陶靖节,生彼晋宋间。
>
> 心实有所守,口终不能言。
>
> 永惟孤竹子,拂衣首阳山。
>
> 夷齐各一身,穷饿未为难。
>
> 先生有五男,与之同饥寒。

肠中食不充，身上衣不完。

连征竟不起，斯可谓真贤。

我生君之后，相去五百年。

每读五柳传，目想心拳拳。

昔常咏遗风，著为十六篇。

今来访故宅，森若君在前。

不慕樽有酒，不慕琴无弦。

慕君遗荣利，老死此丘园。

柴桑古村落，栗里旧山川。

不见篱下菊，但余墟中烟。

子孙虽无闻，族氏犹未迁。

每逢姓陶人，使我心依然。

　　三上庐山的毛泽东在 1959 年年初登庐山时也曾赋诗一首，诗里也提到了陶渊明。当时正是内忧外患，山雨欲来风满楼的时代，做中国这艘大船的船长实在不容易。毁誉集于一身，岂能做不问世事的陶渊明？

一山飞峙大江边，跃上葱茏四百旋。

冷眼向洋看世界，热风吹雨洒江天。

云横九派浮黄鹤，浪下三吴起白烟。

陶令不知何处去？桃花源里可耕田。

　　主席一生好读书，手不释卷，洞明世事，明察秋毫之末，可惜不免孤独。情到深处人孤独，书读到深处也孤独。

　　读书能让人发财吗？不一定。读书能让一个人升官吗？不尽然。读书能让人找到爱情吗？悬。读书只是增加一个人反躬自省的概率，少干傻事，少干无聊的事，知道天地有多大，人生之渺小，尽人事，听天命，顺势而为。熟读万卷的伟人难免犯错，何况俗人乎？

　　在庐山不能不读书，因为中国历史上四大书院之首的白鹿洞书院就位于庐山。南宋淳熙六年到八年(公元 1179—1181 年),朱熹在此地重建了白鹿洞书院,"敕造白鹿洞书院"的石刻至今还依稀可辨。陆游在 1178 年这一年也从夔州(今重庆奉节)通判的任上应诏东归,于六月十四日晚投宿东林寺,还写了一首诗。不知道他与朱熹可见过面,聊了些什么。

## 六月十四日宿东林寺

看尽江湖千万峰,不嫌云梦芥吾胸。

戏招西塞山前月,来听东林寺里钟。

远客岂知今再到,老僧能记昔相逢。

虚窗熟睡谁惊觉,野碓无人夜自舂。

# 三

宋美龄在大陆至少有三座"美庐":上海东平路有一座,那是她与蒋介石的婚礼举办地;一处是南京钟山上的美龄宫,那是国民政府主席官邸,从空中俯瞰犹如吊坠;第三处是庐山上的美庐。

1926 年,踌躇满志的蒋介石率领北伐军攻克南昌。蒋介石第一次上庐山就喜欢上了这个地方,曾有打算将这里作为他未来隐逸林泉之地。不过,那时他身边的女人还不是宋美龄,而是陈洁如。

当时的国民党政府由广州迁至武汉,在国民党党内排名并不靠前的蒋介石开始打起了小九九,他不愿去武汉加入那个以国民党左派和共产党为主的政府,想另寻他处另起炉灶,要么是南昌,要么是南京。要是他当年选了南昌,那么后来的"南大"指的多半是南昌大学了。看来南昌大学与南京大学争"南大"的头衔也是有一定道理的。

1927 年,蒋介石认识了宋美龄,开始疯狂追求。蒋的算盘不可谓不精,追求宋美龄是一箭双雕之计,既抱得美人归,又获得大上海的财源。打江山没有银子是万万不能的。宋美龄家也是有如意算盘的,民国乱世,再有钱又有什么用?没有当兵的保护,顷刻间就化为乌有。选来选去,还是有军权的蒋介石最靠谱。

蒋宋联姻,陈洁如就被"下了岗",她哪里比得过宋美龄,一介小女子只求在蒋委员长的影子下,充其量是想过相夫教子的生活。而人家宋美龄注定是要"武皇临朝",一起治理国家的。

4月12日,羽翼丰满的蒋介石开始执国民党之牛耳并血腥清洗共产党,从法国回来的汪精卫也不甘寂寞,于7月15日开始在武汉实行"清党"。张发奎通知驻扎南昌的贺龙和叶挺上庐山开会,准备借机扣押他们俩,叶剑英火速下山报告了周恩来,才有了八一南昌起义。这就是毛泽东后来夸赞叶剑英"诸葛一生唯谨慎,吕端大事不糊涂"的原因之一吧。

在武汉担任国民政府代理宣传部部长的毛泽东与杨开慧及三个孩子度过了几个月的难得好时光,也不得不被逼上井冈山。井冈山离庐山不太远,都在江西,相隔几百公里吧。只是他上山不是为了避暑,而是为了逃难。没过多久,蒋介石在上海迎娶美娇娘,访问日本,定都南京,庐山也就成了国民政府的"夏都","美庐时代"开启。不管是"江西剿匪",国共建立统一战线,还是发表抗战讲话,国共第二次和谈,都少不了美庐的影子。庐山是名副其实的"政治山"。

芦林湖畔有芦林一号,是毛泽东的住处,但毛泽东上庐山很少住在这里,他喜欢住美庐。据说他第一次进美庐便风趣地说:蒋委员长,久违了。猴王参观了芦林一号,那卧室实在是太大了,要是我也会不喜欢,还是美庐讲究一点,客厅是客厅,卧室是卧室,功能区的分割及设置合理得多。

庐山在二十世纪那么叱咤风云,为什么如今却沉寂了呢?

庐山也许会回答:天下名山,庐山岂能专美?见识过了喧嚣,还是平淡点好。

# 江南忆,最忆是杭州

## 钱塘江

仲夏日,住在钱江新城的洲际酒店里,酒店出门不远就是钱塘江。黄昏时,沿着钱塘江快走了一小时,微微发汗。

再过一个多月,就是钱塘观潮的时节,到那时,将是柳永笔下"怒涛卷霜雪,天堑无涯"的盛况。

走累了,与堤边一老者闲谈。他说:其实每天都有潮水,你看这不是退潮了吗?仔细一看,还真是。早上抵到堤坝的江水已退去数米开外,真如海边早晚退涨潮一样;只是钱塘江由于喇叭口的特殊地形,是早上涨潮,晚上退潮,大自然有点意思。

有古诗说:嫁得瞿塘贾,朝朝误妾期。早知潮有信,嫁与弄潮儿。看来此言不虚。君不见人群里满嘴跑火车,口是心非者不在少数,不像潮水,年年此刻来,雷打不动。看来潮水比人有信用。

## 英雄与美女

香格里拉酒店隔壁即是岳王庙,对面左手是孤山,右手是苏堤,遥遥相望者乃雷峰塔。酒店前面不远处即是武松墓和苏小小墓,二者咫尺之遥,一位是终老西湖的打虎英雄,一位是玉殒孤山的南齐才女。相看两不厌,夜半私语时。美女配英雄,标配也。

给小猴子讲了武松的故事。武松本杭州义士,据说手刃为害一方的官二代蔡京之子,时人称之为打虎英雄,后人如施耐庵者略作加工,始有景阳冈打虎的桥段。小猴子闻之肃然起敬,若有所思。

岳飞更不必说。向来不喜欢逛庙的小猴子这次却很感兴趣,岳王庙前的一副楹联"三十功名尘与土,八千里路云和月"很是吸引他,他特意问我是什么意思。当我给他朗诵岳武穆的《满江红》时,他端坐在岳庙的门槛处,一副正襟危坐的样子。男孩子教育,无他秘诀,以英雄人物激励之。

晚上沿着孤山路过苏小小墓行至平湖秋月,月牙一轮,薄纱遮面,游人摩肩接踵,忽然忆起白居易的名篇《钱塘湖春行》:

> 孤山寺北贾亭西,水面初平云脚低。
>
> 几处早莺争暖树,谁家新燕啄春泥?
>
> 乱花渐欲迷人眼,浅草才能没马蹄。
>
> 最爱湖东行不足,绿杨阴里白沙堤。

孤山寺北,贾亭之西,白堤,将近一千二百年前的某个春天,大诗人白居易走在猴王如今踏着的这条道上,只是青山依旧在,物是人已非。

在平湖秋月处远眺西湖,波光粼粼,桨声船影,吴山上的亭子灯火阑珊。隐居在身后这座孤山上的林和靖也有名句《长相思》:

> 吴山青,越山青,两岸青山相送迎。谁知离别情?
>
> 君泪盈,妾泪盈,罗带同心结未成。江头潮已平。

林和靖是一千年前宋朝的人物,比白居易晚了两百年,填这首词时应该也是站在猴王站立的这个地方吧。读史,难免会让人产生时空穿越之感。

在对待感情问题上，林和靖是个逃兵。写了那么多情感诗句，自己倒独身一人，算是"骨灰"级"剩男"一枚。有点像我们现在一些所谓的情感专家，自己的生活都过得一塌糊涂，却以其昏昏，使人昭昭。在感情问题上，老林比不上小苏，苏小小要勇敢得多。有诗为证：

> 妾乘油壁车，郎骑青骢马。
>
> 何处结同心？西陵松柏下。

遇到心仪的帅哥，直接表白，直接拿下，哪来那么多废话？

关于苏小小，清朝人梁绍壬在《两般秋雨庵随笔》里考证说有两位苏小小，一位是南齐苏小小，众人皆知；一位是宋人，知者不多。二人都为妓，且都有一个特点：在个人感情问题上都不含糊。

宋朝的苏小小有一位姐姐，名盼奴，与一位穷书生赵不敏处对象。赵家贫，盼奴倾囊相助，赵不敏不负美人心，金榜题名，被派到襄阳府任职。盼奴因尚未赎身，不能同往。三年之后，赵不敏不幸客死异乡，嘱弟弟赵院判将遗产分为两半，一半给盼奴，一半留给院判；还特意告诉他，盼奴有一位妹妹，名苏小小，佳偶天成，不可错过。赵院判赴杭州寻盼奴，可惜，盼奴因相思致病，在一个月前已经香消玉殒了，还余下一桩於潜的官司，由苏小小代为办理。赵院判写了一首诗，表达爱慕之意：

> 昔时名妓镇东吴，不恋黄金只好书。
>
> 试问钱塘苏小小，风流还似大苏无？

苏小小和了一首：

> 君住襄阳妾住吴，无情人寄有情书。
>
> 当年若也来相访，还有於潜绢事无？

杭州的地方官大为感动，遂成人之美，"力主命小小归院判偕老焉"。

# 夜景

游河坊街最好是在晚上。华灯初上,猴王开始"微服私访"南宋都城故地河坊街,一切果然如柳郎所言:

> 烟柳画桥,凤帘翠幕,参差十万人家。
>
> 市列珠玑,户盈罗绮,竞豪奢。

回眸处,偶有李易安擦肩,似有辛稼轩指点,若有岳武穆把酒,还有陆放翁放歌,不知李师师何住?哦,那是汴梁城。猴王又穿越了。

还隐约瞥见了秦桧的字,摸到了徽宗的画,闻到了繁华事散逐香尘,听到了马蹄尽处山如烟……始知,山水依旧在,人乃过客也。

以前的西湖虽美,但仅限于白天,夜晚则是黑黢黢的一片。G20峰会后的西湖灯光闪耀,五光十色。从苏堤开始,沿着北山街,由西向东,行到断桥处,上白堤,过平湖秋月、楼外楼、西泠印社,最后到孤山放鹤亭,一路美景,敞开供应,此时应当有音乐,应当有诗啊!

什么叫音乐?什么是诗?即人之情绪与自然之情绪发生了共振,继而产生共鸣。所以古人曰:何必丝与竹,山水有清音。苏轼说得更好,江上之秋风,山涧之明月,都是免费的啊!取之不尽,用之不竭,简直就是美的 ATM 机,啥时取,啥时有。除非你是个吝啬鬼。

G20峰会的文艺演出,张艺谋捧出了私家陈酿,把外国人都炫晕了,就像当年南宋炫晕了北方的金兀术。"露富"无可厚非,不过打狗棍也要备足。

小时候总听父母说,办婚丧嫁娶这些事其实是办"不是",基本是舅舅吵来姑姑闹。要我来评价一场国际性会议的成与败,很简单,嘉宾都安全而来,吃好、喝好、住好、玩好,然后安全返回,齐活。至于这会议达成什么结果,与主办方没有多大关系。该达成什么结果就达成什么结果,没达成什么结果也别奢望,谁都知道结果往往在会外。有人说,都互联网时代了,开会还需要扎堆吗?还需要。人是有温度的存在,VR技术再逼真也代替不了面对面。

观张艺谋的这场西湖新美景,打动人的还是经典。梁祝,天鹅,当然还有那些出水芙蓉。猴王赋诗一首以记之:

> 月下彩笔三生梦,雨后夏莲万叶生。
>
> 贵妃犹美颜色美,昭君此时怨画工。

## 西湖国宾馆

早起在山上散步,将军楼已不见将军,只是门前的玉兰依旧,散了一地,很是慷慨。浙江宾馆后面就是林彪神秘的704工程,因始建于1970年4月而得名。第二年的9月13日,月黑风高夜,将军夜遁逃;平明寻飞机,没在戈壁中。所以,林彪在此处并没有待多长时间。

浙江宾馆位于西湖的西南边,依山傍水,前面是杨公堤,杨公堤的前面是西湖国宾馆。其坐拥西里湖,与苏堤相对。当年,毛主席喜欢住在那里,那里好像叫刘庄。在那里,他与一帮"笔杆子"起草过新中国的第一部宪法——五四宪法。

从浙江宾馆走到西湖国宾馆并不远,但终究是隔开了。

两家宾馆的西南面就是龙井村,稍北一点是灵隐寺和北高峰。毛主席曾三上北高峰,留下诗篇:

> 三上北高峰,杭州一望空。
>
> 飞凤亭边树,桃花岭上风。
>
> 热来寻扇子,冷去对佳人。
>
> 一片飘飘下,欢迎有晚鹰。

# 灵隐寺

黄昏无限美,蟹黄正欲肥。温上一壶酒,与君醉两杯。

到塘栖古镇时正下着雨。杭州就是多雨,多雨就多情,难怪乾隆老惦记着这地方,时不时来此地出个公差。当然他也惦记着大明湖,那里好像也多雨。

去灵隐寺的时候也是下着大雨,还隆隆有雷声。雨中吟诗一首:

> 窗外乱云飞渡,不见前行路。睹旧人遗墨,叹三生踟躇。西子湖畔有吾师,寂寂山林隐逸住。只知戴斗笠,云深不知处。

要问哪位师傅,李叔同是也。

举着酒店的雨伞,踩着泥泞的山路,耳边不时传来轰隆隆的雷声,心想,拜佛心诚则灵。灵隐寺终于到了,满树的玉兰花,色彩反差很大。江南第一古刹,果然名不虚传。

写古体诗写累了,来一段现代诗表达一下心情:

> 杭州的花也开了
>
> 多雨且多情
>
> 可惜我不是乾隆
>
> 我饿了
>
> 只想吃碗面
>
> 所以有了片儿川
>
> 吃饱了还念佛吗?
>
> 不念
>
> 问禅
>
> 墙那边有一树玉兰
>
> 佛跳墙了

去拈

阿弥陀佛

自在

# 除夕：要听雄鸡第一声

## 除夕

### 清·赵翼

烛影摇红焰尚明，寒深知己积琼英。

老夫冒冷披衣起，要听雄鸡第一声。

这是清朝才子赵翼写的一首《除夕》诗。不愧是写了那句"江山代有才人出，各领风骚数百年"的赵翼，一出手就是不凡。一样是守夜，从他的嘴里说出来就是不一样。

现在的除夕夜无外乎包饺子、喝酒、吹牛、发压岁钱、守夜、看春晚，当然，富人们会有更多的选择，比如出国游。遍洒人民币，环球同此春节，看来不远了。

外媒又会惊呼：中国又要发动春节攻势了！

那么，古人的除夕夜如何度过呢？

不必说唐宋，太久远了，就说说清朝。

清朝的王爷昭梿在《啸亭续录》里有这么一段话：

## 除夕上元筵宴外藩

国家威德远被，大漠南北诸藩部无不尽隶版图。每年终，诸藩王、贝勒更番入朝，以尽执瑞之礼。上于除夕日宴于保和殿，一二品武臣咸侍座。新岁后三日，宴于紫光阁，上元日宴于正大光明殿，一品文武大臣皆入座，典甚钜也。

清朝时，皇帝要在除夕夜大宴南北诸藩王和贝勒，在保和殿设宴，一二品武臣作陪。只有武臣作陪，没有文臣，有点意思，这除夕宴看来还有点"秀肌肉"的意味。初三在紫光阁设宴，正月十五元宵节在正大光明殿设宴，到时，一品文武大臣皆入座，典礼盛大得很。昭梿（公元1776—1833年）是礼亲王，祖上是努尔哈赤的次子代善，清朝十二位铁帽子王之首。昭梿说的应当是很权威了。看来，我们的春节团拜会也与之差不了多少，无非宴请各国驻华使节、各界贤达、在京部级以上官员作陪。

那平民百姓怎么过呢？

晚清人富察敦崇在《燕京岁时记》里专门讲了元旦这一天北京人都做些什么：

> 京师谓元旦为大年初一。每届初一，于子初后焚香接神，燃爆竹以致敬，连霄达巷，络绎不休。接神之后，自王公以及百官，均应入朝朝贺。朝贺已毕，走谒亲友，谓之道新喜。亲者登堂，疏者投刺而已。貂裘蟒服，道路纷驰，真有车如流水马如游龙之盛，诚太平之景象也。是日，无论贫富贵贱，皆以白面作角而食之，谓之煮饽饽，举国皆然，无不同也。富贵之家，暗以金银小锞及宝石等藏之饽饽中，以卜顺利。家人食得者，则终岁大吉。

从中可以看出，在晚清，大年初一还是叫元旦，并不叫春节。这一天，人们走亲访友，互相拜年，还要以白面作角而食之，谓之煮饽饽，且会在里面放点贵重的东西，谁吃上就意味着有福气云云。你看当时还不叫吃饺子，是煮饽饽，说吃饺子大概是民国之后的事了吧！

那么春节这个称谓始于什么时候呢？

旧时王谢
297

真正的春节称谓始于民国,据说还是袁世凯首倡而定的。李定夷在《民国趣史》里记述如下:

> 吾国改用阳历,为期尚浅,故北京市面,表面上虽已于新历新年时,遍糊春帖,悬挂国旗,以志庆贺,而一切实际上过年之事,则阴历年底方纷纷准备。戏园则封台矣,澡堂则涨价矣,即至以开通风气自任之报馆,亦且因工人之照例休息,为之牵率,而有四日之停刊,此固无可如何之事,过渡时代必然之现象,不足骇怪者也。政府知旧习之不能猝革,又定一变通之法,于旧历元旦,定为春节,于是乎各衙署之放假,揆之名实,均可不背。甲寅年(1914年)小除夕,适为南北统一之纪念日,于是中华门之彩棚,适可为旧历新年之点缀。此则天时人事,适相凑合,足以增北京多大之色彩。乙卯(1915年)元旦日,适为星期日,放假与不放假等,终岁在公之贤劳诸君子,遂暗中折去一日之消遣时间矣。

民国改朝换代,改用公历纪年,1月1日叫元旦。虽然改用了公历,大家还是习惯过旧历新年。虽然元旦也贴春联,悬挂国旗庆贺,但还是没有气氛,直到旧历新年,物价才开始上涨,戏院也封台不演,报馆都要停刊几日,与我们今天差不多。袁世凯一看还是顺应民意吧!将以前的元旦改为春节,且放假几天,看来我们今天享有春节假还是要感谢袁大总统的。

当然,农耕文明时代,过年对于贫寒人家而言,不外乎改善一下伙食,换上一身新衣服,那么大户人家如何过年呢?贫穷往往会限制人们的想象力。

《红楼梦》里不吝笔墨描写了荣宁二府如何过年,其中第五十三回"宁国府除夕祭宗祠,荣国府元宵开夜宴"刻画得很详尽了。

首先,荣宁二府的年货从哪里来呢?

> 只见小厮手里拿着一个禀帖,并一篇账目,回说:"黑山村乌庄

头来了。"贾珍道："这个老砍头的，今儿才来。"贾蓉接过禀帖和账目，忙展开捧着。贾珍倒背着两手，向贾蓉手内看去。那红禀上写着："门下庄头乌进孝叩请爷奶奶万福金安，并公子小姐金安。新春大喜大福，荣贵平安，加官进禄，万事如意。"贾珍笑道："庄家人有些意思。"贾蓉也忙笑道："别看文法，只取个吉利儿罢。"一面忙展开单子看时，只见上面写着：

大鹿三十只，獐子五十只，狍子五十只，暹猪二十个，汤猪二十个，龙猪二十个，野猪二十个，家腊猪二十个，野羊二十个，青羊二十个，家汤羊二十个，家风羊二十个，鲟鳇鱼二百个，各色杂鱼二百斤，活鸡、鸭、鹅各二百只，风鸡、鸭、鹅二百只，野鸡、野猫各二百对，熊掌二十对，鹿筋二十斤，海参五十斤，鹿舌五十条，牛舌五十条，蛏干二十斤，榛、松、桃、杏瓤各二口袋，大对虾五十对，干虾二百斤，银霜炭上等选用一千斤、中等二千斤，柴炭三万斤，御田胭脂米二石，碧糯五十斛，白糯五十斛，粉粳五十斛，杂色粱谷各五十斛，下用常米一千石，各色干菜一车，外卖粱谷、牲口各项折银二千五百两。外门下孝敬哥儿顽意儿：活鹿两对，白兔四对，黑兔四对，活锦鸡两对，西洋鸭两对。

这只是宁府封地的一个庄头进献的租子而已，却都是山珍海味，即使放到今日也都是稀罕之物。不施化肥，不打农药，绿色纯天然，即使有钱也不一定能买得到啊。

虽然庄头乌进孝在路上走了一个多月，顶风冒雪才把这些稀罕玩意送到了宁府，贾珍却还不满意，讽刺他是来打擂的，"真真是叫别过年了！"当然，从我们的角度来看，这些东西已经不少了，但架不住荣宁二府挥霍。都说曹雪芹写这一段是有深意的，怎么说呢？信息量的确够大。

一连忙了七八天，才完了，早又元宵将近。宁荣二府皆张灯结彩。十一日是贾赦请贾母等,次日贾珍又请贾母。王夫人和凤姐儿也连日被人请去吃年酒,不能胜记。

从除夕始,就开始家宴不断,笙歌不绝,直到正月十五达至高潮。

至十五这一晚上,贾母便在大花厅上命摆几席酒,定一班小戏,满挂各色花灯,带领荣宁二府各子侄孙男孙媳等家宴。贾敬素不饮酒茹荤,因此不去请他。十七日祀祖已完,他就出城修养。就是这几天在家,也只静室默处,一概无闻,不在话下。贾赦领了贾母之赏,告辞而去。贾母知他在此不便,也随他去了。贾赦到家中,和众门客赏灯吃酒,笙歌聒耳,锦绣盈眸,其取乐与这里不同。

这里贾母花厅上摆了十来席酒,每席傍边设一几,几上设炉瓶三事,焚着御赐百合宫香;又有八寸来长、四五寸宽、二三寸高、点缀着山石的小盆景,俱是新鲜花卉。又有小洋漆茶盘放着旧窑十锦小茶杯,又有紫檀雕嵌的大纱透绣花草诗字的璎珞。各色旧窑小瓶中,都点缀着"岁寒三友"、"玉堂富贵"等鲜花。上面两席是李婶娘、薛姨妈坐,东边单设一席,乃是雕夔龙护屏矮足短榻,靠背、引枕、皮褥俱全。榻上设一个轻巧洋漆描金小几,几上放着茶碗、漱盂、洋巾之类,又有一个眼镜匣子。

贾母歪在榻上,和众人说笑一回,又取眼镜向戏台上照一回,又说:"恕我老了骨头疼,容我放肆些,歪着相陪罢。"又命琥珀坐在榻上,拿着美人拳捶腿。榻下并不摆席面,只一张高几,设着高架璎珞、花瓶、香炉等物,外另设一小高桌,摆着杯箸。在傍边一席,命宝琴、湘云、黛玉、宝玉四人坐着,每馔果菜来,先捧给贾母看,喜则留在小桌上尝尝,仍撤了放在席上。只算他四人跟着贾母坐。下面方是邢夫人、王夫人之位,下边便是尤氏、李纨、凤姐、贾蓉的媳妇,西边便是宝钗、李纹、李绮、岫烟、迎春姐妹等。

两边大梁上挂着联三聚五玻璃彩穗灯,每席前竖着倒垂荷叶一柄，柄上有彩烛插着。这荷叶乃是洋錾珐琅活信，可以扭转向外，将灯影逼住，照着看戏，分外真切。窗槅门户，一齐摘下，全挂彩穗各种宫灯。廊檐内外及两边游廊罩棚，将羊角、玻璃、戳纱、料丝，或绣、或画、或绢、或纸诸灯挂满。廊上几席，就是贾珍、贾琏、贾环、贾琮、贾蓉、贾芹、贾芸、贾菖、贾菱等。

生活不只是眼前的苟且，还有诗和远方，这句话说的就是大观园里的少爷和小姐们。跑堂的、做饭的、温酒的、打杂的不在此列。

都说除夕夜是欢乐的夜晚，当然也有例外，《南明野史》里有这么一段话：

> 甲申除夕，福王在兴宁宫，色忽不怡。韩赞周言新宫宜权；福王曰："梨园殊少佳者。"赞周泣曰："臣以陛下令节，或思皇考，或念先帝，乃作此想耶？"

1644 年的除夕夜，南明王朝的福王朱由崧（公元 1607—1646 年）闷闷不乐，韩赞周以为这位新主子正思谋着军国大事或是想念先帝，结果他却说：戏班子里美女太少了。韩赞周当然忍不住涕泣了。崇祯皇帝刚刚吊死煤山不久，眼看南明弘光小朝廷也是朝不保夕，福王此时不是考虑如何励精图治，却是惦记着美女。过年虽是要庆祝一番，轻松一下，但庙堂上如何去庆祝，是花天酒地，醉生梦死，还是心系田间地头，嘘寒问暖？时局与前途自然可见端倪。

## 除夕

### 明·文徵明

人家除夕正忙时，我自挑灯拣旧诗。

莫笑书生太迂阔，一年功课是文词。

猴王和文徵明一样，在这辞旧迎新的佳节里，也码些小文字助助兴，挣点红包钱。

乱

彈

# 接地气的辛弃疾

连云松竹,万事从今足。拄杖东家分社肉,白酒床头初熟。

西风梨枣山园,儿童偷把长竿。莫遣旁人惊去,老夫静处闲看。


看着这连云的松竹,心满意足。拄杖去东家分肉,在床头温好白酒。路过梨园和枣园,看见儿童把着长竿在偷;拦住旁人莫喊,咱们且在静处闲看。

翻翻《辛稼轩词集》,这首《清平乐》写得很有意思。与另一首收录于小学课本中的《清平乐·村居》可谓异曲同工。

茅檐低小,溪上青青草。醉里吴音相媚好,白发谁家翁媪?

大儿锄豆溪东,中儿正织鸡笼。最喜小儿无赖,溪头卧剥莲蓬。

怎么样? 很有画面感吧!

其实,辛弃疾还有一首《清平乐》,读起来更有画面感。

柳边飞鞚,露湿征衣重。宿鹭窥沙孤影动,应有鱼虾入梦。

一川明月疏星,浣纱人影娉婷。笑背行人归去,门前稚子啼声。

在柳树下我策马前行,露水打湿了衣服,感觉很重。水边的白鹭眯缝着眼睛,看着自己的倒影,似睡非睡,我想,它肯定想着鱼虾入梦吧!月朗星稀中,浣纱的女子背影娉婷。忽然听到不远处孩子的啼哭声,她赶忙扔下衣服朝家门走去,正好与我打了一个照面,莞尔一笑,掩面而行。

这画面实在太美!都说辛弃疾这是描写农家生活场景,其实,自打他四十二岁被罢官后,就闲居在江西上饶的山水之间,自己耕种,儿女满堂。这何尝不是描写他自家的生活?

都说辛弃疾厉害,是文武全才,那么,他厉害在哪里呢?

他豪放也行:"醉里挑灯看剑,梦回吹角连营。"婉约也行:"众里寻他千百度,蓦然回首,那人却在灯火阑珊处。"高雅也行:"忆对中秋丹桂丛。花在杯中。月在杯中。"通俗也行:"最喜小儿无赖,溪头卧剥莲蓬。"庙堂和江湖,宏大叙事和乡间野趣,信手拈来,都游刃有余。

他既希望"生子当如孙仲谋",又和苏轼一样希望儿子"无灾无难公卿"。

## 清平乐·为儿铁柱作

> 灵皇醮罢。福禄都来也。试引鹓雏花树下。断了惊惊怕怕。
>
> 从今日日聪明。更宜潭妹嵩兄。看取辛家铁柱,无灾无难公卿。

他给儿子取名叫铁柱,多接地气的名字!

他既能建功立业,又能放下功名。

辛弃疾五十五岁时,担任福州知州兼福建安抚使,算是副部级的干部吧。但是他当官当累了,身体也欠佳,决定向朝廷上书,告老还乡。这时,他的一个儿子劝他先别急着辞官,趁着有权赶快置办一些田产,将来好颐养天年。不知道这位儿子可是他前文说的那位铁柱?不过,辛弃疾闻言大怒,写了一首《最高楼》,把儿子一通臭骂。

> 吾拟乞归,犬子以田产未置止我,赋此骂之。
>
> 吾衰矣,须富贵何时。富贵是危机。暂忘设醴抽身去,未曾得米弃官归。穆先生,陶县令,是吾师。

待葺个、园儿名佚老。更作个亭儿名亦好。闲饮酒,醉吟诗。千年田换八百主,一人口插几张匙。休休休,更说甚,是和非。

蒋一葵在《尧山堂外纪》里说:"(辛弃疾)有二妾,曰田田,曰钱钱,皆因其姓而名之,并善笔札,尝代幼安答尺牍。"辛弃疾可真有意思,纳妾还要看姓,这又是田田,又是钱钱,还能代他写诗卖画赚钱,有什么可担心的呢?

他想得很明白,老了做什么好呢? 那就是饮酒,旅游,睡觉。至于交粮交税、家庭收支这些事就交给孩子们去办吧。但我老头子也是要管一点事情的,那就是管竹、管山、管水。

## 西江月

万事云烟忽过,一身蒲柳先衰。而今何事最相宜? 宜醉宜游宜睡。早起催科了办,更量出入收支。乃翁依旧管些儿,管竹管山管水。

# 故将军饮罢夜归来

夜读《李广传》,不能寐。因念晁楚老、杨民瞻约同居山间,戏用李广事,赋以寄之。

故将军饮罢夜归来,长亭解雕鞍。恨灞陵醉尉,匆匆未识,桃李无言。射虎山横一骑,裂石响惊弦。落魄封侯事,岁晚田间。

谁向桑麻杜曲,要短衣匹马,移住南山。看风流慷慨,谈笑过残年。汉开边、功名万里,甚当时、健者也曾闲。纱窗外,斜风细雨,一阵轻寒。

辛弃疾夜读《李广传》,写了一首《八声甘州·故将军饮罢夜归来》。我夜读他的词,也写点体会。

所谓李广的"故将军饮罢夜归来"不是杜撰,正史《汉书》里是有记载的:

数岁,与故颍阴侯屏居蓝田南山中射猎。尝夜从一骑出,从人田间饮。还至亭,霸陵尉醉,呵止广,广骑曰:"故李将军。"尉曰:"今将军尚不得夜行,何故也!"宿广亭下。[1]

李广没能封侯拜相,心里不痛快。有一夜外出喝酒晚归,到了灞陵城门外,城门已关,守城门的军官也喝醉了,不给开门,还呵斥他。李广说自己是以前的将军李广。守城门的说:现在的将军又如何,何况以前的将军呢?虽然是醉话,但酒后吐真言。势利小人无处不在,无非看名头下菜,所以人们都喜欢追逐名头,与待遇挂钩嘛。

> 孝文十四年,匈奴大入萧关,而广以良家子从军击胡,用善射,
> 杀首虏多,为郎,骑常侍。数从射猎,格杀猛兽,文帝曰:"惜广不逢
> 时,令当高祖世,万户侯岂足道哉!"[2]

早在汉文帝时,李广就骁勇善战,颇具将才,但是文帝时,基本采用休养生息和韬光养晦的策略,李广用武之地不大。所以,连汉文帝都感叹:以李广这将才,要是在我爹刘邦创业的时代,封一个万户侯那都是小意思啊!

冯唐易老,李广难封。龙城飞将军总是点背,终究没有实现现实中的名头,但在诗人的诗里,他的名头却是一时无两。诗词中鲜见卫青和霍去病,飞将军李广却是频繁出现,看来诗人的眼睛总是雪亮。

众所周知,汉朝乃是建功立业的大好时代,即使如此,也还是有李广这样怀才不遇的人。辛弃疾言外之意,苟且偷安的南宋就更不可避免了,所以,他被"下岗"是再自然不过的事情。

凡事要想得开,辛弃疾这么一想,也就释然了。


**注释:**

[1][2]东汉·班固《汉书》,卷五十四,李广苏建传第二十四。

# 难得不糊涂

院中新栽了翠竹几竿，昨夜疾风骤雨，早上醒来，看到柳叶已落满了庭院，而竹叶却依旧鲜嫩如初。想起了小时候读过的郑板桥的几首描写竹子的诗，第一首是《竹石》。

> 咬定青山不放松，立根原在破岩中。
>
> 千磨万击还坚劲，任尔东西南北风。

虽是写竹子，但又有点像写松树，反正是一副硬骨头，倔强而不屈服的形象跃然纸上。

还有一首《墨竹图题诗》，诗曰：

> 衙斋卧听萧萧竹，疑是民间疾苦声。
>
> 些小吾曹州县吏，一枝一叶总关情。

这样的诗句倒是很符合雨夜。秋风秋雨，窗外竹叶簌簌作响。

县官虽小，却是离老百姓最近的官了。古代县官算是最小品级的官吏，那时还没有乡长和村长，所以县长是很忙的。父母官这个称谓不是白叫的，很贴切，什么都得管，像父母一样。虽如此，县官却是一个出力不讨好的职位，既要安抚一地百姓，为朝廷收上税银，还要迎来送往，接待各类检查团，来的都是 VIP，都不能怠慢。当年的陶渊明、海瑞等就是吃亏在这上面。郑板桥属于不汲取教训的，所以，县官当得也不是

很顺。他还有一首诗《予告归里,画竹别潍县绅士民》:

　　　　乌纱掷去不为官,囊橐萧萧两袖寒。

　　　　写取一枝清瘦竹,秋风江上作鱼竿。

他也学陶渊明,不为五斗米折腰。

要选一国领导人的话,若他没有做过地方官,那他多半干不好。没有与广大的基层民众水乳交融过,不接地气,难免"空中楼阁"。空谈仰望星空,忘了脚踏实地。

　　　帝研求治道,尤患下吏之疲困。有近臣言州县所入多,宜厘别。斥之曰:"尔未为州县,恶知州县之难?"至哉言乎,可谓知政要矣![1]

此番语出自《清史稿》。雍正很重视州县,有人说州县收入多,应当降低一些,雍正很生气,训斥道:你没有担任过州县之职,怎能知道州县之难呢?雍正不愧为明君,体察州县之难的领导人才算是抓住了治国安邦的要领啊!

郑板桥是康熙朝的秀才,雍正朝的举人,乾隆朝的进士,严格说,还算生逢其时,都在盛世。不像当年的陶渊明,东晋年间朝廷黑暗,采菊东篱下,迫不得已啊!但郑板桥不一样,想继续混下去还是有机会的,他本人其实也是很在乎的。比如当年乾隆巡视山东,封禅泰山,他曾在泰山顶上待了一个多月悉心筹备,算是近距离一睹国家领导人的风采。老郑也认为这是他一生之中比较荣耀的事情。

　　　燮,字板桥,江苏兴化人。乾隆元年进士,官山东潍县知县,有惠政。辞官鬻画,作兰竹,以草书中竖长撇法为兰叶,书杂分隶法,自号"六分半书"。诗词皆别调,而有挈语。慷慨啸傲,慕明徐渭之为人。[2]

正史里关于郑板桥的记载不过寥寥数句,野史如《扬州画舫录》里稍微长一点,但也没有多少干货,还是以传闻居多。不过,一个知县能清史留名已然不错了。

> 郑燮,字克柔,号板桥,兴化人。进士,官知县。宰范时,有富家欲逐一贫婿,以千金为宰寿。燮收其女为义女,复潜蓄其婿在署中。及女入拜见,燮出金合卺,令其挽车同归,时称盛德。后以报灾事忤大吏,罢归乡里。尝作一大布囊,凡钱帛食物,皆置于内,随取随用,或遇故人子弟及同里贫善之家,则倾与之。往来扬州,有"二十年前旧板桥"印章。与公唱和甚多,著有《板桥诗词钞》及《家书》《小唱》。工画竹,以八分书与楷书相杂,自成一派,今山东潍县人多效其体。[3]

> 一节复一节,千枝攒万叶。
>
> 我自不开花,免撩蜂与蝶。

郑板桥的这首诗分明是说,俺就是这个性,不伺候丫的。有才的人都是这德性。

其实,有人群的地方就有扯不清的政治,不能遇到啥困难都怪当时的制度或时代,而不看自己的能力和禀性。全世界的职场和官场都一样,没有一个是好混的,拼智商、拼情商、拼体力,也拼爹、拼闺蜜。看看大洋彼岸的川普大叔和希拉里大娘,都不易啊。近七十岁的老人了,为了那么个职位,口诛笔伐、尖酸刻薄为哪般?还有我们邻居朴大姐,呕心沥血不算,还得利用未知的力量,也是蛮拼的。

做不了官,那就去经商吧。文人骨子里看不起经商的,像唐伯虎那样"闲来写就青山卖,不使人间造孽钱",清高得很。经不了商那就去种地吧,又吃不了那个苦,放不下架子,所以,就只能卖字画为生。字画卖给谁呢?不是官员就是商人,总不会卖给种地的吧。其实这样也很好,自力更生奔小康,致富不问出处嘛!看看我们现在的文艺工作者,混得都不错,不仅有面子,还有里子。

小格局的人往往好纵论天下,小心眼的人往往想赚大钱,小聪明的人往往喜喝心灵鸡汤。郑板桥最后将自己的人生智慧总结为四个字——难得糊涂。不过,板桥先生一定是难得不糊涂所以才难得糊涂的。

做人还是聪明点好,难得不糊涂。

**注释:**

[1]民国·赵尔巽等《清史稿》,卷九,本纪九,世宗。

[2]民国·赵尔巽等《清史稿》,卷五百四,列传二百九十一。

[3]清·李斗《扬州画舫录》,卷十,虹桥录上。

# 南亚时局，一壶英式红茶

世界上公认有四大红茶：第一名是安徽黄山的祁门红茶（Keemun），第二名是印度的阿萨姆红茶（Assam），第三名是印度的大吉岭红茶（Darjeeling），第四名是斯里兰卡锡兰高地的锡兰红茶（Ceylon）。

黄山在哪里就不用说了，阿萨姆在哪里呢？

阿萨姆邦位于印度东北部。喜马拉雅山麓有一个阿萨姆溪谷，西部同锡金邦和西孟加拉邦相连，南部与梅加拉亚邦、特里普拉邦为界，北部接壤中国藏南地区，东部毗连那加兰邦、曼尼普尔邦与米佐拉姆邦。此地光照充足，雨水丰沛。当年英国人占领了印度，也想喝点中国茶，可惜远茶解不了近渴，想喝红茶还要通过穿越喜马拉雅山的茶马古道，从川藏和滇藏两条线用矮脚马把产自中国四川和云南的茶叶运到印度，真是耗时、耗力还耗钱，英国人就开始琢磨弄点茶树学着种茶。据说印度红茶以六七月份的为佳，十月份的秋茶也不错，这与我们讲究明前和谷雨有点差别。

那么大吉岭在哪里呢？

大吉岭位于印度的西孟加拉邦，西孟加拉邦1947年才从孟加拉国分离出来，东邻阿萨姆邦和孟加拉国，南靠孟加拉湾，西部靠近尼泊尔，北部与锡金邦和不丹王国接壤。另外请特别注意，大吉岭离我们的洞朗地区很近。

西孟加拉邦的首府是加尔各答,此地曾诞生过一位文豪泰戈尔(公元 1861—1941 年),他有名句"天空没有留下鸟的痕迹,但我已飞过"。你看,像不像我们的汪国真?泰戈尔出身豪门,留学英国,衣食无忧。很难想象苦难的印度能产生如此美妙的诗歌。诗歌的确有鸦片的功能,可以暂时止痛。

大吉岭是避暑胜地,有点像我们庐山上的牯岭镇。牯岭镇是洋人们发现的"避暑山庄",大吉岭也是。戊戌变法失败后,康有为四处逃难,曾于 1901—1902 年在大吉岭小住过一年半,在此地完成了《大同书》。《大同书》第二章开卷即写道:"康有为生于大地之上,为英帝印度之岁。"1858 年,印度大起义失败,英国吞并印度。这一年恰好是康有为的生年。

在大吉岭一年半,想必康有为一定没少享用大吉岭红茶吧。据说他还赋诗一首称赞此茶:

大吉岭头茶有名

短丛覆岭叶青青

松阴夹道引流水

十里白花生素馨

康有为来此地不仅仅是为了避难,也不是为了喝大吉岭红茶,更不是为了见泰戈尔。他是为了近距离探究印度亡国的原因。

为了说服光绪皇帝变法,他之前没少做功课,探究日本变法、土耳其衰落之因,思考法国革命、印度亡国之得失。1895 年 5 月,他在《上清帝第二书》中说:"才智之民多则国强,才智之士少则国弱。土耳其天下陆师第一而见削,印度崇道无为而见亡,此其明效也。"[1]他在寄给赵恒惕的一封信中还说道:

诸公未至印度,不知印度以分裂内争自亡其国,百年之惨也。

吾遍游五印度，居之十五月，乃粗知之也。印人苦难万千，不能一二数也。公等必欲举吾中国万里之土，四万万之民，投而为奴，使从印度之后，听人鱼肉，则日倡联省自治之说可也。[2]

别说草根人民做了亡国奴，即使上层的王公贵族也一样没有地位。

昔吾游印时，英印度总督以时大朝会诸印度王，而招吾茶会也。陈兵万数，旌旗拂云，百僚陪位，设高座如帝者，宝座前几陈虎皮，后卫列棨戟，总督南面坐焉。次第引印王北面鞠躬，矢誓忠英，英乃赐小糖果一枚，小银钱一枚，印王鞠躬拱手捧谢而退。[3]

康有为在《大同书》里还说：

全国命运之所寄在此一二千万人，其余二万万人，虽有智勇，无所为役，此其国所以一败涂地而不可拯救也。盖不平等之法，自弃其种族矣。

夫人类之生，莫本于天，同为兄弟，实为平等，岂可妄分流品，而有所轻重，有所摈斥哉！且以事势言之，凡多为阶级而人类不平等者，人心患而苦，国必弱而亡，印度是矣！[4]

这是直指印度的种姓制度。落后的种姓制度是印度衰亡的一大原因。中国人中看到这一点的，康有为算是第一位吧。而洞悉英国如何蚕食印度者，则首推梁启超。

举其百八十万英方里之土地，二百九十兆之人民，以置诸英皇维多利亚之治下者谁乎？则区区七万镑小资本之东印度公司而已。

英人之所以成就此伟业者，果由何道乎？……而以印度之力灭之也。昔法人焦白礼之欲吞印度也，曾思得新法两端，一曰募印度之土人，教以欧洲之兵律，而以欧人为将帅以指挥之，二曰欲握印度之主权，当以其本国之君侯酋长为傀儡，使率其民以服从命令。呜呼！后此英人之所以蚕食全印者，皆实行此魔术而已。[5]

今日之世界……有灭国新法在……昔之灭国者如虎狼，今之灭国者如狐狸。[6]

关于印度，康有为的著作里提及者84篇200处，梁启超则有100篇200多处。近代以来，似乎只有两个邻国"享受"过如此待遇，除了日本就是印度了。

要说四大红茶是如何风靡世界的，又不得不提到英国人。英国号称"日不落帝国"，殖民地遍及全世界，全天24小时都有英国人喝红茶，这一点也不夸张。有位英国的历史学家斯图亚特·雷考克（Stuart Laycock）做了一项研究，还出了一本书 *All the Countries We've Ever Invaded: And the Few We Never Got Round To*，翻译成中文就是"所有我们曾侵略的国家：我们没有染指的很少"。研究发现，在现存193个联合国主权国家里，英国曾侵略171个，比例高达88.6%，没有被染指的只有22个国家，这些"幸运儿"是谁呢？它们是欧洲的安道尔、白俄罗斯、列支敦士登、卢森堡、摩纳哥、瑞典、梵蒂冈，拉丁美洲的玻利维亚、危地马拉、巴拉圭，非洲的布隆迪、中非共和国、乍得、刚果共和国、科特迪瓦、马里、圣多美和普林西比民主共和国，亚洲的吉尔吉斯斯坦、塔吉克斯坦、乌兹别克斯坦、蒙古国，太平洋上的马绍尔群岛共和国。你看，所谓的"日不落"真不是虚言啊！

英国人所谓的下午茶，不论是号称皇家享用的Twinings（川宁，五星级酒店都喜欢配这品牌），还是民间的Lipton（立顿，很多欧美外企茶水间的标配），都选自这四种红茶或者其混合物，再加了一点香料而已。喝的时候有时加点奶、柠檬甚至姜丝，再配点甜点，不一而足。

英国人喜欢搅和，从喝茶即可见一斑。不像我们中国人，喜欢看茶叶舒展的曼妙样子，什么茶就用什么器皿，配什么火候，绝不会混在一起。而英国人就爱一锅烩，不管多好的茶都被弄成粉末状，暴殄天物，实在可惜。英国人不仅喝茶喜欢搅和，也喜欢搅和殖民地，最厉害的

"业绩"数搅和印度,扶持各个邦国,各个击破,走的时候一分为二:印度和巴基斯坦;后来又分出个孟加拉国;还不过瘾,再留下个中印争端,让你们俩国继续掐。反正就是泡到一壶茶里,你能分清楚是祁门红茶还是大吉岭红茶?

搅和完了,英国人就拍屁股走人,在印度泡的红茶却还在持续发酵中。如果对南亚时局有点看不懂,不妨想想一壶英式红茶,个中滋味,你懂。

**注释:**

[1]中国史学会主编《戊戌变法》(资料)第二册,上海人民出版社,1957 年版。

[2]张荣华《康有为往来书信集》,中国人民大学出版社,2012 年版。

[3]上海市文物保管委员会编《戊戌变法前后》,上海人民出版社,1986 年版。

[4]康有为《大同书》。

[5][6]梁启超《饮冰室合集》,文集第三册。

# 你的盈利模式是什么？

看到一个笑话：首富回家，看见儿子在看一本书，走近一看，书名是《如何成为一名千万富翁》，首富啪地一巴掌打过去——真是个败家子，给你的一个亿哪里去了？

如果要问首富的儿子"你的盈利模式是啥"，他肯定会说："我爹是首富嘛！"

每个人在社会上立足靠的是什么？靠的是盈利模式。你的盈利模式是什么，需要好好琢磨琢磨。

我经常坐高铁出差，火车站是熟悉得不能再熟悉的"小社会"了。小小的站内空间就是一个市场，各色人等，三教九流，都有自己的生存之道。说得直接点，在这个世界上混，每个人都有自己的盈利模式。

在某车站出租车候车处有一群长期揽私活的人，猴王很感兴趣他们的盈利模式，几番观察之后，发现颇有意思。

一般他们会赶高峰期人多的时候出现，很热情地劝人别排队，付给他50元就可上车。猴王好奇，体验了一次。原来就是带着你不排队"加塞"而已，至于若后面有人抗议，他们光脚的哪会怕穿鞋的，瞪一眼，抗议的人立马噤若寒蝉。

我想他们总会分点钱给车站里维持秩序的保安吧，这是我的猜测。不给保安们一些甜头，在人家的地盘，怎么能开展业务呢？

有一次猴王出差回来,又在火车站碰到了这帮人,发现人数比以前更多了,显然有新人加入。一个行业如果有了新人加入,必然会有变化。比如老外就比较头疼咱中国人,一个行业或者一个领域,凡是有中国人加入,那就意味着要重新洗牌了。

那几张老面孔依旧很活跃,继续吆喝:"来,来,不用排队了,给50块,直接上车喽!"这时来了一位年长一点的,蓬头垢面,估计拉不上活,急了:"来,来,20块了,20块了,直接上车了!"那几个吆喝50块的急了,赶忙过去拉那位的衣袖:"捣什么乱呢?"那边厢又有一位喊了:"20块直接上车了!"得,"市场秩序"就这样被破坏了。

所以说,"价格同盟"一般都比较脆弱,毕竟不是吃一个锅里的饭,难免各怀鬼胎。

这时候一位中年男子牵着一位盲女沿着排队的旅客挨个乞讨,一会儿手上的饭盒就被塞满了。猴王瞥了一眼,估算半小时内进账50多块。只见那位男子牵着盲女面带满意的微笑从揽私活者旁边走过,嘴角的那一丝笑意分明在说:这才是真正的盈利模式。

互联网时代,盈利模式很容易被复制,必须时时更新。过去信息不对称,一招可以吃三年,现在恐怕只能维持一年甚至更短。反正,遇到这对盲女夫妇,我是再也不会爱心泛滥了。因为没过多久,又来了一对盲人乞讨者。

前一阵在上海虹桥火车站候车,一位哥们走到我身边,拿出一块纸板,上面写着他是聋哑人云云,要我施舍点路费。我一看,好面熟,原来是上次碰到的那位。看来这种盈利模式也失败了。

互联网时代,信息共享很快,要么老老实实地拿平均利润,要么有新的套路。

乞讨也遭遇了"互联网+"。有一次碰到一位乞讨的大爷,要我扫他帽子上的二维码。你看,连这个行业都得与时俱进,你不学习行吗?

盈利模式不限于人,万物皆如此。

你看过一朵艳丽的鲜花上爬满了蜜蜂吗？没有,倒是一坨粪便上苍蝇会多得数也数不清。

鲜花的盈利模式在于"质",走的是高端路线;粪便的盈利模式在于"量",走的是低端路线。

君子的盈利模式呢？弱水三千,我只取一瓢饮。

小人的盈利模式呢？我只有一瓢,却想饮弱水三千。

不管任何时代,贪婪的盈利模式都走不远。要想走得远,必须道法自然。

《道德经》说得好:

> 天地长久,天地所以能长且久者,以其不自生,故能长生。是以圣人后其身而身先,外其身而身存。非以其无私邪？故能成其私。

淡泊名利者往往名利双收,追名逐利者却常常身败名裂。老子在两千多年前就洞悉此中奥妙,神人也。

# 若即若离产生美

月亮本来就是圆的,只是你看不全而已。她善于藏锋,善于守拙,偶尔露一点峥嵘,留点神秘感,留点残缺和遗憾,也给你留点念想,要不你还会在意她的阴晴圆缺吗?你还会为她献上那么多美妙的诗句吗?虚实相生,月亮是有大智慧的。

月亮离你很远吗? 不远。在以光年为基本距离的宇宙里,她和你近在咫尺之间,但是,你却不能轻易触摸到她。欲拒还迎,若即若离,月亮与地球的距离就是两个字:缠绵。

这地月之间缠绵的诗句究竟有多少? 多如牛毛。不过,数来数去,佳作都离不开唐宋。

猴王以为写月亮的佳作首篇当推唐初张若虚的《春江花月夜》,然后才是李白、苏轼等的名篇。比如李白的《把酒问月》分明有《春江花月夜》的影子:"今人不见古时月,今月曾经照古人。古人今人若流水,共看明月皆如此。"与"江畔何人初见月? 江月何年初照人? 人生代代无穷已,江月年年只相似。"何其相似乃尔。可惜与李白风流天下闻不同,张若虚长期寂寞无名,最早收录他的诗的是宋人郭茂倩的《乐府诗集》卷四十七,其中同题诗有五家七首,张若虚的诗只是其中一首而已。这首诗真正被传唱起来已经是一千年后的明代。所以,好的东西不一定总能被发现,酒香也怕巷子深啊!

# 春江花月夜

### 张若虚

春江潮水连海平，海上明月共潮生。

滟滟随波千万里，何处春江无月明。

江流宛转绕芳甸，月照花林皆似霰。

空里流霜不觉飞，汀上白沙看不见。

江天一色无纤尘，皎皎空中孤月轮。

江畔何人初见月？江月何年初照人？

人生代代无穷已，江月年年只相似。

不知江月待何人，但见长江送流水。

白云一片去悠悠，青枫浦上不胜愁。

谁家今夜扁舟子？何处相思明月楼？

可怜楼上月徘徊，应照离人妆镜台。

玉户帘中卷不去，捣衣砧上拂还来。

此时相望不相闻，愿逐月华流照君。

鸿雁长飞光不度，鱼龙潜跃水成文。

昨夜闲潭梦落花，可怜春半不还家。

江水流春去欲尽，江潭落月复西斜。

斜月沉沉藏海雾，碣石潇湘无限路。

不知乘月几人归，落花摇情满江树。

## 把酒问月·故人贾淳令予问之
### 李 白

青天有月来几时？我今停杯一问之。

人攀明月不可得，月行却与人相随。

皎如飞镜临丹阙，绿烟灭尽清辉发。

但见宵从海上来,宁知晓向云间没。

白兔捣药秋复春,嫦娥孤栖与谁邻?

今人不见古时月,今月曾经照古人。

古人今人若流水,共看明月皆如此。

唯愿当歌对酒时,月光长照金樽里。

有了盛唐的铺垫,才有了宋词的婉约。宋比之唐有点像"富二代"。治国不行,耍起文艺范来则天下无敌。

有宋一代写月亮写得好的首推苏轼。"明月几时有,把酒问青天"脍炙人口。好东西不怕勤念叨,好比好酒,越喝越香甜。

## 水调歌头·丙辰中秋

苏 轼

丙辰中秋,欢饮达旦,大醉作此篇,兼怀子由。

明月几时有,把酒问青天。不知天上宫阙,今夕是何年?我欲乘风归去,又恐琼楼玉宇,高处不胜寒。起舞弄清影,何似在人间?

转朱阁,低绮户,照无眠。不应有恨,何事长向别时圆?人有悲欢离合,月有阴晴圆缺。此事古难全。但愿人长久,千里共婵娟。

苏轼这首诗是在被贬密州时所作,大概是 1076 年(宋神宗熙宁九年)。密州是现在的山东诸城。弟弟苏辙则被外放洛阳任职。苏轼曾多次要求被贬到离弟弟近一点的地方,可惜没有实现。元丰二年(公元1079 年),苏东坡因"乌台诗案"下狱一百三十余日,苏辙上书愿意解职为兄赎罪,遭拒,反被贬筠州(今江西高安),五年不得调离。苏轼和苏辙两兄弟一辈子聚少离多,但哥俩情谊没有因距离阻隔而淡化,反而愈加深厚。

苏辙在《逍遥堂会宿》诗序中说:"辙幼从子瞻(苏轼)读书,未尝一日相舍。既壮,将宦游四方。读韦苏州(韦应物)诗,至'安知风雨夜,复此对床眠'，恻然感之，乃相约早退，为闲居之乐。"

苏轼和苏辙两兄弟可谓古今兄弟之典范。苏轼才高名重，难免惹政敌嫉妒，赖有苏辙从中维护，苏轼才一次次化险为夷。兄弟齐心，其利断金。家风正，则国事正，诸事皆正。

> 苏轼以诗得罪，下御史狱，人以为必死。后违豫中闻之，谓帝曰："尝忆仁宗以制科得轼兄弟，喜曰：'吾为子孙得两宰相。'今闻轼以作诗系狱，得非仇人中伤之乎？捃至于诗，其过微矣。吾疾势已笃，不可以冤滥致伤中和，宜熟察之。"帝涕泣，轼由此得免。[1]

《宋史》有载，苏轼因诗下狱后，曹太后对宋神宗说：我记得先皇仁宗说过，为子孙得了两个宰相（苏轼兄弟）而高兴；今听说苏轼因作诗而被投入监牢，一定是仇人中伤……宋神宗只得赦免了苏轼。可见苏轼和苏辙两兄弟多么出众。苏辙最后也算当上了宰相。苏轼没有做到宰相的位置，不过，对于他而言，宰相之虚名实是可有可无。

## 一剪梅·中秋无月

### 辛弃疾

忆对中秋丹桂丛。花在杯中，月在杯中。今宵楼上一尊同。云湿纱窗，雨湿纱窗。

浑欲乘风问化工。路也难通，信也难通。满堂惟有烛花红。杯且从容，歌且从容。

辛弃疾的这阕《一剪梅》简直就是为苏轼和苏辙两兄弟写的。都说距离产生美，太远则易生疏，太近则失了美感，那么，多远的距离才能产生美呢？猴王答：就像月亮和地球这样。

**注释：**

[1]元·脱脱《宋史》，卷二百四十二，列传第一，后妃上。

# 乡愁是什么滋味？

小时候

乡愁是一枚小小的邮票

我在这头

母亲在那头

长大后

乡愁是一张窄窄的船票

我在这头

新娘在那头

后来啊

乡愁是一方矮矮的坟墓

我在外头

母亲在里头

而现在

乡愁是一湾浅浅的海峡

我在这头

大陆在那头

余光中走了，把乡愁留了下来。

前半生他年富力强，满怀"埋骨何须桑梓地，人生无处不青山"的少

年情怀,到老了,却越来越抵挡不住乡愁。不只是他抵挡不了,原籍内蒙古的席慕蓉也有一首《乡愁》:

> 故乡的歌是一支清远的笛
>
> 总在有月亮的晚上响起
>
> 故乡的面貌却是一种模糊的怅惘
>
> 仿佛雾里的挥手别离
>
> 离别后
>
> 乡愁是一棵没有年轮的树
>
> 永不老去

民国大佬于右任在1962年也写过一首诗:"葬我于高山之上兮,望我故乡;故乡不可见兮,永不能忘。葬我于高山之上兮,望我大陆;大陆不可见兮,只有痛哭。天苍苍,野茫茫,山之上,国有殇。"两年后,他客逝台湾。

没有人能抵挡住乡愁的魔力,就好比宇宙中的黑洞,即使光线也逃脱不了它的吸引。唐朝的贺知章就曾有两首著名的回乡诗,道尽了晚年归乡的感觉:

## 回乡偶书二首

> 少小离家老大回,乡音无改鬓毛衰。
>
> 儿童相见不相识,笑问客从何处来。

> 离别家乡岁月多,近来人事半消磨。
>
> 唯有门前镜湖水,春风不改旧时波。

即使是历史上有名的"人渣"诗人宋之问,也有一首非常感人的思乡诗留存下来,当时他正被唐中宗流放岭南。可见乡愁这种感觉与一个人的人品没有多大关系,即使一位亡命天涯的逃犯,也免不了在节日里泛起乡愁的涟漪来。

## 渡汉江

岭外音书断，经冬复历春。

近乡情更怯，不敢问来人。

辛弃疾在一千年前就说过："少年不识愁滋味。为赋新词强说愁。"年轻时无不意气风发，无知无畏，要不苏轼会说"老夫聊发少年狂"？

韶山冲的那位伢子"自信人生二百年，会当水击三千里"，最后还是会写下"别梦依稀咒逝川，故园三十二年前"。真是一旦"识尽愁滋味，欲说还休。欲说还休，却道天凉好个秋"。老了说不想故乡的，我看多半是嘴硬。

唐末有位黄峭山公，据说写了一首《黄氏认亲诗》。其后裔竟衍生出很多版本，每一分支的版本都有些许不同，但有两句大致相同：

年深外境犹吾境

日久他乡即故乡

乡愁到底是啥滋味？不管你走得有多远，总有那么一天会突然怀念起故乡小巷子里某种小吃的味道，泛起一阵阵惆怅的涟漪，那就是乡愁的滋味。

乡愁就是家乡的水，家乡的胃，家乡的肺，家乡土壤里的微生物菌群，就是家乡之于一个游子的全部意义。

# 元山水

中午与久违的老友吃完饭，又溜达到对面的书店买了一本书。作者高居翰，一位"老美"，加州大学伯克利分校的教授，据说是当代美国最懂中国绘画的人。可惜前年走了。说实话，猴王于绘画乃门外汉一个，但近来玩摄影，多少让我对绘画有点触类旁通，不会画，但会点评。

小时候有两套书对我的艺术启蒙影响很大，一是父亲买的三卷本1979 年版《辞海》。当时标价 55 元，相当于父亲一个多月的工资。没事我就喜欢翻《辞海》。它真是大百科全书，包罗万象，里面收录了一些画家的词条，算是认识了，打了个照面。还有一套书是大哥给我买的。当时我在念高中，他在念大学，那套丛书是专门针对年轻人编的文学、艺术和历史的入门书，忘了名字，只记得编得不错。在那套丛书里，我又看到了齐白石、张大千、徐悲鸿、林风眠、刘海粟等名字，当然还有王石谷、石涛、赵孟頫、黄公望等，算是加深了印象。不会画画，不见得就不懂欣赏画；不会弹琴，不见得就不懂音乐之妙。这和北京人说的俏皮话"没吃过猪肉还没见过猪跑"一个道理。

上周在南京参观美龄宫，看到宋美龄师从张大千学画的习作，挂满了美龄宫地下一层的墙面，很有功力。只是觉得美，但可惜美在哪里，不知道。中国的山水画主要在意境，明暗、光影、虚实，但好像不讲究远近和比例，仅论感觉，而不论逼真程度。看多了，难免千篇一律，无外乎远处山水,怪石嶙峋,近处有亭榭,文人于亭中独酌或者渔者在江上独钓。山水很大,人物很小,表现文人墨客的孤独、渺小和逍遥。

元代乃蒙古族统治,蒙古人不擅作画,但元朝山水画却是鼎盛。每一幅元山水是不是都表现出了汉人被边缘化的感觉?无科举,无前途,无语,文人墨客被憋了将近一百年,所有的话都在画里了。盛唐时期的画风就不一样,写实居多,丰乳肥臀。你看《照夜白》里的那匹骏马,肥硕无比,感觉养尊处优。那时国力强盛,不玩虚的,很自信,人是画中的主角,而不是山水。西方人总爱提及米开朗琪罗的文艺复兴时期,其实中国的文艺复兴早就玩过了,比西方早了五六百年。

前几天看朋友发了一条微信,去琉璃厂参观老树画画的画展。老树的风格有没有点丰子恺的感觉?压抑的年代也是小清新流行的时代。日本人就很喜欢漫画,其实那是内心被工业化折磨得无比压抑的产物。压抑的人一般都喜欢漫画,恨不得把自己变成小孩,从中获得解压之效。老树画画的流行说明当下人都很压抑,需要来点小清新。不管老板的脸有多难看,不管业务有多难,自嘲一番,会心一笑,喝上一杯,倒头便睡。明天起来,满脑子还是房子、车子、票子,该干吗干吗。

# 直播时代

马云最近说了一个关于"计划经济"的观点,一石激起千层浪。其实,猴王不止一次说过这个观点,有计划的人生总比跟着感觉走的人生要靠谱。

到底是有计划的市场经济,还是有市场的计划经济？名字不重要,重要的是先后次序,它反映着权重的变化。但"万变不离其宗",重要的是"凡事预则立,不预则废"。

马云的"计划经济"其实没有新的内容,无非是基于新兴的"大数据分析"做出的判断。

什么叫大数据分析？

老派经济学总说人是最难度量的物种,因为人的个人偏好千差万别,所以计划经济不灵,市场经济至上,要靠那只看不见的手去调节。但我认为这个理论要与时俱进了,人类不会总停留在孩提的懵懂时代。

夫人生完小孩后,喜欢在婴幼儿网站上订购各种产品,网站后台都有统计。虽每个人都有偏好,但架不住成千上万人的累积,总是有规律可循的。只要掌握孩子的性别和年龄,就基本可以判定你所需要的产品及你购买该产品的数量、周期等,以此来安排采购、生产、物流、人员配置等。这更精细的作业,就是大数据分析。

我经常用滴滴打车,一打开界面,它会贴心地自动生成我可能去的目的地,基本还是靠谱的。也就是说,后台已经把我"算计"好了,我是越来越可以被度量的了。再比如京东商城。你一点开页面,它就把你感兴趣的、经常浏览的产品推送给你。还有微信公众号,我虽只玩了几个月,写了几篇文章,有多少人浏览,什么时段浏览,多少人转发,男粉丝多少,女粉丝多少,来自哪个地域,用的什么牌子的手机,甚至每个时段的浏览量,它都替我计算好了。这就是大数据分析。

那只"看不见的手"是越来越能被看见了,人也越来越可以被度量了,也就是说,我们越来越接近零边际成本的社会。

事实上,不管你是在小区内还是街道边,不管你是进了写字楼还是大商场,不管你在机场、车站还是码头,电子眼都能看到你。不管你是刷了支付宝还是刷了信用卡,不管你是用了网上支付还是用了微信转账,不管你是办了张美容卡还是健身卡,不管你是买了辆车还是购了套房,你的账户信息对于后台的人而言都不是秘密。未来我们越来越像生活在一间大大的玻璃房子里,就如好莱坞影片 *The Truman Show*(《楚门的世界》)里的楚门,一出生就被置于一个设定好的大场景里被直播,他的一举一动,他的喜怒哀乐,甚至于他的情感世界统统无可遁形。

楚门最后发现,他所处的一切都是布景,连远处的蓝天都是布景,但他最终走出了直播间,鞠躬道别。而我们呢? 莫要急着笑楚门,楚门的世界离我们越来越近了,澡堂子的人生就要开启了,所有人都要赤裸相见。

你没看到最近网络直播很火吗? 这些"网红"们已经提前进入了楚门的角色。

未来,活得最潇洒的肯定是那些没有任何秘密也不敢有秘密的人,活得最纠结的肯定是那些总有不可告人的秘密并总想千方百计遮掩秘密的人。

何止是"计划经济",人类即将进入直播时代。你准备好了吗?

# 后　记

　　人猿相揖别。只几个石头磨过，小儿时节。铜铁炉中翻火焰，为问何时猜得，不过几千寒热。人世难逢开口笑，上疆场彼此弯弓月。流遍了，郊原血。

　　一篇读罢头飞雪，但记得斑斑点点，几行陈迹。五帝三皇神圣事，骗了无涯过客。有多少风流人物？盗跖庄蹻流誉后，更陈王奋起挥黄钺，歌未竟，东方白。


　　这是毛泽东在 1964 年填的词，《贺新郎·读史》。他对于几千年中国历史的看法都在这首词里了，其中"五帝三皇神圣事，骗了无涯过客"一句道出了他对三皇五帝早期文明的质疑。其实这种质疑古已有之，只是未形成主流意识而已，比如《竹书纪年》就不像《史记》那样把三皇五帝时期写得那么美好，《韩非子·说疑》里也说"舜逼尧，禹逼舜，汤放桀，武王伐纣；此四王者，人臣弑其君者也"，看起来也并不是那么美。不过，那段历史毕竟缺少文字记载，很多都是传说，人们也就删繁就简，囫囵吞枣，不必太过认真。为了配合主流意识，司马迁等也就宁可信其"完美"以昭示后人，所以后人总是劝喻皇帝要"致君尧舜"行三代之事，等等。

　　几千年中华文明史，为什么会在世界文明之林里绽放独特华彩？

那么多古老的文明早已经湮灭成了陈迹，为何中华文明能在老树上不断发出新芽？秘诀在哪里呢？猴王斗胆总结一下：

一、遵从道德和秩序的孔孟之道；遵从无为而治、天人合一的老庄学说；倡导依法治国的韩非子法家学说；讲究理财之道的管仲学说；寻求强军之策的孙子兵法；与之相匹配的制度诸如郡县制、三省六部制、科举制等。这是一个很完整的政治治理体系。其最高的治理目标在《礼记》中有如下表述："大道之行也，天下为公，选贤与能，讲信修睦。故人不独亲其亲，不独子其子，使老有所终，壮有所用，幼有所长，矜、寡、孤、独、废疾者皆有所养，男有分，女有归。货恶其弃于地也，不必藏于己；力恶其不出于身也，不必为己。是故谋闭而不兴，盗窃乱贼而不作，故外户而不闭，是谓大同。"

二、适应于农耕文明社会的科技水平，四大发明、几何、物理、化学、天文学、医药的启蒙。英国人李约瑟编的《中国科学技术史》是一本比较系统地介绍中国在自然科学上的成就的文献。李约瑟发现，中国古代的科学技术，对人类科技发展做出了重大贡献。直到清末，中国的农耕文明还能养活一个 4 亿人口的国家，这在全球范围内都是罕见的。

三、楚辞、汉赋、唐诗、宋词、元曲、明清小说、民国白话文，基于方块字的一个完整的文学表达体系。

四、琴棋书画、中医中药、建筑、服饰、乐器、饮食，这些方面都有举世公认的中国之国粹为代表。人们总说：只要一下雪，北京就变成了北平，西安就变成了长安，南京就变成了金陵。人们的眼睛是雪亮的，古典建筑比钢筋水泥的建筑看起来更美，与自然更和谐，用笛子、箫和古筝等吹奏出的乐曲比西洋器乐更接近于天籁。

或许有人会问了，光说优点，就没有糟粕了？当然有了，无非是自私、贪婪、多吃多占。毋宁说这是糟粕，不如说这是人性共有的弱点，从来就不分古今和中外。

读历史不是为了打扮她，而是探求她的基因，这样我们才能把握当下并且憧憬未来。若以历史虚无主义的视角来看待历史,只能使自己迷失在当下,而且会失去未来。因为,你的当下也是未来人眼里的历史。

从2015年开始,《历史岂有底稿》几乎是以一年一本的频率推出,这已经是第三本了,会不会有第四本呢?不好说,顺其自然吧!当然也许未来不再是"底稿"系列,而是另一个名字。这些都不重要,重要的是我是认真写的,您也是认真看的。

很多读者问我可有微博。我曾经写过,但已经是很久以前的事了。在朋友的建议下,开了一个三天打鱼、两天晒网的微信公众号——"取经归来",算是目前我在网络上的唯一存在吧!里面有一些"底稿"以外的散文和小说,如果您愿意,不妨来做客。

在此特别致谢我的责任编辑张一弛女士,因本书引用史料较多,用典也较多,编辑和校对的工作量很大,谢谢她的细致和耐心。另外还要感谢一直支持和鼓励我的家人、朋友及读者们。还是那句话,最好的时候就是现在,我在写书,您在捧读,一笑莞尔,甚好!

2018年8月于北京

**图书在版编目(CIP)数据**

历史岂有底稿. Ⅲ / 侯兴国著. —杭州:浙江大
学出版社,2018.10
ISBN 978-7-308-18495-3

Ⅰ.①历… Ⅱ.①侯… Ⅲ.①中国历史－文集 Ⅳ.
①K207-53

中国版本图书馆 CIP 数据核字(2018)第 179090 号

**历史岂有底稿 Ⅲ**

侯兴国　著

| | |
|---|---|
| 责任编辑 | 张一弛 |
| 责任校对 | 於国娟 |
| 封面设计 | 久　屿 |
| 出版发行 | 浙江大学出版社 |
| | (杭州市天目山路 148 号　邮政编码 310007) |
| | (网址:http://www.zjupress.com) |
| 排　　版 | 浙江时代出版服务有限公司 |
| 印　　刷 | 浙江海虹彩色印务有限公司 |
| 开　　本 | 700mm×960mm　1/16 |
| 印　　张 | 21.5 |
| 字　　数 | 275 千 |
| 版 印 次 | 2018 年 10 月第 1 版　2018 年 10 月第 1 次印刷 |
| 书　　号 | ISBN 978-7-308-18495-3 |
| 定　　价 | 39.8 元 |